EL AMANECER DE LA ESPIRITUALIDAD

Por el Espíritu
JOSEPHO DOLORES BACELAR

1er volumen de la Serie
"A Orillas del Éufrates"

Traducción al Español:
J.Thomas Saldias, MSc.
Trujillo, Perú, Febrero 2024

Título Original en Portugués:
"O Alvorecer da Espiritualidade"
© Dolores Bacelar, 2022

World Spiritist Institute
Houston, Texas, USA
E- mail: contact@worldspiritistinstitute.org

Del Traductor

Jesus Thomas Saldias, MSc., nació en Trujillo, Perú.

Desde los años 80's conoció la doctrina espírita gracias a su estadía en Brasil donde tuvo oportunidad de interactuar a través de médiums con el Dr. Napoleón Rodriguez Laureano, quien se convirtió en su mentor y guía espiritual.

Posteriormente se mudó al Estado de Texas, en los Estados Unidos y se graduó en la carrera de Zootecnia en la Universidad de Texas A&M. Obtuvo también su Maestría en Ciencias de Fauna Silvestre siguiendo sus estudios de Doctorado en la misma universidad.

Terminada su carrera académica, estableció la empresa *Global Specialized Consultants LLC* a través de la cual promovió el Uso Sostenible de Recursos Naturales a través de Latino América y luego fue partícipe de la formación del **World Spiritist Institute**, registrado en el Estado de Texas como una ONG sin fines de lucro con la finalidad de promover la divulgación de la doctrina espírita.

Actualmente se encuentra trabajando desde Peru en la traducción de libros de varios médiums y espíritus del portugués al español, habiendo traducido más de 290 títulos así como conduciendo el programa "La Hora de los Espíritus."

Presentación

En su peregrinaje por los caminos de civilizaciones pasadas, Josepho vio el ascenso y la caída de muchos imperios aparentemente indestructibles. Cuando le pedimos que transcribiera el relato de todo lo que presenció, no rehuyó nuestra invitación y procedió a dictarnos "*A orillas del Éufrates*", cuyo título simboliza la marcha de la civilización de Oriente a Occidente.

Josepho, en sus narrativas romantizadas, no nos describe hechos sobrenaturales, sino que busca centrarse en lo "simple" y lo "real" en todo lo que nos transmite. Nos habla del pasado de la Humanidad, evitando lo sensacionalista de las revelaciones apocalípticas, tan populares entre los amantes de lo trágico y lo fantástico. Sin embargo, en lugar de atenerse a teorías sofismáticas que no se basan en pruebas matemáticas, Josepho analiza y compara el ayer con el hoy y, utilizando la novela solo como un descanso para la mente intelectiva, nos lleva a la investigación y al examen de nuestra propio yo y la realidad de la era actual.

Así, el lector se sorprende al sentirse parte de este pasado que, en el presente, continúa luchando con casi todas las pasiones y errores de cuando el hombre despertó a los albores de la espiritualidad. ¿Habría evolucionado el género humano – nos preguntamos – en sentido paralelo, en equilibrio con la materia y el espíritu, siguiendo a la razón y el sentimiento, la inteligencia y el corazón un igual ritmo de mejora? ¿O simplemente progresó en comodidad y conveniencia, transformando la cueva, el zanco o la tienda nómada en palacios y rascacielos? ¿Sería el hacha troglodita más mortífera que las armas "civilizadas" de hoy? ¿Se diferenciaría mucho la lucha del cavernícola de las guerras del siglo XX?

Josepho nos lleva a estas preguntas. Sin embargo, su mensaje a la Tierra no es un anatema sino una advertencia fraterna. No condena, solo lamenta. No teoriza, expone hechos. No crea personajes sino símbolos en los que él mismo personifica el mal, la ignorancia y la impiedad. En este primer libro vemos al bien – Java –, sacrificado, como suele suceder, por el egoísmo y la ambición. Sentimos en Débora el símbolo de aquellas almas que se dejan vencer por las pasiones. En Tidal tenemos los déspotas de todos los tiempos. En la voz de los patriarcas, la verdad siempre inmutable que llama al hombre al Reino de Dios. En el Barco de Gofer, el bien sobrevive a todos los cataclismos[1], flotando sobre la inundación del mal y del error, aterrizando en Ararat, el símbolo de la vida eterna.

Partiendo de la nebulosa de los días anteriores al diluvio, Josepho comienza su narración en un lenguaje sencillo y sin pretensiones, para que todos puedan leer claramente sus pensamientos, enunciados con tanta espontaneidad que incluso los niños lo entenderán.

"Este libro no contiene nada nuevo..." dice en principio. Una afirmación franca de un espíritu que "sabe" que "no hay nada nuevo bajo el sol."

En estas páginas, el autor no describe hechos que no podríamos practicar en la vida diaria, porque nos habla de cosas y sentimientos que comúnmente se repiten bajo la luz de ese mismo Sol que iluminó las llanuras de Lemuria y continúa clorofilando los jardines de del siglo XX, cómo coloreará el amanecer del Tercer Milenio y de los milenios venideros.

Creemos que, si los niños pueden entender este libro y los que vienen después, no todos los hombres lo aceptarán y muchos los leerán como simples autobiografías... Porque solo aquellos que penetren en la plenitud de la vida la entenderán gracias al conocimiento de las ciencias espirituales, que llegarán a todos con el florecimiento de las facultades del alma.

---

[1] Espíritu autor de la novela *"La Mansión de Renoir"* y coautor de *"Canción del Destino."* Es el guía espiritual de la médium Dolores Bacelar.

Por eso la obra de Josepho no está destinada al intelecto ni la razón puede explicarlo. Solo aquellas almas ya liberadas de las limitaciones farisaicas y dogmáticas pueden aceptarlas sin reservas. Está destinado al corazón del cristianismo, a quienes saben leer más allá de las letras que matan la verdad, en un espíritu que todo lo aclara y lo vivifica.

Esforzándose por no escapar a los postulados científicos actuales, Josepho buscó en el espacio, en la memoria de los tiempos perdidos, concatenar datos y traerlos hasta nosotros, a través de las páginas de este libro. Podría habernos dicho mucho más si no le hubiéramos pedido que resumiera y simplificara sus impresiones, teniendo en cuenta un imperativo circunstancial.

Sin embargo, lean lo que nos dijo Josefo... Él, mejor que nosotros, nos contará cómo el espíritu, dominado por la materia, olvida los caminos que conducen a Dios.

Después de leer esta serie de libros, "*A orillas del Éufrates*", comprenderás, lector, que los hombres, las sociedades y las patrias solo alcanzarán las alturas de la felicidad suprema cuando adopten por ley definitiva el Amor ejemplificado por el Cristo de Dios. .

ALFREDO

LIBRO PRIMERO

EL AMANECER DE LA ESPIRITUALIDAD

Mucho antes que el sol del progreso extendiera sus rayos sobre la Tierra, el hombre sintió que la lucha sería su "clima." Las manifestaciones geológicas que sufrió el orbe, el enfriamiento de su corteza, las repentinas variaciones climáticas, los monstruosos animales que dominaron el Paleolítico, los cataclismos que lenta, pero continuamente modificaron Fauna y Flora, todo predispuso al hombre para la lucha.

Si, desde el principio, el Verbo divino no hubiera proyectado su luz sobre el destino de la humanidad terrenal, guiándola y orientándola, el hombre no habría resistido la lucha contra los elementos naturales. Átomo perdido en medio de la grandeza, sería fatalmente derrotado por las fuerzas cósmicas de la Naturaleza. Sin embargo, sobre él flotaba la palabra gobernante y, animándolo, un Espíritu, la chispa de Dios, eterna e imperecedera.

Mirando retrospectivamente las épocas que han transcurrido desde los tiempos más remotos y oscuros hasta nuestros días, vemos que una divina providencia vela por la Humanidad. Gracias a ella, el hombre, elevándose por encima de intereses efímeros, se revela digno miembro de una sociedad universal, luchando a través de los siglos por la conquista de la Virtud, la Ciencia y la Felicidad.

Cuán pura es la satisfacción que disfruta el espíritu cuando comprende su condición de parte integrante de una Humanidad que viene, en el espacio y en el tiempo, cumpliendo los decretos de la providencia, sin aspirar a un beneficio parcial, sino por amor a las verdades de ¡una justicia rigurosa, deseosa de cumplir la eterna Ley de la caridad y la solidaridad humanas!

Describir los sentimientos de un alma que vivió en todas las naciones, que fue contemporánea de grandes hombres y vio de cerca tantos cataclismos que devastaron civilizaciones hoy olvidadas, requiere un gran sentido de la verdad para no dejarse dominar por espíritu partidista, en detrimento de los hechos históricos que debe denunciar. Si esta alma no estuviera ya guiada únicamente por las luces de la razón, ciertamente no se le permitiría revelarse a los hombres y, si se atreviera a hacerlo, se sentiría perdida en un inmenso laberinto, cuya entrada había olvidado y dónde. nunca se iría.

Hoy; sin embargo, abarca a toda la Humanidad con una visión única y ama no solo a una nación separada, sino que ya ha hecho de cada patria su patria, como ama al universo entero.

Cuando podemos descubrir desde lejos, en el horizonte del tiempo, no una vida, sino siglos de existencias, ya no somos ciudadanos de tal o cual país, somos ciudadanos del mundo.

Entonces vemos los hechos pasados o contemporáneos con opiniones más justas, porque ya no confundimos lo que es útil y bueno para nosotros con lo que es realmente útil para la comunidad; ya no sentimos la belleza según nuestras pasiones, sino que contemplamos el paisaje humano con ojos de rigurosa justicia; regulamos nuestras impresiones sin escapar a la simpatía y a la benevolencia generosa, viendo en las acciones de los demás que nos dañan, los decretos de la providencia.

Pero solo alcanzamos esta culminación moral cuando olvidamos nuestra felicidad privada por la felicidad de todos.

Cuando el espíritu se integra en la conciencia universal, consciente ya que el amor y la justicia son el camino más rápido hacia la perfección, entonces mira al hombre como un espejo en el que mira sus viejas carencias y se ve reproducido en ese hermano que lucha por las adquisiciones de virtudes y de nobles sentimientos y, ampliando el círculo de los afectos, siente por él – por el hombre que lucha contra el cobarde egoísmo –, amor fraterno y admiración. Y desde el plano donde está el espíritu consciente, extiende los brazos, alza la voz, para animar y consolar a su hermano que en la Tierra sufre los choques de la existencia.

La Justicia Divina no necesita abogados para defender a quienes huyen de las Leyes del amor y la armonía. En los tribunales del infinito, el acusado es su propio juez severo. Ve la magnitud del error y, aplicando la lógica a los sentimientos, obedeciendo las sabias reglas de causas y efectos, prevé posibles mejoras para su alma en las dolorosas pruebas expiatorias que se impone.

En la eternidad podremos comprender mejor la fuerza de la justicia que gobierna los mundos. Y seguros de este poder que providencialmente se siente en la Tierra y en todo el Cosmos, aceptamos todos los hechos más cruciales como Ley.

Es a través del dolor que la Humanidad crece. Situando al espíritu en un ángulo que le permitiera abarcar, en un solo panorama, el pasado y el presente, sentiría que sus lamentos y frustraciones no son nada comparados con el dolor colectivo y, avergonzado de sus debilidades, sus lamentos dejarían de ser disipados por el dolor común a todo el género humano.

Los deseos de fraternidad crecen en los hombres, cuando penetran el poder divino, en una inversión natural y lógica, motivados por los sentimientos del alma, el orgullo, la vanidad y otros impulsos egoístas y los deseos se atrofian en sus espíritus.

Ante este poder de la justicia, esa fuerza equilibrada y continuamente activa que derriba imperios y civilizaciones aparentemente indestructibles, cuando, abusando del libre albedrío, se desvían de las fronteras trazadas por las Leyes del amor, las almas sienten que deben dar su parte de sacrificio por el bien general; y ya no lloran sus esperanzas destruidas, sus deseos insatisfechos, sus proyectos heridos y sus proyectos evaporados como nubes despedazadas por el viento. Porque tienen la certeza que fueron causas, como células que forman parte del organismo de la Humanidad, del desequilibrio que sufrió en sus movimientos de gradación evolutiva. Un desequilibrio que genera desastres, cataclismos, guerras y todo el mal que continuamente devasta a todo el colectivo terrenal.

Conscientes que sus acciones negativas obstaculizarán la marcha progresiva de la raza humana, así como una partícula de polvo podría paralizar el funcionamiento de una gran maquinaria, se integran a sus deberes, conscientes de su responsabilidad dentro de la maquinaria universal.

Y por absurdo que parezca, incluso frente a esta fuerza de la justicia a la que están sujetas todas las criaturas, en la Tierra y en el espacio, fortalecida por el sentido del deber, la impotencia improductiva y estacionaria desaparece de las almas, y sienten, en sí mismos y en los demás seres, una confianza absoluta en que son necesarios para el triunfo universal del bien.

Se transforman de masas trabajadoras en manos diligentes que cooperan en la elevación del edificio de la felicidad general. Estos espíritus pasan entonces de protegidos a protectores naturales y directos de quienes, biológicamente hablando, son como embriones, a muchos siglos todavía de la madurez espiritual.

Son los individuos que, en la conquista de la verdad y la virtud, fueron víctimas de la violencia, pero que, a pesar de las penurias que padecieron, supieron llegar a la culminación donde se ciernen los bienhechores de la Humanidad.

Liberados de las cadenas sanguíneas y territoriales, comienzan a vivir y trabajar exclusivamente para la regeneración de las criaturas, viendo en cada uno de ellos miembros de una única familia humana.

Los sacerdotes de Dios enseñan el culto al bien, a lo bello y a lo verdadero y, superando los obstáculos de la ignorancia, la vanidad, el orgullo, el fanatismo y la tiranía de hierro, empujan a toda la Humanidad hacia el progreso por el camino de la perfección. Porque Dios se cierne sobre el universo, dirigiendo el destino de los mundos, las naciones y los pueblos.

Así, en estas narraciones, el lector siempre encontrará una voz que se eleva por encima de la sordera psíquica de quienes desarmonizaron, en el tiempo pasado, la unidad sinfónica del concierto; universal.

Este libro que yo, Josepho, escribo por orden superior, no modifica la Ciencia ni la fe de los hombres.

Me conformo con recopilar los hechos que provocaron los colapsos mortales que atravesó la civilización de la Tierra a lo largo de los tiempos. Solo sigo los hechos, dejándolos seguir su curso natural. Me alienta la esperanza: que el hombre del siglo XX, al leer estas memorias, sepa aprovechar las experiencias de nuestros antepasados; que aprenda a no reírse de eras pasadas. Que pesen en sus juicios la prudencia y la tolerancia, para que pueda examinar imparcialmente las palabras y acciones de quienes sabían un poco de los principios de libertad y justicia. El hombre debe recordar que las adquisiciones religiosas, científicas y civiles de las que disfruta su inteligencia son frutos de la lucha librada, a través de los siglos, por la Humanidad anterior, contra el imperio de la esclavitud y la fuerza bruta.

Y que fue parte integrante de esta Humanidad, castigando, entonces, con terribles torturas, los mismos actos que hoy - con la evolución de los sentimientos de fraternidad -, cree que deben merecer honores y trofeos.

Este libro no contiene nada nuevo; es solo el relato de las experiencias vividas por un espíritu en muchos períodos de la Historia. Yo, Josepho, en estas páginas dejo mi testimonio de cómo la Humanidad terrenal viene sufriendo y luchando por alcanzar la felicidad. Ahora derrotada, ahora victoriosa, ha estado en esta lucha milenaria, desde los tiempos más remotos, cuando siendo niña aprendió a dar sus primeros pasos en este planeta por el camino de la evolución.

Descendiente de Seth, según la tradición mantenida en nuestro "clan", nuestra tribu vivía a orillas del río Éufrates [2], cultivando accidentalmente la tierra y pastoreando rebaños. Fuimos Hijos de Dios, porque permanecimos fieles a Su Ley desde

---

[2] "...y el cuarto río es el Éufrates." Génesis, 2:14.

que Enós nos enseñó Su Culto, seguido de padre a hijo, de generación en generación.

Enoc había recibido los secretos del Culto a través de la voz de su padre, Seth[3], uno de los numerosos hijos de Adán.

Sufrimos las penurias de la existencia, alentados por la certeza que algún día regresaríamos al paraíso perdido por nuestros padres. La tradición hablaba de un mundo lejano, donde, ávido de falsa libertad, negándose a perseguir objetivos más elevados, el hombre había abusado de los dones de Dios.

Segregado por sus propias acciones de su mundo primitivo, elevado a la categoría de cielo, el hombre, indigno de participar en una felicidad a la que no había contribuido en nada, había llegado a la Tierra en la noche oscura del tiempo, para ayudar a los marineros inexpertos e incultos, cumplen su expiación, haciéndose dignos de un destino más sublime.

Ángel por el conocimiento, demonio por la soberbia y el abuso de la libertad, el hombre exiliado a esta Tierra de trabajo y duros contratiempos, debía obtener el sustento a costa del sudor de su rostro y de las callosidades de sus manos.

Sin embargo, este castigo impuesto por los altos designios no degradó, sino que dignificó al hombre caído, despertando su carácter, ligado al egoísmo, a los beneficios meritorios del trabajo. Así se avanzaría siempre hacia el triunfo del espíritu sobre la materia, en la lucha por la reconquista de las Ciencias y el perfeccionamiento del libre albedrío para el bien.

Señores de la Tierra, los hombres lucharon entre sí para compartir la primacía de la Naturaleza y los privilegios del Culto al Señor, manifestando así la desunión que tenían en su conciencia.

Derramada por la envidia y la discordia, la sangre bañó la Tierra, creando una secuencia de horror y execración. Fue la lucha

---

[3] "Adán conoció a su mujer, y ella dio a luz un hijo, y llamó su nombre Seth..." – Génesis, 4: 25.

de clases la que todavía domina las sociedades de hoy. En principio era el labrador Caín[4], frente a su hermano Abel, el pastor.

De espíritu dinámico, pero aferrado a sueños de dominación, se sacrificó a Abel que lo obstaculizaba, apoyado por los bonzos de la época, los impulsos expansionistas y más que revolucionarios de la época. Temiendo la ira religiosa y la venganza de los creadores, huyó muy lejos, yendo a construir la primera ciudad, Enoch, cuyos habitantes solo tenían

fe en sus propias fuerzas, y por eso son llamados Hijos de los Hombres.

Los Cainitas eran los mayores enemigos de las tribus de Seth y les hacían la guerra incesantemente. Mataron a sus ovejas y dañaron sus pastos. En el momento que describimos en estos recuerdos, esta lucha era más intensa que nunca.

En aquel tiempo teníamos como jefe al patriarca Matusala, hijo de Enoch, de la descendencia de Jared. Temido y respetado por todos, gracias a su ciencia, coraje y larga edad, Matusala era justo y temeroso de

Dios. Aplicó la Ley en nuestra tribu sin abusar de los débiles y sin temer a los fuertes.

Los pueblos vecinos le temían y trataban a nuestro líder con respetuoso vasallaje. Incluso las tribus Cainitas reconocieron el valor de Matusala[5].

Nuestra carpa patriótica estaba adornada con las más variadas pieles de animales y plumas de colores, casi todas ofrecidas por nuestros vecinos.

Sin embargo, los homenajes no lo enorgullecían, ni el miedo que le mostraban los jefes de otras tribus lo hacía arrogante.

---

[4] Aquí interpretamos la historia de Caín y Abel, según la letra del Génesis mosaico; luego lo interpretamos en espíritu y verdad. – Nota de Josepho.

[5] Génesis, 5: 21 – Nota de Josepho.

Los pastos vecinos nunca fueron invadidos por nuestros rebaños durante nuestro patriarcado, que fue el período de mayor gloria de nuestro "clan." Cuando nació Lamec, iluminando la tienda de Matusala, comenzó a dirigir los destinos de nuestra tribu bajo la guía de su padre Enoch y, cuando el hijo de Jared regresó al espacio, 113 años después del advenimiento de Lamec, Matusala era jefe absoluto de nuestro pueblo, el pueblo de Set, los hijos de Dios.

Lo recuerdo bien: entonces yo era un pastor de ovejas rudo y tenía un hermano llamado Javán. Éramos hermanos de Lamec, porque nuestra madre Milcah era hermana de Leah, esposa de Matusala[6], madre de Lamec. Nuestro padre había muerto entre las garras de un león, durante una cacería. Nuestra madre nunca quiso ocupar otra tienda de campaña y los hombres de nuestra tribu respetaban su viudez.

Milcah, nuestra venerable madre, siempre nos aconsejaba:

– Josepho, Javán, hijos de Jafet, nunca pequen delante de Dios. Su padre era un gran cazador, pero nunca se manchó las manos con la sangre de un ser hermano. Descendemos de Set, el bendito, y no de Caín, el maldito de la raza humana. Sacrificio solo a Jehová y a ningún otro Dios; sino que sus manos sean sin mancha como el cordero que ofrecen al Señor, Dios de sus padres. No permitan que la leña para el holocausto se adquiera con engaño, para que el Señor acepte sus sacrificios y los bendiga, multiplicando su descendencia. No se contaminen con las hijas de los hombres. Huyan de las aguas del vicio, donde se bañan los Cainitas. Cuando pasen por las tierras de Nod, dejen allí el polvo de sus sandalias, son tierras malditas.

Javán escuchó, en respetuoso silencio, las palabras de nuestra madre; pero en mi corazón pensé mal:

---

[6] Josepho utiliza aquí una manera de decir hebrea, muy común en la Biblia: llamaban "hermanos" a sus primos. Hoy decimos "primos" a este grado de parentesco. – NOTA DEL EDITOR.

- ¡Madre insensata...! ¿No sabes que el cordero que ofrecí ayer al Señor, lo robé de los rebaños de Jubal, y que las mujeres Cainitas son hermosas, bellas y agradables...

¡Dulce Milcah! Tan pura como los lirios del valle de Cedrón. Javán había heredado sus virtudes y su belleza. En nuestra familia, solo mi figura hirsuta y fea contrastaba con la belleza de los demás...

Nuestra tienda fue construida por nuestro padre, que había sido, además de un gran cazador, un experto en el arte de Jabal, el primero en construir, en la Tierra, las tiendas donde se refugiaban los pastores nómadas y sus familias.

Estaba armado un poco diferente del de Matusala, siendo, en tamaño, casi tan grande como el de nuestro jefe. Sin embargo, ni siquiera la tienda de campaña de nuestro patriarca estaba tan bien cuidada. Dentro de nuestra casa primaba la limpieza y el orden. En él no se podía percibir el olor característico tan común en los hogares de quienes se dedicaban al pastoreo: la repugnante abundancia de cabras, que penetraba incluso las pieles de los zagais.

Milcah era muy celosa con todo lo que concernía al cuerpo y a nuestra alma. Nuestra madre fue el símbolo de las mujeres de este singular pueblo de Israel que encarna, en todo tiempo, a la madre mártir, llena de desinterés y renuncia que, desde el seno materno, consagra a sus hijos a Dios, en la más sublime de las ofrendas. Ella nos exhortaba, casi a diario, animándonos a practicar las buenas costumbres, tanto corporales como espirituales.

Siempre nos decía:

- El agua limpia todas las impurezas, excepto las del alma. Antes que el Señor poblara toda la Tierra, la cubrió enteramente con el precioso líquido que, fecundándola, dio lugar al limo que daría vitalidad a todos los seres desde sus entrañas. Fue el agua la que vistió de verdor la Tierra y es gracias a ella que el hombre y todos los seres pueden vivir.

Y dirigiéndose a mí en particular, concluyó:

- Josepho, hijo mío, ¿no te apetece darte un baño? Me temo que no te gusta el agua...

Los temores de Milcah estaban bien fundados... ¡Odiaba el agua! ¿No fueron las claras aguas del Éufrates las que me revelaron cuán espantosa era mi apariencia? ¡Desde ese momento odié el río y todas las aguas de la Tierra!

Mi fealdad innata torturó mi vida... En general, me parecía a los grotescos simios de los grandes bosques: abundante pelo cubría todo mi cuerpo. Con furia salvaje, los corté con una cuchilla que yo mismo preparé; sin embargo, días después volvieron a brotar más abundantes y ásperos. Ni siquiera una espada de pedernal podría exterminarlos.

Todos en nuestra tribu me evitaban, huían de mí. De este horror que inspiré, culpé a mi fealdad... Hoy lo sé: no huyeron temiendo mi apariencia, ¡no! Huyeron de mis acciones repugnantes.

Yo era el triste símbolo de la degeneración de la raza humana que se había dejado dominar por la carne y sus más bajas vilezas. Mi alma se corrompió y me reí de cada virtud e incredulidad en Dios. Los caminos que pasé, los marqué con las huellas de mi violencia. Hui de la sabiduría de los viejos y abusé de la inexperiencia de las jóvenes, pervirtiendo sus sentimientos. Me emborraché a mí y a los compañeros que me seguían con mosto y mujeres.

Las mujeres honestas huyeron de mí, los niños me temieron y los hombres me despreciaron.

Mientras que yo solo inspiraba aversión en mis semejantes, Javán, por el contrario, era amado, más que estimado en nuestra tribu. Nunca dos seres tan heterogéneos, física y moralmente, convivieron en el mismo hogar, provenientes de la misma fuente. Se diría que fui la reencarnación de uno de los genios de Ahriman – el principio del Mal – y de Javán, uno de los espíritus de Armand, el principio de todo bien, según los mazdeístas de Zoroastro.

En mí verás retratados, paciente lector, todos los vicios y errores primitivos del más bárbaro de los impíos hijos de Jalómenes. En Javán, primacía de las virtudes de los hijos de Dios severos, pero sencillos y buenos.

¡Cómo envidiaba a Javán...! El amor que le dedicaron a mi hermano despertó, en mi corazón ennegrecido, el odio más profundo. Su belleza, su fuerza, sus gestos armoniosos, su alma inmaculada estaban llenos de mi rencor y resentimiento. Intenté por todos los medios desviarlo de las normas éticas de nuestro "clan"; ¡Pero él era una roca! En vano traté de quebrantarlo con la astucia de las palabras falsas... Javán era incorruptible, para desesperación de mi pútrido corazón.

Matusala, nuestro patriarca, nos reunió a todos, jóvenes y mayores, después de la gran esquila anual, al final de la primavera, y nos enseñó las tradiciones y la Ley de nuestro pueblo. Era magnífico verlo en aquellos días festivos, delante de su gran tienda, envuelto en inmaculadas pieles de gacela, con el pelo blanco cayendo sobre sus hombros, todavía rígido y erguido, ligeramente apoyado en su caña de pescar, hablando a toda la tribu... sobre el Pacto que el Señor había hecho con Adán y su descendencia.

A su alrededor, en respetuoso silencio, todos se postraron: los ancianos y las mujeres, sentados sobre pieles de oveja; el más joven, en el suelo desnudo. Sus palabras, su fuerza, su edad, la majestuosidad de su venerable apariencia, la profundidad de lo que decía, su conocimiento, todo en Matusala parecía gritarnos:

– ¡Yo soy el jefe, porque soy el mayor y el más fuerte! ¡Soy el jefe, porque soy el más sabio, el señor de los secretos heredados de Seth!

Recuerdo aquella tarde en la que yo, distante de los demás, escuchaba lo que decía Matusala. Su voz resonó por todo el lavabo, desapareciendo en la distancia...

El Sol proyectaba sus rayos sobre el Éufrates, iluminando sus aguas. Los fuertes vientos provenientes del desierto que se extendía por el Oriente, azotaron nuestros rostros e hicieron volar los largos cabellos de nuestro patriarca, quien, pareciendo no sentir el frío de aquella tarde, nos dijo:

– Nuestro trabajo ha sido duro, pero en compensación a nuestro esfuerzo, los rebaños se han multiplicado y los pastos han crecido. Cuando llegue el frío del invierno, nuestros hijos no sufrirán, porque la esquila fue abundante. Esta adición de bienes nos consolará del trabajo de nuestras manos. Sacrifiquemos nuestro más hermoso cordero al Señor, en reconocimiento de la abundancia con que nos ha bendecido... Ve, Javán, tráenos del redil sagrado el más hermoso cordero, mientras preparamos la leña para el gran holocausto.

Levantándose, mi hermano caminó hacia el redil, donde se guardaban los ejemplares más bellos de nuestras creaciones.

Era costumbre, en nuestra tribu, consagrar al Señor los corderos que nacían sin la menor mancha. Y entre éstos, los más fuertes y bellos eran seleccionados para momentos solemnes, como éste ahora, cuando regocijándonos hacíamos grandes ofrendas al Dios de los dioses. Además del cordero que sería sacrificado por Matusala, otros jefes sacrificaron otros. Grande fue la matanza en aquellos días.

Después de las ofrendas, nos entregamos a los más variados placeres. En esa época del año celebrábamos nuestras bodas y alianzas con tribus vecinas. Entre los recién llegados a la tribu había juegos y peleas, cuando elegíamos a los mejores tiradores de flechas y hondas.

Los músicos zagais tocaron avenidas, arpas y órganos, instrumentos ofrecidos a la Tierra por la inteligencia de Jubal, hijo de Adán y Lamec, de la tribu de los Cainitas.

A su ingenio debemos el conocimiento de artes preciosas, como soldar el cobre y el hierro, transformándolos en diversos usos. Fue Tubalcaín, el Cainita, quien enseñó por primera vez al hombre cómo tratar con estos preciosos elementos.

Los hijos de los hombres sobresalieron en inteligencia. Ambiciosos de conocimiento objetivo, se olvidaron de los dones de Dios, frutos del espíritu. La humanidad les debe las heridas de la insatisfacción que la atormentan desde hace milenios. De ellos heredó este deseo insaciable de alcanzar una Ciencia que se le escapa cuando menos lo espera... Fueron los hijos de Caín los primeros en desarmonizar los deseos de la especie humana.

Ellos, los anarquistas primitivos, prendieron fuego a la mecha de la mente, provocando la antigua lucha de la imaginación con la razón y del entendimiento con la voluntad, rompiendo así la armonía original, que hasta el día de hoy no se ha restablecido, entre el corazón, los sentidos y el espíritu e inteligencia.

Fueron los primeros rebeldes, porque no podían aceptar su felicidad perdida, con su exilio de un mundo tan heterogéneo a la Tierra. ¡Sufrieron, en lo más profundo, las consecuencias de sus sueños de libertad, cuyo nombre es tan exaltado, pero tan difícil de utilizar y tan dañino de abusar...!

La humanidad debe sus adquisiciones filosóficas y religiosas, e incluso los logros científicos más heterotéticos, a los hijos de Dios; a los hijos de los hombres, el ingenio, las ciencias físicas y exactas, y el arte en general.

Pero volvamos a nuestros recuerdos... Como dijimos, los músicos pastores tocaron sus suaves instrumentos, acompañando el canto femenino con un ritmo doloroso y nostálgico...

La sonrisa iluminó los rostros de todos. ¡Había alegría general! Incluso los ancianos abusaban del mosto esos días.

Solo Matusala permaneció impasible, sin dejarse dominar por los excesos.

No participé en las fiestas porque no me sentía feliz... La envidia, como un vampiro sediento, absorbió mi espíritu y mi alegría. No quería relajarme y reírme, cuando el mayor honor de la fiesta lo había disfrutado mi detestado hermano. Nunca había sido elegido para traer la víctima para el sacrificio, y esto fue como un dardo que me atravesó el alma.

Llevar la víctima para ser sacrificada en manos de nuestro jefe era una distinción deseada por todos los jóvenes y solo concedida al considerado en la tribu como el más perfecto. Y Javán, desde que era joven, siempre había sido el favorito. A pesar de aspirar a tal honor, los demás jóvenes aplaudieron con júbilo a mi hermano, porque sabían que la elección de Matusala era justa y merecida. Solo yo le negué los elogios, manteniéndome aparte, en un silencio rencoroso.

Quería ardientemente ser el elegido para conducir el cordero para el holocausto, no por las bendiciones divinas que los ancianos decían que vendrían de este acto; porque no creía en Dios ni en las bendiciones: quería ser el elegido solo para recibir alabanza y gloriarme. Porque, en mi ceguera espiritual, solo creía en todo lo tangible, visible, concreto. ¿Dios? ¿Qué sabía yo entonces del Ser Supremo? ¡Nada...! Pobre diamante en bruto que, arrojado al barro, había olvidado por completo la mina fulgente donde fue forjado...

Solo creí en la Tierra, porque la sentía bajo mis pies y podía tocarla con mis dedos. Temía a los elementos, cuyas causas ignoraba, porque sentía presentes y vivos sus efectos y acciones. Y fue a estos elementos de la Naturaleza – los truenos, los relámpagos, las luces solares, lunares y estelares, los ríos, los vientos –, a los que ofrecí mis holocaustos, más por miedo que por piedad.

Pero no fue el miedo a lo desconocido lo que despertó la creencia en Dios en las almas; esta creencia es congénita en las criaturas, como los sentidos y los instintos. Solo que a veces permanece latente en la mente del hombre, cuando agentes extraños paralizan el funcionamiento psíquico normal; tal como lo hace un quiste cerebral, que bloquea los nervios sensoriales y motores del organismo humano.

Y el mal es un agente ajeno al alma en esencia y naturaleza. Es un quiste, un cuerpo extraño que habrá que extirpar, porque todo tendrá que volver a sus funciones normales originales.

Después de la celebración del gran sacrificio anual, cuando comimos y bebimos pan y vino en abundancia, y disfrutamos de la tierna carne de los corderos sacrificados en honor de Jehová, toda la tribu se unió a la alegría y al baile alrededor de un gran fuego alimentado por leña con resinas fragantes. Quemado de envidia, vi a Javán distinguido por todos, viejos y jóvenes. En las disputas del juego, había ganado todos los trofeos, haciendo brillar de admiración los ojos de las vírgenes de la tribu... Y ninguna mirada lo miraba con más amor que la de Débora, hija de Matusala... Y yo amaba Débora apasionadamente, pero de este amor deseo lo material, bruto, capaz de todos los crímenes para obtener la posesión del ser que la inspiraba.

Javán parecía ignorar el cariño que la hija de nuestro patriarca le dedicaba. Él le mostró una afectuosa deferencia, pero no era la deferencia típica de los amantes. Débora sufrió por esto.

Daría mi vida por una mirada, una sonrisa de Débora... Como las otras vírgenes; sin embargo, ella me evitaba, huía de mí.

Cuando en nuestra infancia jugábamos juntos, ella siempre prefería los juguetes que Javán le hacía y despreciaba los míos... Una vez le regalé un pájaro de plumaje brillante y colorido, al que le había enseñado a pronunciar su nombre. Era un pájaro muy raro y codiciado por todas las mujeres de nuestra tribu, y Débora, con indiferencia, se lo regaló a Sara, hija de Nathan, hermana de su padre... Herido en mi orgullo, sufrí más al verla acariciar a un monito que había cazado Javán.

En una ocasión, escondido detrás del tronco de un plátano, a la sombra del cual se refugiaban Débora y Sarah, oí de qué hablaban. Sara dijo:

– Débora, a veces pienso que Jehová es injusto.

– ¿Por qué, hermana mía?

– ¡Porque hay tantas diferencias entre las criaturas...! Tomemos, por ejemplo, a Javán y Josepho. Uno tan bello y el otro horrible... ¿Por qué, Débora?

– Solo Él lo sabe, Sara. Quizás la belleza física sea consecuencia de la bondad del espíritu... Javán es bueno y verdadero, mientras que Josepho es malo y mentiroso... Sus acciones son más aterradoras que su fisonomía... ¿Viste cómo ayer torturó a un pobre pajarito?

– Sí, respondió Sara. Si no fuera por la intervención de Javán, le habría arrancado los ojos al desgraciado pájaro... Le tengo terror, ¿sabes?

– También yo...

Me escapé para no escuchar más lo que decían de mí.

Sin embargo, en lugar de intentar cambiarme, me sumergí más profundamente en el mal, provocando así que creciera a mi alrededor un círculo repulsivo de antipatías.

No guardaba recuerdos inocentes de mi infancia, solo recuerdos de actos considerados, por todos, monstruosos y repulsivos. Me escondí entre los juncos a orillas del río, para ver a las mujeres bañarse; falté el respeto a la inocencia de los demás.

Cuando en la vida el alma anhelante, como una golondrina que regresa a su primer nido, busca, a través del paso del tiempo, los días felices de la infancia, éstos reaparecen en la memoria, tiernos y claros, llenos de momentos felices e inocentes, mostrando al hombre que cada época, la más radiante es la de la infancia. Esta fase de la existencia es, como la muerte, igual para todos. Incluso el hombre más pobre guarda dulces recuerdos de su infancia que alivian las penurias del verano, la escasa cosecha del otoño y el frío del invierno de la vida.

La infancia es como la primavera: ¡siempre floreciendo para todos! Incluso a los más indefensos, ella no niega sus flores...

Sin embargo, los recuerdos de la infancia que guardé durante esa vida eran oscuros y pestilentes...

Matusala, sentado frente a su tienda, seguía la alegría de los jóvenes con una risa complaciente. Leah, su esposa, nunca quitó los ojos de su hija Débora, la virgen más bella de las llanuras. La tristeza visible que ensombrecía el hermoso rostro moreno de la doncella angustió el corazón materno.

De vez en cuando, con cierto despecho, Leah apartaba la mirada de Javán, como para reprochar la indiferencia del joven hacia su amada hija.

Ajeno a lo que pasaba en aquellos corazones, mi hermano, después de haber ganado todas las competencias de ese día, permaneció, algo distraído, con nuestra madre. Con aire soñador y lejano, jugaba con un anillo que siempre llevaba en el dedo anular.

Ese anillo lo había adquirido en la última feria anual que tuvo lugar cerca de las murallas de Enoch. Había oído que había un hechizo extraño en ese anillo; fuera lo que fuese, no lo sabía.

Leah se puso de pie y se acercó a nuestra madre. Las dos hermanas se parecían mucho. Ambas aun conservaban los bellos rasgos de su juventud.

Mi madre era unos años mayor, por lo que Leah siempre mostró su respeto y obediencia. Entendiendo por la mirada de mi tía que su conversación estaría relacionada con Débora y Javán, yo también me acerqué fingiendo indiferencia.

Me senté cerca de las dos mujeres y, cerrando los ojos, fingí que descansaba de los excesos del día. Leah, después de unas palabras de elogio a mi madre por los trofeos ganados por Javán, elogio que Milcah recibió en silencio, como era propio de su dignidad de madre de un hombre valiente, inició la siguiente conversación que escuché con el corazón encendido:

- Milcah, hermana mía, ¿alguna vez has pensado en casar a tus hijos?

- No - respondió mi madre -. Espero que sientan la necesidad de una compañera.

- Lo estás haciendo mal. Un hombre tiene que casarse temprano, para que su descendencia se multiplique durante muchos años y pueda acompañar a los hijos de sus hijos.

- Tienes razón... La próxima primavera entregaré la tienda de Japhet al cuidado de las nuevas manos de mis nueras. Les pediré a mis hijos que construyan otra más pequeña para cobijarme en mi vejez.

- Puedes vivir en nuestra tienda, porque yo también, la próxima primavera, tengo intención de casar a Débora... Lamec y los demás chicos ya están casados... Temo morir y dejar a mi hija sin el apoyo de un marido.

- Débora - dijo mi madre -, se habría casado hace mucho tiempo si hubiera aceptado la protección de uno de sus innumerables pretendientes. Pero parece que tu corazón aun no ha despertado a los deleites del amor...

– Conozco uno que aceptaría sonriendo...

Y Leah miró significativamente a Javán. Mi madre siguió su mirada, medio sorprendida y complacida, y las hermanas intercambiaron una sonrisa comprensiva. Lo había visto todo con los párpados entrecerrados, temblando de odio y rencor.

Javán parecía no haber oído nada de lo que decían Leah y Milcah. Mi madre, poniendo su mano en la de él, le preguntó suavemente:

– ¿Estás cansado, hijo?

– Sí, madre – respondió extrañamente –; permítanme alejarme un poco, me siento agotado...

Javán caminó lentamente hacia las orillas del Éufrates.

Mi madre, intrigada, siguió a mi hermano con la mirada hasta verlo desaparecer entre las palmeras, a lo lejos.

También me sorprendió esta manifestación de cansancio, poco habitual en mi hermano. ¿Qué podría preocuparle?

Mi madre le comentó a Leah:

– ¿Has notado, hermana, algo diferente en Javán? No parece el mismo...

– Sí, y sé por qué. Mi sobrino – dijo sin contener su enojo –, fingió estar cansado para alejarse de nosotras... Tenía miedo de nuestra conversación...

– No entiendo. Ya sabes, Javán es sincero e incapaz de tener sentimientos mezquinos... ¿A qué puede temer?

– Que lo obligues a casarse con Débora, a quien no ama.

– ¿Cómo puedes suponer eso? Javán ama a Débora y siempre la ha distinguido en nuestra tribu.

– Amor, no tengo ninguna duda, pero como una hermana. Él no la quiere como esposa.

– ¿Y tu hija? – Preguntó mi madre, algo angustiada.

- Muere por él. Lo ama con locura.

Milcah bajó su venerable cabeza en silencio. Sentí que estaba preocupada. Luego, posando sus tiernos ojos en su hermana, dijo con firmeza:

- Hablaré con mi hijo; dile a Débora que lo obligaré, si es necesario, a casarse con ella.

Leah, levantándose, regresó a su lugar junto a Matusala. Había notado la ausencia de Javán y le preguntó a su esposa:

- ¿A dónde fue Javán?

- Javán está cansado, se fue a descansar – respondió ella con amargura.

- ¡Imposible! Javán es incansable como el león de la llanura. ¡Está ocultando algo, lo sentí en tus palabras! – Exclamó Matusala con impaciencia.

- No niegas que eres el más sabio de todos... Lo adivinaste: el cansancio de mi sobrino es una excusa para ausentarse de nuestra fiesta... Se ve diferente por alguna razón que hasta Milcah ignora. Mientras tanto, mira a nuestra hija, ¡mira cuánta tristeza encierra ese rostro...!

- Débora sufre, pero mi ciencia no tiene bálsamo para curar el dolor que le duele; es mujer, no puedo culpar a Javán por eso...

- Sí, puedes, y puedes obligarlo a casarse con nuestra hija.

- Un matrimonio sin amor en ambos corazones solo dura una luna, mujer... Pero que así sea. Hablaré con Lamec hoy y quizás pueda conseguir que Javán se case con nuestra hija.

- Mandaré buscar a nuestro hijo; ¿das tu consentimiento?

- Sí, Leah; que venga y hable conmigo.

Yo fui el encargado de buscar a Lamec... Los designios del destino son extraños.

Llevé al hijo de Leah con su padre y escuché lo que decían. Lamec era el mejor amigo de Javán.

Tan pronto como Matusala sacó a relucir el tema, se puso serio y miró al anciano con disgusto.

– Padre – dijo –, no le corresponde a su amigo ir en contra de los sentimientos de Javán; y no es bueno que un hermano imponga a su hermana a quien no la quiere por esposa.

– Hablas con sabiduría y prudencia, hijo mío. Estoy orgulloso de ti. No quiero obligarte a ir en contra de tus sentimientos como amigo y hermano. Solo quería saber si esperas que algún día Javán se case con tu hermana.

– No, padre, no tengo esa esperanza.

– ¿Por qué lo niegas con tanta convicción? – Matusala se sorprendió.

– Porque sé que Javán ama a una extranjera que no sé quién es durante el resto de su vida. No puedo decirte nada más, padre.

– Está bien. Espero que Javán, por muy correcto que haya sido hasta el día de hoy, nunca deshonre las tradiciones de nuestro pueblo.

– Morirá haciendo esto primero, dijo Lamec.

– La mujer ha sido fuente de perdición durante años y años, desde el principio, hijo – dijo Matusala, en voz lenta –. El Señor dio todos los encantos de la Naturaleza a las mujeres para que pudieran suavizar la dureza de la vida de los hombres. Pero, ignorando su sublime misión, deshonran la vida en lugar de encantarla. Por eso los hombres se vuelven cada vez más feroces, endurecidos e infelices. La mujer ha preferido despertar los instintos animales y no los sentimientos puros y nobles de aquel que el Señor le dio por compañero. Ella ha estado dominando toda la creación a través de sus atracciones. ¿Qué hombre, hijo mío, es fuerte frente a la mujer que ama? Por muy fuerte que se crea, es dominado, vencido por la belleza, por el cariño de quien lo esclavizó por el amor. Una mujer puede incluso ser esclava, un hombre puede disponer de su cuerpo, venderlo, regalarlo; pero si ama incluso a una de sus siervas, en lugar del amo, se convertirá en su esclavo. Ves, hijo, y sabes, que una mujer puede transformar la vida de un hombre en el cielo o en el infierno. No confío en ninguna mujer y mucho menos en las hijas de los hombres.

– No sé si la extranjera que ama Javán es una Cainita, padre; tal vez sea hija de una de nuestras tribus que viven más allá de las llanuras.

– Pidamos a Jehová que así sea. Amo a Javán como a un hijo y no quiero que me obliguen a aplicarle la Ley de nuestro pueblo que prohíbe la unión con las hijas de los hombres. Porque de esta unión nacerían nuestras desgracias. Los Cainitas se sumergen, día a día, en la animalidad más burda... Sobreviviremos a la destrucción solo si escapamos de sus costumbres y vicios.

– Padre, permíteme contradecirte en un punto: entre los Cainitas también hay hombres buenos, que temen al Señor. En Enoch hay un anciano llamado Matusael que sigue nuestra Ley. También el poderoso Rehú es justo y bueno.

– Rehú, ese es justo, pero su hijo Tidal es tan malvado como la hiena. La bondad en los hijos de los hombres es tan rara como el olivo en nuestros campos. Los lamentos de las víctimas de estas almas malvadas llegan a mis viejos oídos. Su maldad clama al cielo, y el Señor Dios de nuestros padres los castigará, destruyendo a toda su descendencia maldita. Y el viejo Matusala se puso de pie solemnemente...

Lamec y yo lo miramos en respetuoso silencio. Ante su indignación, ni siquiera Lamec se atrevió ya a contradecirlo.

– Hijo, continuó; pero ahora los músicos también habían silenciado sus instrumentos y, como los demás, escucharon las palabras de Matusala. Decía esto:

– Fue el abuso de la carne lo que expulsó a Adán[7] del paraíso. Pero el Creador Misericordioso dio al hombre, como castigo paterno, el trabajo. Castigo que revela claramente, a través de sus bendiciones, la fuente del origen divino. Porque solo el trabajo alegra la vida, dándonos salud y bienestar. Es un medio de

---

[7] Más adelante veremos que Adán no es más que el símbolo de las legiones capeinas desterradas sobre la faz de la Tierra. – Nota de Josepho.

superación y elevación espiritual. Es él quien nos da el sentido, la conciencia de nuestro ser, de las energías que están latentes en nuestras almas, empujándonos hacia el bien, hacia la realización de una vida de paz y armonía, llena de tranquilidad, desviándonos de las falsas glorias del Tierra.

Hace muchos años, cuando la sangre aun no había manchado las manos de los hombres, vivir era sencillo y el Señor encontraba agradables las acciones de sus criaturas. Pero, por envidia, Caín y sus descendientes se rebelaron contra el Señor, prefiriendo una vida de maldiciones y remordimientos a la que todos disfrutaban en común.

El fratricidio los dispersó, como buitres saciados de la sangre de sus víctimas que, una vez satisfecho su apetito, vuelan a otros lugares.

Abandonando las tiendas patriarcales, se multiplicaron y construyeron ciudades. Están orgullosos de sus artes y desprecian nuestra forma de vida y nuestra Ley.

Pero muchos de nosotros, ávidos de cosas nuevas, soltando los lazos sagrados de nuestra tradición, frecuentamos sus ciudades, antros de pecado y vicios. Si hay belleza en las hijas de los hombres, sus abrazos son áspides venenosos.

Huye de sus ciudades, huye de sus mujeres. Sus leyes son falsas, porque son frutos de una maldición.

Mientras andes por las sendas del Señor, Él te bendecirá, multiplicando tu descendencia. Pero si te sumerges en los mismos errores que los hijos de los hombres, serán confundidos con ellos el día del castigo. ¡Oh! No quiero saber cuál es ese día... Todo ser viviente se sumergirá cuando los cielos lloren, por muchos días, las lágrimas de su rebelión.

Un silencio aterrador envolvió las últimas palabras de Matusala.

Aunque no creía en las profecías, sentí un escalofrío desagradable recorriendo mi espalda...

Sin embargo, mi madre y los ancianos de la tribu permanecieron impasibles, simplemente asintieron con la cabeza en señal de aprobación.

Matusala, haciendo un gesto para que todos se dispersaran, entró en su tienda.

Hacía mucho tiempo que la noche había envuelto la llanura. Era el tiempo de descanso de la tribu, respetado incluso en los días festivos.

Todos se retiraron a sus tiendas, excepto yo, que fui en busca de Javán, que aun no había regresado desde que dejó a Milcah y Leah. Sabía dónde solía aislarse.

Sin embargo, Lamec me había precedido.

Fui a encontrarlo hablando con mi hermano.

La Luna iluminaba las aguas del Éufrates y arrojaba reflejos plateados sobre el follaje de mijo que crecía en las orillas del río, alcanzando alturas considerables.

Escondido en medio de los paneles, me acerqué a los dos.

Hablaban en voz baja, pero desde donde yo estaba podía escuchar claramente lo que decían.

– ¿Qué tienes hermano? – Preguntó Lamec –. No te tomas tiempo libre como antes... Huyes de la tribu. Nuestros jóvenes ya te llaman Javán, el solitario. ¿Qué tienes, Javán?

– Mi enfermedad no tiene cura. Ningún ungüento suavizaría la angustia que me oprime. Siento mi sangre arder... Dejé la alegría atrapada en la mirada de alguien...

– Amas, ya lo adiviné. Tus extrañas maneras me revelaron tus sentimientos. Pero no entiendo por qué sufres... ¿Quién no estaría orgulloso de unir a sus descendientes con los tuyos?

– Amo a alguien tan lejos de mí como esa estrella... Y su brazo apuntaba al infinito.

– ¿Tan lejos?

La voz de Lamec sonó severa.

– Sí; – confirmó Javán distraídamente.

Una de sus manos jugaba con una caña que sumergió en las aguas del Éufrates, mientras la otra descansaba sobre sus rodillas.

Ambos estaban sentados sobre un grueso tronco de palmera, que había sido arrancado por los fuertes vientos de la llanura, durante la última riada periódica, cuando el río se desbordó, fertilizando las tierras planas que lo cobijaban en su lecho poco profundo, donde abundaba la arcilla roja , que, más tarde, después del diluvio, sería favorable al surgimiento de Babilonia, tierra de Nimrod. Pero estos hechos aun están latentes en el tiempo, no los despertemos ahora...

Preocupado, Lamec miró fijamente a mi hermano.

Después de un breve silencio, en el que se podía oír la voz del río chapoteando y el canto de la brisa besando las copas de las palmeras datileras que se alzaban un poco más allá, el hijo de Matusala continuó el diálogo.

Yo era todo oídos y apenas respiraba.

– Mientras sueñas con tu "estrella", conozco a alguien que sufre la misma angustia que tú.

Javán inclinó la cabeza sin responder.

Lamec continuó:

– ¿Por qué ir tan lejos para buscar la felicidad, si ésta puede estar esperándote, aquí, entre nuestras vírgenes?

–¡Oh! ¡No me preguntes nada, te lo ruego, Lamec, hermano mío...!

– No quiero revelar tus secretos... confío en ti. Pero déjame decirte: ¿sabes quién es esa persona a la que me refiero?

– Sí... no me atrevo a pronunciar su nombre, sagrado para mi corazón.

– Me atrevo – dijo Lamec –. Es Débora, mi dulce hermana. ¿Te niegas a casarte con ella, Javán?

- Sabes que prefiero morir antes que causarle sufrimiento a Débora. Aunque la amo...

- Lo sé. Entiendo... Tú quieres a Débora como a una hermana.

- Sí. Perdona a tu pobre amigo si te ofende. Sé que estoy siendo un desagradecido. Me voy mañana... Necesito irme por mí y por Débora. Ella me olvidará y la próxima primavera alegrará la tienda de uno de nuestros valientes, más digno de ella que el desafortunado Javán. No me guardes rencor, Lamec...

- No tienes la culpa de lo que pasa. Quizás estés bajo la influencia de algún hechizo...

Y tomando la mano de Javán, donde brillaba el anillo en forma de dos corazones heridos por una flecha, continuó:

- La "estrella" que amas debe llevar en el dedo el anillo gemelo de éste... ¿No es cierto, hermano?

- Quizás... Pero no fue este anillo lo que me hechizó, fue su mirada.

- ¿Y dónde la viste por primera vez, Javán? - Preguntó Lamec, algo intrigado.

- En el cielo infinito, hermano mío...

Y sus ojos, en alto, estaban empapados de la luz de la Luna.

Lamec se levantó. Su gran altura, reflejada, me ensombrecía. Con pasos lentos se alejó sin despedirse de su amigo.

Yo, entre los mijos, seguí observando a Javán. Esperaba una palabra, un gesto, algo que me revelara su secreto, el nombre de su "estrella" que, predije, lo conduciría a la destrucción que había anhelado.

En este libro y en los que, con la gracia de Dios, seguirán, describo los sentimientos íntimos de las almas que recuerdo, como lo hacen los escritores de ficción; pero con una ventaja sobre ellos: no creo los sentimientos, los describo tal como los conocí más tarde, relatados por los mismos espíritus que los experimentaron en sus oraciones.

Javán, abstraído, giró el extraño anillo, mirando la estrella que le había indicado a Lamec. Parecía absorto, ajeno a todo lo que lo rodeaba... sentía la humedad de la noche que ya se había instalado a las pocas horas.

Vi su rostro como si fuera plena luz del día.

La luz de la Luna era tan clara y nítida que parecía un amanecer.

En el horizonte, la llanura se fusionaba con el espacio, pareciendo infinita.

Solo las palmeras y las palmeras datileras, altas y exuberantes en flor, rompían la monotonía horizontal de las tierras planas a orillas del Éufrates.

Hay un toque místico en los paisajes desnudos de ondulaciones montañosas, que predispone el alma a la poesía, la ensoñación y la oración.

La mirada, libre de obstáculos, mira siempre a las alturas, sintiendo, en los seres que las iluminan, poderes e influencias que la atraen y asombran.

Fue vencido por esta influencia magnética que los cuerpos celestes ejercen sobre la Tierra, que el hombre primitivo, incapaz de explicarla, comenzó a adorar a todas las estrellas como a dioses.

Javán salió con las estrellas. La angustia atravesó su alma... Recordó las palabras de Milcah cuando le aconsejó evitar a las mujeres Cainitas...

¿Qué dirá ella, pensó Javán, cuando descubra que amo a Dinah, la virgen Cainita de la ciudad de Enoch? Y suspiró amargamente.

En ese momento habría renunciado a la mitad de la existencia, intercambio de sus pensamientos que solo llegué a conocer plenamente cuando, ya libre de la carne, me presenté como acusado en el juicio de mis acciones.

Pero ahora describiré los sentimientos de Javán y los acontecimientos relacionados con su vida en ese momento, como el escritor que domina las pasiones de sus personajes.

Echemos un vistazo a nuestra historia.

El corazón, órgano retentivo de los sentimientos, siempre ha ignorado fronteras en cualquier época y era.

Mi hermano había conocido a Dinah en el último viaje que había hecho con Lamec a Enoch, con motivo de la gran feria anual.

La animosidad que separaba a los dos pueblos sufrió una relativa tregua, en los días en que el interés común por sus vidas era más fuerte. Y entonces, Cainitas y Setitas, olvidando sus insultos mutuos, se reunieron para intercambiar sus bienes y especialidades.

Se reunieron todos en tierra neutral, cerca de Enoch, y allí levantaron sus tiendas y tiendas. Y durante cuatro ciclos lunares reinó la paz en esos corazones. El negro y gigantesco Adamis miraba de reojo, pero reprimiendo sus instintos bélicos, a los Sarkus que habitaban las tierras de Surripak con ellos, pero siempre en guerra entre sí.

Fue un armisticio obligado por la conveniencia y el bienestar general.

Desde las lejanas costas del sur de Asia, refugio de las restantes Rutas de Lemuria, Surripak, Havila, Cush, las tierras de Nod y todo Oriente, llegaban los pueblos más extraños a intercambiar sus especias.

El oro de Havila, el bedelio y la piedra sardónice se cambiaron por los artefactos de Enoch, las telas de Seth, los caballos de Ornar y los camellos de Irad.

Allí prevalecía el interés, no el odio y los prejuicios étnicos.

Javán estaba cambiando por unas pepitas de oro, buen oro de Havila, un anillo de forma extraña que había llamado su atención cuando una joven Cainita, acompañado de dos esclavas y dos fuertes eunucos Adami, se había detenido en el mismo puesto donde él escuchaba pacientemente la charla del comerciante, una ruta codiciosa e inescrupulosa.

Durante unos segundos, los ojos color miel miraron a los ojos negros de Javán. Solo por unos segundos los dos jóvenes se miraron, pero fue tiempo suficiente para despertar, en sus almas, sentimientos que habían estado dormidos durante mucho tiempo.

Apartando la mirada, sonrojada, del rostro varonil y hermoso de Javán, la joven adquirió un anillo igual al que mi hermano había elegido.

La Ruta, con una risa maliciosa, informó a los dos muchachos que aquellos anillos tenían una propiedad singular y eran únicos en la Tierra.

La Cainita, algo distraída, colocó el anillo en uno de sus largos dedos blancos como pétalos de lirio, pareciendo no escuchar la perorata del comerciante. Pero Javán, fingiendo gran interés por lo que decía, le hizo preguntas a las que la ruta respondía prolijamente, para prolongar el relato, prolongar aquel momento en que tenía delante a la mujer que tan repentinamente había hecho suyo el latido del corazón.

Resumiendo aquí la historia del comerciante, diremos que esos dos anillos tenían el hechizo de unir los corazones de quien los poseían, si eran de sexos opuestos.

Pareciendo no creer las palabras que escuchó, la Cainita, entregándole al mercader un poco de plata en polvo, que había sacado de una pequeña bolsa que llevaba uno de sus esclavos, se cubrió el rostro con un velo y se alejó; pero primero echó un rápido vistazo a Javán.

No había dejado de mirarla desde que la vio, y siguió su figura con la mirada hasta verla desaparecer entre la multitud que apretujaba la feria.

La perspicaz Ruta, al notar el interés que la joven había despertado en el extranjero, le dijo guiñándole un ojo con picardía:

– Esa es Dinah, hija de Rehú, el hombre más rico de Enoch.

Arrojando una pequeña bolsa de piel de oveja llena de oro al hombre codicioso, Javán preguntó:

– ¿Dónde vive Rehú?

– En la zona sur de la ciudad... Allí todos te informarán. ¡Pero cuidado, joven...! A los Cainitas – y el Ruta escupió a un lado, en señal de desprecio –, no les gustan los extranjeros y, mucho menos, los hijos de Seth. Dicen que por muy feroz que sea su padre, Tidal, hermano de Dinah, comandante en jefe de los arqueros y el más hábil y malvado de los guerreros de Enoch, invicto hasta el día de hoy en todas las luchas.

Temblando, Javán palideció; no por miedo, sino porque hacía tiempo que la feroz fama de Tidal había llegado a sus oídos, junto con los gritos y gemidos de las tribus devastadas por él.

Javán se estremeció, asustado por el sentimiento que la hermana de Tidal, el terror de las llanuras, había despertado en su corazón.

¡Hermana de Tidal, ella! Tidal, la hiena Cainita que en sus saqueos no respetaba ni a los ancianos ni a los niños. Sus seguidores eran como manadas de fieras, arrasando todo: pastos y ganado.

Por encima de las huellas de Tidal, solo quedaban la desolación y la muerte.

Al ir a encontrarse con Lamec, que lo esperaba en su gran tienda, levantada cerca del redil donde se veían raros ejemplares de ovejas de sus pastos, que él y Javán habían traído a la feria, el hijo de Milcah sorprendió a su amigo con su silencio y aire pensativo.

Lamec notó que mi hermano miraba extrañado un anillo de oro, que tenía la forma de dos corazones tachonados de rubíes y atravesados por una flecha, y preguntó en tono de broma:

– Parecería que fuiste herido por las flechas del amor como los corazones de tu hermoso anillo... ¿Dónde lo adquiriste?

– ¿Qué dices? – Preguntó Javán, volviendo en sí.

– Te pregunté dónde encontraste ese extraño anillo que tienes en el dedo.

– Lo compré de un comerciante del sur de Asia. El Ruta, que me lo regaló en su peso de oro, me dijo que este anillo tiene una historia, falsa por cierto, como todas las historias de los comerciantes de Ruta.

– Me gustaría conocerla... Dime, Javán.

Mi hermano informó lo que había oído de labios de Ruta.

– Interesante historia, falsa o no...

Y, tras un breve silencio que había pasado observando el extraño anillo, Lamec quiso saber, curioso:

– Y el otro anillo, ¿dónde está?

Apartando la vista, sonrojándose, Javán mintió:

– El comerciante se deshizo de él hace muchas lunas.

– Qué pena... se lamentó Lamec, pensando: qué interesante sería llevarle el otro anillo a mi hermana Débora...

Tal vez el encanto de las joyas uniría a Javán con ella que tanto lo ama.

En la tarde del día siguiente, mi hermano, pretextando alguna razón, se dirigió a Enoch[8], habiendo tomado la precaución de vestirse primero como un Cainita de la ciudad.

Vestido así, su persona no llamó la atención ni siquiera del mendigo al que había preguntado dónde encontrar la residencia de Rehú.

El hombre, al ver el aspecto rico de Javán, se dispuso a guiarlo hasta allí, recibiendo a cambio una pepita de oro del tamaño

---

[8] No confundas a este Enoch (HEnoch) con Enoch, hijo de Jared, de la descendencia de Seth, padre de Matusala, el patriarca prediluviano a quien ubicamos en estas memorias. Este Enoch que citamos ahora es el autor, según la tradición, del Libro de HEnoch, escrito mucho antes que los de Moisés. Lea este libro en los capítulos 6 al 21. Las transcripciones que hacemos aquí no son al pie de la letra, solo en esencia. Se tiene el Libro de HEnoch por muchos apócrifo. No somos parte del número de estos "muchos." – Nota de Josepho.

de un grano de maíz, que le hizo desear a mi hermano todas las alegrías del cielo y de la Tierra.

Enoch era una ciudad construida casi enteramente de piedra en la parte oriental de las tierras de Nod, donde proliferaban los rebeldes Cainitas. La tradición decía que había sido construida por Caín, quien le había dado el nombre de su hijo Enoch \ espíritu puro y santo, el iniciado en todas las verdades que, por Dios, le fueron reveladas.

Permita, lector, un interregno necesario en nuestra retrospectiva... ¿Qué es nuestra vida terrena sino interregnos necesarios, en los que nos superamos a través de obras y sentimientos?

Enoch había enseñado a los hombres muchas cosas hasta entonces ocultas a sus ojos.

En los ciclos étnicos se había producido una transformación visible y repentina, sufrida en una fecha que se había perdido en los anales de la tradición, fuente originaria de la Historia como Ciencia y que aun no había sido debidamente explicada a la comprensión rudimentaria de los inteligentes primates del globo terrestre.

Gracias a las enseñanzas alegóricas de Enoch, el iniciado que había sido testigo de la Shekinah[9] – el esplendor de Jehová –, el Dios único increado, que siempre ha existido, porque es la existencia misma de todo el Cosmos infinito, la Humanidad adventista en este planeta sintió que no estaba sola: velaba por ella el Señor de los mundos.

Porque fue Él quien había enviado a Sus ángeles a la Tierra quienes velarían entonces por los destinos de los hombres, en luchas milenarias por adquisiciones intelectuales y espirituales más completas y amplias, que favorecerían el progreso evolutivo.

Ya en posesión de ciertos secretos naturales que la divina misericordia les había revelado, pudieron resistir mejor las

---

[9] Shekinah – Palabra hebrea que significa "la gloria visible de Jeovah." – Nota de Josepho.

transiciones telúricas que atravesaba el planeta en formación, a veces bajo la acción invernal de un intenso enfriamiento, a veces bajo los rigores del calentamiento atmosférico que dio lugar a tremendos deshielos que castigaron a la Tierra, inundándola, sumergiendo partes de ella que las aguas ocultaron para siempre; hombres cuaternarios, señores de la piedra, del pedernal y del fuego, ya llenos de voluntad propia y de los primeros amaneceres del sentir, ya no dejándose guiar solo por los instintos, ya despiertos al amor de la familia y al respeto por las cosas y elementos bellos que los asustaba, necesitaban un impulso que los llevara de los pilotes de langosta al esplendor y la comodidad de los palacios de Menfis y a los encantos de los jardines babilónicos.

Sin embargo, ¿cómo se produjo esta transformación étnica? – Preguntaron los hombres, frutos de este mestizaje que se había dado en el tiempo y espacio determinado por Dios.

Nadie mejor que Enoch supo explicarlo al razonamiento humano de aquella época y también de la actualidad.

Los ángeles, había dicho, bajaron del cielo y, confundiéndose por amor con las hijas de la Tierra, procrearon a los lanzadores y les enseñaron encantamientos, magia, las propiedades medicinales de las plantas, el secreto de las estrellas y sus signos y las movimientos de la Luna, revelando nuevos horizontes a la Humanidad primitiva.

Nosotros que profundizamos en la oscuridad de los primeros tiempos terrenales, en busca de información para informar aquí a los hombres de este siglo XX, evitando lo absurdo y lo fantástico, no posponemos nada que pueda aumentar nuestra ignorancia, más allá de las revelaciones de Enoch.

Satisficieron nuestra razón y espíritu.

Hoy sabemos que estos ángeles, a los que Enoch llamó vigilantes, son esos seres rebeldes, liderados por Lucifer que, rebelándose contra el Señor, fueron arrojados a las tinieblas, de lo que nos habla el Génesis mosaico.

Sabemos también que estos ángeles son los Capelinos que se conocen desde hace mucho tiempo a través de las Revelaciones iniciáticas y espiritistas.

Sigamos nuestra historia...

El mendigo llevó a Javán a la residencia de Rehú. Era una casa sólida, muy parecida a las fortalezas de los desiertos de su tiempo, construida con grandes bloques de piedra labrada, unidos por una especie de argamasa muy resistente, y erigida en medio de un patio rodeado por un muro también construido de piedras superpuestas, casi todas cubiertas de hiedra y otras plantas rastreras y trepadoras, del género de *Araliaceae umbelíferas*.

Después de despedir al mendigo, Javán rodeó el muro con la esperanza de encontrar una entrada que lo condujera al patio, sin ser visto por los habitantes de la casa.

Dos palmeras gigantes, plantadas a cada lado, marcaban la puerta que conducía a la casa de Rehú.

Javán no pensó en el peligro que correría si lo descubrieran irrumpiendo en la residencia de otra persona. Las Leyes eran estrictas y claras con respecto a los bienes violados. Las penas eran la lapidación, la mutilación o la muerte. Javán no ignoraba las Leyes que, en este sector, no diferían de las que regían a los pueblos de la llanura.

Pero no estaba pensando en ninguna ley, solo soñaba con volver a ver a Dinah y poder hablar con ella, escuchar su voz antes de regresar a sus propias cápsulas, tal vez para siempre.

El hijo de Milcah ya se desanimó de encontrar, en la sólida pared, un pasaje que lo condujera al patio donde tal vez podría ver u oír a Dinah, cuando sus ojos se toparon con una de las piedras que parecía ser desplazada por la acción de la lluvia o tiempo.

Creando nuevos espíritus, le resultó fácil alejarla y, colándose por la grieta que previamente había sellado la piedra, Javán

Se encontró en medio de un hermoso jardín.

Árboles variados, cuyas flores tenían colores similares a los del arco iris, encantaron la vista y el olfato del apasionado muchacho.

Nunca había visto nada tan bello y armonioso como ese jardín.

En trance, respiró el aire fragante y se deleitó mirando las flores que colgaban abundantemente de los tallos.

En un pequeño lago, peces exóticos, en cardúmenes, aterciopelados y rojos, se peleaban por las migas de pan que debían haber sido arrojadas allí poco antes.

En las hordas del lago, que estaban formadas por piedras pintadas de azul, caminaban solemne y lentamente pájaros de patas largas y de diversos colores.

En medio de los árboles los pájaros cantaban revoloteando.

Los ojos de Javán, acostumbrados a los pastos rústicos, se sintieron atrapados por la magia de aquel rincón edénico, cuando el sonido de un arpa, punteada por manos maestras, empezó a llegar silenciosamente a sus oídos.

Refugiándose entre los densos arbustos, el chico siguió la dirección de donde venía la música.

Se detuvo al escuchar voces femeninas, muy cerca del lugar donde se había escondido. Una de ellas, en su forma de expresarse, sonaba como un tonto, dijo:

– Mi señora, este anillo la ha hechizado... Deshazte de él...

– Cállate, Myra. No creo en los hechizos. No fue la historia del comerciante lo que me impresionó; fue la expresión del rostro de ese chico extranjero. ¡Qué hermoso y fuerte era...! ¡Más fuerte que Tidal y más hermoso que cualquiera de nuestros guerreros! ¿Quién era él, Myra, algún dios?

– Los dioses ya no bajan a la Tierra, señora. Sin embargo, ya han descendido, dicen los ancianos que fueron vencidos por la maldad de los primeros hombres y, habiendo perdido sus poderes, se confundieron con los mortales. Ese extranjero debe ser uno de esos nómadas ricos... Quizás un descendiente de Seth, indigno de merecer una mirada de mi señora.

– No, Myra, no creo lo que estás diciendo. No olía a redil y sus gestos eran inteligentes y su ropa rica. ¿Te fijaste en el cinturón tachonado de piedras que sostenía su túnica?

– Sí, mi señora. Myra vio tan bien como tú... Pero creo, por los dioses, que a tu padre, el poderoso Rehú, no le agradaría oírte hablar así de un extranjero... Bien sabes que estás comprometida con el gran guerrero Mehujael.

La joven, pareciendo irritada por las palabras de la sirvienta, le ordenó con cierta dureza:

– Déjame en paz... estoy cansada de tu música. ¡Mantente alejada!

Javán escuchó los pasos de Myra, perdiéndose en la distancia. Se hizo el silencio en el jardín.

Mi hermano tenía miedo que Dinah escuchara los latidos de su corazón, eran muy fuertes.

Evitando con cuidado el follaje que lo ocultaba, pudo ver a Dinah mirando su anillo gemelo, suspirando de momento a momento.

Frente a su amada olvidó sus precauciones y, abrumado por su belleza que lo asombraba, exclamó sin poder contenerse:

– ¡Qué linda!

La joven, sobresaltada por aquella voz, se levantó y se dirigió, temerosa e intrigada, hacia la parte del jardín donde se refugiaba Javán, temblando de emoción incontrolable. ¿Qué pensaría cuando lo encontrara? – Preocupada se preguntó.

Mientras tanto, Dinah se acerca, curiosa y asustada, con paso vacilante. Y no pudo contener un grito de miedo cuando se encontró con el joven que, confundido, se había retirado, inclinándose, rojo de vergüenza, delante de ella.

– ¡Usted! – Exclamó la Cainita.

- Perdone al atrevido extranjero, señora, que no quiso irse sin ver, una vez más, a la virgen que lo hechizó...

Dinah no respondió. Le pareció oír algo a lo lejos.

Javán hacía guardia, sosteniendo la daga que llevaba en el cinturón. También había escuchado rumores de voces cada vez más cercanas.

Dinah, como si tomara una decisión repentina, tomando la mano de Javán, corrió con él hacia el jardín y, acercándose a una gran piedra, la rodeó y empujó uno de sus lados, que, al ceder, dejó al descubierto un pasaje oculto por donde pasó la joven. Entró acompañado de Javán, cerrando luego la entrada.

El interior de la piedra era una cueva donde se podían ver, suspendidas del techo y cubriendo el suelo, concreciones de piedra caliza, estalagmitas y estalactitas que al unirse formaban extrañas pilastras. Se observó; sin embargo, que es la mano del hombre, y no solo la acción de las aguas había ido modificando su estructura.

En silencio, Dinah había escuchado la puerta - una de las señales que el hombre había pasado con sus dispositivos -, con respiración agitada, no tanto por el susto, sino por el revuelo que le causaba la presencia de Javán.

Después de un momento que al muchacho le parecieron años, ella volvió hacia él y, sin hablar, lo miró fijamente. El chico, perturbado por su mirada, no supo qué decir.

La luz, filtrándose a través de grietas que solo podían verse desde el interior de la cueva, arrojaba reflejos dorados en los ojos color miel de Dinah, que parecían dos estrellas mirando a Javán.

Fue ella quien rompió el silencio que los rodeaba:

- ¿Por qué entraste a mi jardín?

- Quería verte de nuevo...

- Tu audacia pudo haberte causado la muerte. ¿Sabes quién soy?

- Sí. Eres Dinah, hija de Rehú, hermana de Tidal y prometida de Mehujael.

– Entonces, ¿escuchaste lo que decíamos Myra y yo? – Preguntó la joven sonrojada.

– Sí... – confirmó el joven, tomando las manos de Dinah entre las suyas –. Pero ¿qué importa lo que pasó en nuestras vidas antes de conocernos? Te amo... tus ojos son estrellas, me eclipsan. Perdona si el atrevido extranjero te ofende...

– En mi corazón no eres un extranjero. Yo también te amo... Deben haber sido los anillos – murmuró la Cainita en voz baja, sin ofrecer resistencia a las caricias de Javán.

– No fueron los anillos... Nuestras Almas se encontraron cuando ayer nos miramos. Si hubo un hechizo, fue tu belleza, la que me hechizó. Mía serás, por el Dios de mis padres, Dinah...

Y, abrazándola, Javán la besó en la frente. Al contacto de aquellos labios apasionados, la joven se estremeció y liberándose de los fuertes brazos que la rodeaban, preguntó juntando las manos en señal de súplica:

– ¿Quién eres?

– Soy Javán, hijo de Jafet, de la descendencia de Seth.

– Javán... ¿Javán...? He oído a alguien pronunciar tu hermoso nombre. ¿Dónde vive tu gente?

– A orillas del Éufrates, pastando rebaños en las grandes llanuras.

– ¿Eres pastor, entonces? No lo pareces...

– No tengas miedo, Dinah... Soy un criador como lo fue Abel. Nuestras ovejas son tantas como las estrellas en los pastos del cielo.

– Lo sé... Tú no pastoreas, tú diriges a los pastores. ¿A qué tribu perteneces?

– A la de Matusala.

– ¡Oh! – exclamó angustiada –. Ya sé dónde escuché tu nombre... Fue Tidal quien le habló de ti a mi padre hace cuatro Lunas. Dijo que eres el más fuerte de los hijos de Seth y que le has obstaculizado sus excursiones por las llanuras... Pidió permiso para invadir los pastos de tu pueblo. Se fue furioso, porque mi padre no dio su consentimiento, alegando que eras hijo del poderoso Matusala, contra quien mi padre no quiere luchar, no sé por qué...

– Porque sabe, Dinah, que Matusala es justo y fuerte y, sobre todo, que Jehová lo inspira y guía.

– Rehú, mi padre, no cree en tu Dios, Javán...

– Créeme, Dinah; es el orgullo de los Cainitas lo que le impide declararlo. Pero Jehová era el Dios de Caín, como lo fue de Abel.

– Sí... Hablas como nuestro patriarca Matusael. Me gustaría conocer a tu Dios, Javán...

– Lo conocerás y lo amarás, mi Dinah. Llévame con tu padre...

– ¡¿Estás loco?! ¿Has olvidado que estoy comprometida con Mehujael? ¡Mi padre preferiría morir antes que faltar a su palabra! – Exclamó la asustada Cainita.

– ¿Qué haremos entonces? – Preguntó el joven angustiado.

– No lo sé... Todo nos pasó tan rápido que me parece como si estuviera soñando... Solo sé que te amo.

– Y me dan ganas de morir solo de pensarte unida a otro... ¡Oh! ¡Dinah! ¡Dinah! Eres lo imposible en mi vida..

Y sosteniendo a la joven en sus fuertes brazos, Javán miró hacia arriba y oró:

– ¡Jehová! Dios de Abel y Seth, ¡ayúdanos, Señor! Te ofreceré siete corderos si me das a Dinah por esposa...

El trueno resonó en respuesta a la súplica de Javán. Dinah se estremeció y murmuró:

– Tu Dios está enojado...

– No. Matusala dice que el Señor no castiga a los justos. En mi corazón no hay maldad, solo hay amor... No fue la voz de Jehová la que escuchamos, sino la voz de los elementos con furia... ¿No oyes? Llueve mucho.

Sí, mientras los dos jóvenes, refugiados en la cueva, se olvidaban del mundo, una tormenta se desató sobre la ciudad de Enoch.

Dinah, que temía a los elementos como a dioses, temblaba cada vez que un relámpago iluminaba la cueva, precedido por un fuerte trueno. Aterrada, dijo:

— Nuestro amor ofendió a los dioses...

—¡Oh! ¡No lo repitas! Este sonido, esta luz cegadora, proviene de las nubes que luchan, no de Dios. ¡Qué frágil eres! Pareces una gacela en la llanura, temerosa del aullido de los chacales... ¿Quieres que me vaya?

— ¡No, no! Tu presencia me da coraje. Tiemblo, porque me siento impotente contigo. Es la debilidad del amor. Era el anillo, Javán, era el anillo... Myra tiene razón; me hechizó...

— Entonces, bendito anillo, Dinah, que unió nuestros corazones.

La joven lo miró con ojos llorosos, y sus almas oscularon, sellando el amor que los uniría por toda la eternidad.

Afuera, la lluvia había amainado, solo el viento azotaba violentamente los árboles del jardín.

Javán sintió que tenía que irse, ya que la ausencia de Dinah ciertamente ya estaba causando extrañeza a sus sirvientes. Temiendo por su amada, dijo, alejándose de ella:

— Debo despedirme... No pasará mucho tiempo antes que te busquen y no quiero que sufras por mi imprudencia. ..
Mañana, ¿dónde podemos encontrarnos?

— Aquí... solo yo conozco esta cueva, cuyo secreto me fue confiado por un viejo esclavo que lo recibió de mi madre, quien era, como tú, descendiente de Seth...

— ¿Qué dices? ¿Tú también eres setita?

— Sí; Pero no sé con certeza la historia de mi madre. Zila, la primera esposa de mi padre, prohibió hablar en su nombre. Murió, al parecer, cuando yo vine al mundo... En esta cueva, me dijo su esclava, vino en secreto, para orar a su Dios que debe ser igual al tuyo.

– Me alegro de saber todo esto – dijo Javán, mirando a su alrededor con respeto –. Entonces, este es un lugar santo...
Buen augurio para nuestro amor.

– Por esta otra puerta que da a una zona subterránea, pasarás bajo el muro sin peligro, y saldrás al campo, junto al olivo sagrado. La entrada a este subsuelo está custodiada por el temor que el pueblo consagra a la piedra que lo esconde, porque fue allí sobre la piedra, a la sombra del olivo, donde Enoch vio la Shekinah... Aquí, cuando el Sol se niega, te espero mañana.

Mañana... tiempo incierto en el calendario de la existencia. Instantáneo impreciso que puede tardar un día o años... E incluso, en muchas vidas, nunca llega o llega demasiado tarde...

Al día siguiente, a la hora indicada, Javán fue a la cueva, que encontró desierta. Esperó hasta la noche y Dinah no apareció...

Abatido, temiendo que le hubiera ocurrido algún daño a su amada, regresó a la tienda, venciendo la tentación de ir a buscarla al jardín.

No durmió, presa de la incertidumbre. Conjeturó mil cosas diferentes y ninguna le satisfizo.

De carácter inmaculado, comprendió que no debía encontrarse con Dinah en secreto, como si fuera un criminal. Debía llegar a ella por el único camino abierto a todo buen hombre: el matrimonio. Sin embargo, ¿cómo podría hacerse esto si Dinah fue prometida a otra persona? Solo había una manera: apelar a la nobleza y bondad de Rehú. Revélale el sentimiento que lo unía a su hija. Sin embargo, ¿cómo llegar al patriarca de Enoch? Fue entonces cuando recordó las palabras de Dinah sobre Matusael. ¿Quién sabe si esto no les ayudaría? Él le contaría todo, y el noble anciano ciertamente defendería su caso ante el poderoso Rehú. Decidió hablar con Matusael al día siguiente.

Temprano en la mañana fue a ver a Lamec. Cuando despertó, le sorprendió el aspecto demacrado de mi hermano.

- ¿Estás enfermo, Javán?

- No; simplemente insomne. Estoy aquí para decirles que estaré fuera dos o tres días...

- ¿Quieres que te acompañe?

- No... voy a resolver un caso en particular. Te pido: no me preguntes qué es... Un día te lo contaré todo...

Lamec, frunciendo torpemente sus pobladas cejas, apartó la mirada del rostro de Javán. No quería que mi hermano notara su disgusto por ese misterio que no debería existir entre ellos, que eran más que amigos, hermanos.

Dijo, pareciendo despreocupado:

- No es demasiado tarde, hermano. Tenemos que irnos antes que la Luna oculte toda la cara. Escuché varias bocas murmurar que Tidal quiere destruir nuestros pastos. Llegó ayer de uno de sus botines.

Javán se estremeció y Lamec, más sorprendido e inquieto, notó que palidecía intensamente. ¿Por qué? - Se preguntó. Mirando hacia otro lado, mi hermano respondió:

- Rehú no le permitirá hacerlo. Hay un acuerdo entre Rehú y Matusala. No creo que Tidal lo rompa, por muy arrogante que sea.

- Ya lo ha roto, ya sabes, pues ha saqueado a nuestras tribus protegidas, repudiándonos. ¿Cuántas veces tú mismo lo has repelido en su presa? Innumerables veces, ¿verdad?

- Sí... dondequiera que va deja destrucción y muerte... Nunca lo he visto cara a cara... Es como el chacal: solo ataca a personas indefensas y por sorpresa... y es "su" hermana...

Hablaba como para sí mismo; no estaba dirigido directamente a Lamec. Habló como si estuviera monologando.

El hijo de Matusala lo miraba cada vez más extraño. Sentía que algo anormal le estaba sucediendo a Javán. Pero no se atrevió a pedírselo, por respeto a la amistad que los unía.

Entendiendo que algo muy grave preocupaba a su amigo, y queriendo ayudarle, le habló fingiendo indiferencia:

– Haz tu viaje en paz. Que Jehová anime tu espíritu.

Lleno de gratitud por la confianza que leyó en los ojos de su amigo, Javán miró a Lamec. Sin hablar, lo abrazó y se fue.

Con un mal presentimiento atormentando su alma, Lamec lo vio dirigirse en dirección a Enoch.

No fue difícil para Javán encontrar un mendigo que le enseñara cómo llegar a la residencia del venerable Matusael. Fue construido en un barrio tranquilo, cerca del templo de Baal, en el norte de la ciudad.

Esta sección de Enoch se diferenciaba de la mayoría de los demás barrios, que estaban llenos de tabernas y burdeles, verdaderos antros de desorden, donde los vecinos e incluso las personas más adineradas de la ciudad se entregaban a placeres sórdidos que siempre terminaban en peleas, cuando no en muerte. Allí convergían muchos extranjeros, atraídos por la corrupción que degradaba las almas, pero deleitaba los sentidos ávidos de goce.

La casa de Matusael estaba a la sombra de palmeras datileras. En lugar de un muro de piedra como tenían casi todas las casas de Enoch, la suya estaba protegida por un seto hecho de una especie primitiva de "flamboyán", cuyas flores rojas, contrastando con el azul del cielo, iluminaban el paisaje.

Matusael estaba sentado debajo de un porche al lado de la casa y habían conducido a Javán allí.

Saludó al anciano a la manera nómada: levantando en alto el brazo izquierdo y con el derecho sobre el corazón, exclamó:

– ¡Viva Matusael! Que tu descendencia sea tan numerosa como las estrellas del cielo. ¡Bendita sea tu tierra, tu casa, y que la bendición del Señor venga sobre todo!

Matusael se levantó y respondió:

– Damos la bienvenida al huésped que busca nuestro techo. Que las noches sean placenteras y los días luminosos.

A su gesto, un sirviente trajo agua en una palangana de cobre pulido. Haciendo sentar a Javán en la silla en la que había estado, se arrodilló y lavó sus pies, secándolos con un paño similar al lino. Luego le vertió agua en las manos y le perfumó el cabello con esencias raras.

Javán, a partir de ese momento, fue sagrado como huésped. Nadie lo molestaría con preguntas indiscretas o gestos descorteses, tan santas eran las leyes de la hospitalidad en aquellos tiempos; quien se atreviera a transgredirlas, se acarrearía desprecio a sí mismo y a todos sus descendientes. Pero ¡ay del huésped que no respetó el techo que lo acogió! Una vez más allá de las fronteras del hogar que había ultrajado, no escaparía a la venganza, siempre terrible por parte de la parte ofendida.

Matusael condujo al muchacho al interior de la casa, dejando a su disposición la mejor habitación de la casa.

Ya en la mesa, disfrutando del delicioso vino de Enoch, el hijo de Milcah dijo en su manera franca de hablar que reflejaba la nobleza de sus sentimientos:

– Matusael, en su gran generosidad y pureza de espíritu, que revelan claramente su veneración por las Leyes del Señor, no preguntó al huésped su nombre ni su origen. Pero pido permiso al hijo más noble de Enoch, para revelar quién soy y de dónde vengo.

El anciano hizo una reverencia en señal de asentimiento. El joven continuó:

– Soy Javán, hijo de Jafet, jefe de los arqueros de la tribu de Matusala.

– Matusael se enorgullece de recibir al hijo de Jafet, cuya reputación de hombre valiente era tan grande y merecida como la de su hijo.

Javán inclinó la cabeza y le dio las gracias. Sin quitar los ojos de Matusael, continuó hablando con firmeza:

– ¿Ves este anillo? – Y Javán señaló el anillo que le había comprado a Ruta. Te pido permiso para contar una historia que se relacione con él y que me trajo a tu presencia.

Y mi hermano, sin omitir ningún detalle, contó todo lo que le había sucedido desde que vio a Dinah por primera vez. Mientras Javán hablaba, Matusael mostró signos de preocupación; pero escuchó toda la historia sin interrumpir a su invitado. Solo cuando puso fin a lo que decía, después de un breve silencio, dijo pensativamente:

– La vida se repite todo el tiempo. Tu historia no me resulta extraña en su trama, pues escuché, hace muchos años, aquí mismo bajo este techo, otra parecida a la que me cuentas ahora; solo los personajes han cambiado...

– ¿Quiénes eran entonces? ¿Puedo saberlo, venerable Matusael?

– Sí. Fueron los padres de Dinah: Rehú y la setita Miriam. Las leyes de ambos iban en contra del amor que sentían el uno por el otro. Pero Rehú ignoró las Leyes y se unió a la mujer que amaba. Ésta, tras escapar con el poderoso Cainita, fue maldecida por toda su tribu.

Tres esclavos que fueron fieles y dedicados a ella acompañaron a Miriam a Enoch.

La hija de Seth nunca fue feliz. Vivió torturada en su propia casa por la primera esposa de Rehú, Zila,[10] madre de Tidal, quien nunca le perdonó el amor que Miriam había despertado en Rehú, amor que duró hasta la muerte de la infortunada y bella Setita.

Zila tenía los privilegios por ser la madre del primogénito. Rehú no estuvo involucrado en el desacuerdo entre ambas mujeres. Además de todo esto, Miriam también sufrió el desprecio que le mostraba el pueblo de Enoch por ser hija de Seth. ¡Pobre mujer...! muy resignada y buena. Fui su confidente y su amigo. Cuando murió, apenas nació Dinah, me pidió que velara por ella... Sabía que nunca negaría a su Dios. La cueva y el subsuelo seguramente fueron construidos por sus fieles esclavos. Eran dos hombres y una

---

[10] Recuerde que la poligamia era legal en ese momento. – Nota del editor.

mujer. Estos desaparecieron después de su muerte. La mujer se dedicó a Dinah hasta que Jehová se la llevó.

Javán escuchó atentamente la historia. Cuando Matusael concluyó, exclamó algo alegremente:

- Dinah me dijo que su madre era setita... Ahora lo confirmas. Me alegro, porque su sangre es mi sangre y por eso las Leyes no pueden separarnos...

- Las Leyes no pueden, pero ¿has olvidado la palabra de Rehú? Dinah está comprometida con Mehujael, uno de nuestros valientes, dijo el anciano, no con acritud, sino con firmeza.

Y mirando al joven con benevolencia mezclada con lástima, continuó:

- No debes tener falsas esperanzas. Rehú no faltará a su palabra...

Javán se levantó y dio unos pasos por la habitación. Luego se detuvo ante Matusael. Mirándolo desolado, le dijo:

- Tu reputación de hombre justo y piadoso llegó hasta los llanos. Llegué a tu casa buscando un consejo que no podía pedir a mi pueblo. Desde ayer por la mañana estoy desorientado... Sufro mucho, Matusael. La incertidumbre me devora como un buitre devora la carroña. ¿Por qué Dinah no vino a verme? La esperé toda la tarde, en vano... Sé que no puede ser mía, sé que está atada a otro, pero el amor, Matusael, es como los pájaros en su vuelo: no conoce límites... Solo sé que el amor me encanta y nada más. ¿Alguna vez has amado?

- Sí - respondió el anciano mirándolo con lástima.

- Entonces no ignoras las torturas que sufro. Por ese sentimiento que alguna vez te dominó, dime: ¿por qué Dinah no vino a mi encuentro?

- ¿Cómo puedo saberlo, si hace dos ciclos lunares que no la veo?... Sé que Tidal llegó ayer, acompañada de Mehujael. Recuerdo que Rehú planeó la boda de su hija para cuando el guerrero regresara de sus excursiones. Tal vez, quién sabe...

- Entiendo... soñé lo imposible. Tu invitado se va. Lleva la muerte en su alma, porque se marcha sin ver a la virgen a quien ofreció su corazón... ¡Ah! ¿Por qué la conocí, si ya era de otra persona?

- ¿Quién sabe por qué pasan estas cosas? - Respondió el anciano con tristeza -. Más infeliz que tú será Mehujael que, unido a Dinah que no lo ama, la seguirá como ciertos ríos paralelos que, aunque corren uno al lado del otro, nunca se encuentran...

- ¿Conoces a Mehujael?

- Sí; es mi hijo.

- ¡¿Tu hijo?! - Exclamó Javán aturdido.

- Ya dije eso - respondió el anciano con voz sentida, pero tranquila. Mehujael es mi único hijo... fruto del amor que acabo de revelar. Pero no te enfades; para mí eres sagrado por dos razones: primero, eres mi huésped; segundo, confiaste tu venida a mis viejos oídos. Ni siquiera el corazón de padre traicionará tu secreto... ¿Quieres un consejo?

Javán, aniquilado, asintió; ya no razonó...

- No te vayas ahora. Voy a salir, espera mi regreso.

Ante la indecisión que leyó en los ojos del hijo de Milcah, le dijo adivinando sus pensamientos:

- Recién mañana vendrá Mehujael a esta casa. Desde ayer ha estado conferenciando con los señores de la guerra... Espérenme aquí, no tardaré...

Como si una manada de búfalos salvajes hubiera pasado sobre su cabeza, Javán, tan pronto como Matusael se fue, se dejó caer en un banco, ocultando su rostro entre las manos. Se sintió delirante. ¡Castigo! ¡Maldición! Lo oyó sonar en sus oídos atribulados: ¡Asesina a quien te robe la felicidad! Matar es el derecho del más fuerte... ¡matar! Dinah te ama... El amor lo justifica todo... ¡mata! ¿Tienes miedo? ¿Dios? Cielo... Infierno... ¿qué son estas cosas frente al amor? Mira: es una alcoba y, acostados,

Mehujael y Dinah... ¡Mata! La posesión de Dinah es el cielo... ¡Mata! Dinah, de ojos color miel, iluminada y lejana como estrellas...

Javán se levantó de un salto, abrumado por los celos. Su mano se movió sobre el mango del cuchillo que siempre llevaba en el cinturón. Una contracción de odio deformó su hermoso rostro, dándole un aspecto terrible... Tambaleándose, llegó a la puerta de la casa.

Afuera, en el patio, el sol alto besaba las flores rojas del "flamígero", con el calor de un amante feliz. ¡Toda la naturaleza estaba bañada en claridad! Desde la ciudad llegaban sonidos lejanos de bocinas, mezclándose con gritos y chillidos de animales. Eran las voces de la ciudad, llenas de vida, misterio y seducción. Cegado por la luz del mediodía, Javán cerró los ojos. Cuando abrió los párpados, ligeramente, miró las palmeras datileras, recordando su llanura... Los verdes pastos llenos de rebaños reaparecieron de repente en su mente. La visión fue tan clara que escuchó la música de los pájaros pastoriles, mezclada con el balido de los corderos. Enoch estaba furioso, nublado por sus recuerdos.

Paisajes nativos e imágenes de sus seres queridos lo envolvieron, llamando a su alma a la razón.

– Huye de las tierras de Nob, son tierras de maldiciones – dijo Milcah...

– Javán, Javán, eres el orgullo del valiente pueblo de la tribu – dijo Matusala... La mirada de Lamec lo miró confiado y sus labios le dijeron:

– Te estoy esperando... Ven hermano, te estoy esperando...

Sara, su compañera de infancia, le sonrió... Débora le tendió las manos suplicando algo impreciso y su mirada negra reflejaba la paz de los llanos... Toda su tribu desfiló frente a él, saludándolo con nostalgia.

Ante los dulces recuerdos, el rostro de Javán se volvió normal, su espíritu perturbado por la pasión se calmó. Respirando con dificultad, miró la ciudad que, con indiferencia, seguía su ritmo cotidiano.

Un niño corría por la calle polvorienta persiguiendo una pequeña cabra blanca.

En el patio trasero de una casa modesta, construida justo detrás de la casa de Matusael, un Cainita robusto con faldas arremangadas recogía naranjas, tarareando una canción de amor. Era la vida siguiendo su curso, indiferente a las pasiones de los hombres...

Tensando sus músculos, Javán volvió a entrar en la habitación y esperó tranquilamente a Matusael.

El patriarca de Enoch fue directamente a la casa de Rehú. Estaba reunido con los señores de la guerra hablando de nuevas campañas.

Matusael despidió a los sirvientes que lo recibieron y se dirigió a las habitaciones privadas de Dinah, donde solo tenían acceso los íntimos de la casa.

Correspondió a Myra anunciarlo a su señora, quien inmediatamente acudió a recibirlo, con su hermoso rostro abatido y revelando signos de lágrimas. A un gesto de Dinah, la esclava los dejó en paz. Por la mirada del anciano, la joven comprendió que algo muy serio lo había conducido hasta ella. Sintiendo lo que era, sonrojada, lo invitó a sentarse a su lado.

Matusael, paternalmente, la tomó de las manos y le preguntó dulcemente:

– ¿Estas triste? ¿Por qué no sonríe la virgen más bella de Enoch?

Dinah respondió con otra pregunta, mirando hacia otro lado:

– ¿Has oído hablar de la llegada de Mehujael y Tidal?

– Sí, vino a verme un emisario de mi hijo. Sus deberes sagrados como guerrero aun no le permiten ir a saludar a su anciano padre.

– Y tú, ¿has visto a Mehujael?

– Sí, toda la tarde de ayer estuvo aquí en mis habitaciones con mi padre y mi hermano... Querían oírme cantar, decían, para olvidar el cansancio de los viajes. Canté mientras discutían nuevas invasiones de las tribus de los llanos... Canté hasta que cayó la noche sobre todo, cuando finalmente me dejaron...

Y la voz de Dinah terminó en un sollozo.

– ¿Es por eso que no asististe a la reunión con el valiente Javán?

Mirándolo con lágrimas llenando sus tiernas mejillas, Dinah no respondió de inmediato. Después de un breve silencio, dijo con tristeza:

– Ya lo sabes todo, ¿no? Lo sentí cuando entraste aquí... ¿Quién te dijo eso?

– Javán vino a mí. Escuché de sus propios labios la confesión de su amor por ti. Él no sabía que yo era el padre de Mehujael.

La joven le estrechó la mano y le dijo con afectuosa preocupación:

– Estás sufriendo, padre mío... – así lo trataba Dinah, casi siempre, pues tenía una veneración de hija por el patriarca de Enoch –, perdóname... Nunca te oculté mis sentimientos.

– Sí hija, lo sé... nunca amaste a Mehujael y yo nunca te lo reproché. Cuando te prometieron a mi hijo, fui feliz suponiendo que el amor vendría después. Me equivoqué...

– Y llegó el amor, padre, pero demasiado tarde... No me guardes rencor... Sufro demasiado... Y es a ti, el padre de mi prometido, a quien le confieso mi amor por otro. Malvada ironía del destino... – y escondió su rostro entre sus manos, sollozando incontrolablemente.

El anciano le acarició el pelo, compadecido, consolándola:

– No llores... Un día, hija, todos los sueños se harán realidad. ¿Cuándo? No lo sabemos... La vida es una continuidad permanente... Todos los vínculos emocionales están unidos en la eternidad. Entrégate al Señor que sabe lo que es bueno para nosotros. .. No te desesperes así.

– No puedo evitar llorar, perdóname. Me consuela llorar... Si pudiera ver a Javán al menos una vez, no sufriría tanto...

– Sería imprudente, hija... Si Tidal o Mehujael descubren este amor que sientes por Javán, morirá. No quieres que esto suceda, ¿verdad, Dinah?

–¡Oh! ¡No! Me moriría de dolor... Aconséjale que deje a Enoch lo antes posible... No temas, padre mío, seré una esposa fiel para tu hijo... Regresa a Javán... Dile que se vaya...

El anciano, levantándose, le dijo antes de marcharse:

– Voy a ver a mi hijo y al tuyo. Volveré aquí, espérame.

En la parte oriental de la casa de Rehú, en una espaciosa habitación amueblada con trofeos de caza y pieles de animales, se reunieron los señores de la guerra de Enoch. Había más de treinta hombres, todos ellos de apariencia marcial, altos y musculosos, quemados por el sol en innumerables batallas.

Entre ellos destacó Tidal, a quien le tenían deferencia como jefe. Era el más alto y fuerte de todos. Y tenía en sus gestos y en sus ojos esa soberbia de quien se sabe temido. Su cabello, cortado en forma de paje medieval, negro y alborotado, cubría su rostro con líneas duras y angulosas. La mirada, profundamente oblicua, reflejaba la sensualidad y la frialdad del alma. Era feroz y vengativo. Su proverbial maldad no conocía límites, se burlaba de dioses y hombres. Solo Rehú obedeció, no porque fuera justo y noble, sino – dijo –, porque era el padre de Tidal.

A su lado, Mehujael, tan fuerte como él, solo que menos alto y arrogante, a pesar de su apariencia tan salvaje como la de Tidal, escuchaba los planes de futuras conquistas, bebiendo, a grandes tragos, el vino servido generosamente por los esclavos. Amaba el vino, así como todos los placeres de la carne. Cuanto más empapado de alcohol estaba, más ferozmente luchaba, decían sus compañeros de armas.

Sin embargo, permíteme, lector, una interrupción más en esta historia...

Recordando aquellos días fabulosos, cuando los tiempos se calculaban por "generaciones" [11], sentimos que las razas dominantes de la época se distinguían, no por sus características físicas, sino por sus tendencias y sentimientos manifiestos.

Los setitas, más pacíficos y espiritualizados, por tanto menos ambiciosos, se diferenciaban de los Cainitas, espíritus egoístas, rebeldes e insumisos a la voluntad del Señor. Sin embargo, las dos carreras estaban vinculadas entre sí por el mismo origen, el lenguaje común y por la caída y expulsión del Paraíso edénico[12].

Dispersos por la faz de la Tierra, en contacto con sus aborígenes, los Cainitas, más pervertidos que la pequeña minoría que encontramos entre los hijos de Seth, en lugar de elevar el nivel moral de los terrestres, abrazaron sus vicios naturales, aumentando así la alcance de los castigos sufridos, en una secuencia casi interminable de causas y efectos, que han perdurado hasta nuestros días.

Esparcidos por la Tierra habitable, los Cainitas, inteligentes y activos, pero ambiciosos de poder y fortuna, se dedicaron a cultivar la tierra, construir ciudades, dando así a la vida un sentido estable y sedentario.

Fue en el corazón de este pueblo donde surgió por primera vez el sentimiento de patria, que tuvo sus orígenes en la agricultura, pero que desde entonces ha sido distorsionado por el egoísmo más feroz. Escapando de la vida nómada, construyeron sus viviendas junto a los campos de cultivo, de donde surgieron los cimientos del edificio de la asociación metropolitana.

---

[11] El Génesis nos habla de diez generaciones antes del diluvio y diez desde ese momento hasta el llamamiento de Abraham. – Nota de Josepho.

12

En estos hogares se crearon las primeras leyes. Y de estas leyes internas surgieron todas las demás, redactadas por la fuerza de las circunstancias y las necesidades.

Al principio, el padre era el legislador natural de su siempre numerosa descendencia. Pero surgen generaciones que superan a las demás, inferiores por el menor número de hombres fuertes y robustos. De ahí la supremacía de tal o cual familia y sus consecutivos abusos.

Y no tenemos ninguna duda, y en aras de la verdad histórica lo afirmamos, que fueron los Cainitas quienes implementaron la idea del poder absoluto y hereditario sobre los bienes y la vida, huyendo – rebeldes como siempre fueron –, de la hegemonía patriarcal. Inteligentes, comprendieron las ventajas del poder centralizado en manos de uno solo: el más capaz, el más fuerte, el más honesto, el más justo y el más sabio.

En principio, la autoridad constituida, el jefe, no podía transmitir sus derechos a sus hijos; solo más tarde, con los albores de la tiranía, gracias a la fuerza y a la arrogancia de los primitivos conquistadores, el derecho de mando se volvió hereditario, siendo la especie humana, entonces, los primeros amos... Señores que por defecto esclavizaban a los vencidos, en su conquistas territoriales.

Con la primera invasión de tierras ajenas surgió la esclavitud. Ya en aquellos tiempos fabulosos en los que nos encontramos, el hombre conoció el estigma de los grilletes, y estábamos en la séptima generación de Seth, habiendo despertado la Humanidad, hace mucho tiempo, a los albores de la espiritualidad.

Precursores de las Artes y las Industrias, así como de la Agricultura, los Cainitas, si en realidad tuvieron una civilización más avanzada, superando en progreso material a los altruistas hijos de Seth, estaban distantes de ellos, psíquicamente, siglos de evolución.

Por tanto, a pesar del conocimiento de las Ciencias exactas y experimentales, cayeron en la animalidad, en la mayor depravación moral e intelectual de aquellos tiempos; mientras que los setitas, preservando la tradición de las costumbres patriarcales, formaron la herencia moral de la Humanidad prediluvial. Sus leyes no se basaban en la fuerza ni en el poder temporal, sino en el Culto a Dios, de quien recibían, a través de Sus representantes, la inspiración, transmitida a través de los profetas, varones santos, señores de una filosofía superior y de una virtud aun mayor, iniciados en las ciencias heterotéticas.

Estos profetas pasaron, en la noche de los tiempos, como estrellas iluminando los tortuosos caminos humanos que conducen, ayer y hoy, a la cumbre de la montaña evolutiva.

Cuando uno de los personajes de este libro, o incluso nosotros, nos referimos a Abel, Caín, Adán o Seth, estamos lejos de decir que existieron como personas. Pero usamos el lenguaje común de aquellos tiempos, cuando la tradición decía que Adán fue el primer hombre, así como Caín, Abel y Seth fueron sus descendientes.

La Revelación esotérica y espiritualista hace tiempo que aclaró el simbolismo de estos nombres. No nos corresponde a nosotros repetir en estas páginas una Teoría explicada hace mucho tiempo por tantos emisarios iluminados de Dios.

Solo pedimos a quienes aun dudan de esta Teoría, que la estudien, desapasionadamente y llenos de ganas de aprender, y la acepten como lógica y verdadera, porque se basa en la razón.

El libro del Génesis fue escrito para la mentalidad de la época, pero aun así nos muestra que el legislador hebreo sabía mucho más de lo que reveló.

Adán fue, de hecho, el origen de esta Humanidad, resultado de una mezcla étnica. Así como Abel simboliza esa minoría que supo regenerarse rápidamente a través de buenos frutos y pronto regresó al Edén, sacrificado en la corteza de la Tierra por Caín, símbolo del carácter pervertido, rebelde y sanguinario de la mayoría de los espíritus exiliados de Capela.[13]

---

[13] Para más información sobre los espíritus exiliados de Capela, consultar el libro *"A Camino de la Luz"*, de Emmanuel, psicografiado por F.

La herencia ética de esta raza adámica fue transmitida a sus descendientes hasta la época contemporánea, cuando la naturaleza, tendencia y carácter del pueblo son aun muy heterogéneos.

En este libro, observe al lector que se digne leer nuestra historia, que dentro de cada rebaño existía tal disparidad de sentimientos, que sin mucho esfuerzo percibirá el avance evolutivo de unos y el retraso de otros, ya sea entre los setitas o cainitas, porque la verdad no es prerrogativa de tal o cual pueblo, sino de todo hombre que la busca.

Y así ha sido por los siglos de los siglos. Continuamos nuestra historia.

Cuando Matusael entró en la gran sala donde estaban reunidos los principales señores de la guerra de Enoch, fue recibido por todos, con visibles muestras de respeto y afecto.

El propio Tidal vino a conducirlo hasta donde estaba Rehú, diciéndole a Mehujael que había venido a abrazar a su padre:

– Eres el más feliz de los hijos, porque tienes un santo por padre.

– En este sentido, si mi hijo es feliz, ¿qué diré de Tidal, primogénito de Rehú, el más noble de los hombres?

– Que nosotros, Mehujael y yo, somos privilegiados entre los dioses...

– ¿Escuchaste, Rehú? – Preguntó el patriarca, sentándose junto al anciano.

– Sí – respondió sonriendo el padre de Tidal.

Enmarcados por los jóvenes guerreros, los dos ancianos formaban una imagen de austera belleza. Tenían la apariencia de los patriarcas de aquellos tiempos. Ojos vivos y penetrantes, que reflejaban elevación del alma y amor sublime por las cosas de Dios, parecían revelar lo más íntimo de las criaturas, cuando las miraban, asustando así a quienes se sabían pecadores y desleales. Barbas y

---

C. Xavier, edición FEB, especialmente Capítulo III y siguientes. – Nota del editor.

largos cabellos blancos hablaban de la experiencia de muchos años vividos en la Tierra, en constante práctica de servir a Dios y a los hombres.

Vestían largas túnicas blancas, atadas al cinturón con cordones, y calzaban sandalias de cuero curtido.

Sus vestimentas contrastaban con las de los guerreros, que vestían un tipo de vestimenta similar a la de los antiguos guerreros egipcios, de las primeras Dinastías, que dejaban sus musculosas extremidades casi al descubierto. Una armadura muy delgada protegía sus amplios plexos. Sobre los tobillos y alrededor de las muñecas y los brazos, anchos brazaletes de plata y oro cubrían los dedos de los pies y las muñecas.

Pequeñas dagas cruzadas sobre sus cinturones. Los zapatos eran fuertes y pesados. Cuando esté en combate, llevaban grandes cascos en la cabeza con forma de cabezas de animales y pájaros, lo que los hacía parecer aterradores y grotescos.

Los guerreros eran la clase dominante en Enoch, la clase que había suplantado, con el tiempo, a la casta bonzo.

Un consejo formado únicamente por soldados de alto rango dictó la ley en Enoch, reemplazando al antiguo consejo de ancianos, del cual Matusael era el jefe. Los sacerdotes estaban ahora relegados a un nivel inferior, no podían interferir en ningún asunto que no concerniera a sus misiones...

Reinaba una franca hostilidad entre las dos clases. Los sacerdotes y los soldados lucharon por el poder temporal. En aquellos días que hemos descrito los soldados iban ganando, pero detrás de las puertas de los templos de Moloch y Baal la conspiración no cesaba.

Matusael, que no adoraba ni a Baal ni a Moloc, sino solo a Jehová, permaneció al margen de las intrigas, respetado por ambos grupos litigiosos.

Su entrada al área de reunión de los guerreros no perturbó el asunto que se estaba discutiendo. Escuchó los planes de combate sin expresar los pensamientos que le preocupaban. Rehú, a su lado, parecía no estar de acuerdo con todo lo que escuchaba.

Los guerreros querían luchar contra la gente de la llanura que se negaba a pagar tributo a los jefes de Enoch.

Rehú no aprobó estas arbitrariedades, diciéndoles:

– Somos señores de toda la tierra de Nod, contentémonos con ella. Dejemos en paz a la gente de las llanuras.

Tidal, amargamente, replicó a su padre:

– Hace tiempo que queremos dominar a estos pastores sin patria. Y siempre te opones a ello. ¿Por qué, papá? – Preguntó con intención.

La voz de su hijo sonaba astuta y falsa. Él y Zila nunca olvidaron su amor por la setita Miriam. Rehú, sabía dónde residía la causa del odio de Tidal hacia los hijos de Seth: era Zila quien lo había alimentado en el corazón de su hijo, como venganza por su falta de amor hacia ella. Pasando desapercibido, respondió:

– Porque son gente libre y sus tierras no nos pertenecen.

Los conquistaremos, padre. Necesitamos más tierra para nuestros cultivos. Las orillas del Éufrates están abandonadas y serían ideales para sembrar cultivos...

– Sabes que esas tierras son sagradas: tenemos un pacto con Matusala y no debemos romperlo si no queremos ser castigados por la ira divina.

– El Dios de dioses nos ordena cultivar la tierra, padre mío. Y no fue con Tidal con quien Matusala hizo un pacto.

– Pero lo hizo con el padre de Tidal. ¡No le corresponde al hijo deshonrar las canas del anciano que lo parió! – Exclamó Rehú levantándose.

Tidal no apartó la mirada de la de su padre cuando replicó:

– Soy tu hijo, pero sobre todo soy el jefe de los guerreros de Enoch. Como tal, solo rendiría obediencia a los dioses... si creyera en los dioses.

- Felices los tiempos en que los hombres solo tenían una ley, la del padre. Hoy los jóvenes no escuchan los consejos de los mayores.

Abrumado, Rehú se sentó.

Tidal, acercándose, puso una mano fuerte en el hombro del anciano:

- Padre - dijo - , respetaré el pacto que hiciste.

- Solo te pido, hijo, que mientras viva respetes las tierras de Matusala.

- Que así sea. Saldremos mañana para castigar a cierta tribu cercana a las tierras de Surripah, que se negó a pagarnos tributo. Lo destruiremos.

- ¿Y mi matrimonio con tu noble hermana, Tidal?

- Esperarás hasta la primavera.

- Si el venerable Rehú no se opone...

- Por supuesto que no, Mehujael. La larga espera aumenta el amor. ¿Qué dices a eso, Matusael?

- Que Jehová bendiga a nuestros hijos.

Y levantándose el anciano, tendió la mano a su hijo, diciendo:

- El Señor te guarde en los campos de batalla.

- ¡Viva mi padre y no temas! Mehujael regresará en primavera...

- ¿Te vas a ir ahora? - Preguntó Rehú al patriarca.

- Sin amigo. Dejé mis armas de guerrero hace mucho tiempo. Podría ser inútil para estos valientes hombres. Que el Señor de los Ejércitos los lleve a la victoria... Ya he visto a mi hijo y a los hijos de mis amigos. La vejez exige descanso...

Después de bendecir a todos, se alejó para encontrarse con Dinah que lo esperaba ansiosamente:

- ¿Los viste? - Ella preguntó.

- Sí; se van mañana.

- ¡¿Mañana?! ¿Qué pasa con mi matrimonio?

- Eso es para la próxima primavera. Los hijos de Enoch solo saben luchar... Tan pronto como llegan, se proponen matar de nuevo. La sed de destrucción los domina aun más que la de los vicios. Creemos que es un momento de transición. Frente a nuestros guerreros, pensé en el valiente Javán: qué diferente es de nuestros jóvenes. Su voz, su mirada, sus gestos reflejan nobleza, valentía y respeto a Dios. Nuestros valientes están envejecidos, desgastados por los excesos de la carne. Esta juventud nuestra es una lástima. ¿A dónde nos habrá llevado, hija, esta degeneración de las costumbres?

- No lo sé, padre... Me alegra saber que admiras a Javán. Realmente se destaca del hombre promedio... perdóneme por decirlo.

- Te perdono, ¿por qué? Lamento no poder contribuir a tu felicidad. A pesar de ser el padre de Mehujael, te confieso que eres muy delicada en tus sentimientos y no puedes amar a mi hijo. Acostumbrada a la dureza de la vida del guerrero. Naciste para escuchar himnos y canciones, no gritos y blasfemias de soldados.

- ¡Qué bueno eres, padre Matusael! En la soledad en que vivo, solo tengo un amigo: tú... No me abandones. Seré una buena esposa para Mehujael, pero protegeré a Javán. Llévalo de vuelta a su llanura.

- ¡Pobre hija...! Cálmate. El tiempo hace milagros. Tu matrimonio no es por ahora. A veces, en verano, Dinah, cuando regresan las palomas, la palmera que una vez las cobijaba ya no existe... El tiempo lo cambia todo, lo destruye todo. Espera...

Y el viejo la dejó y se fue a casa. Javán lo estaba esperando, tranquilo y en control de sus impulsos.

- ¿Entonces? - Preguntó.

- Dinah te ama, pero te pide que dejes Enoch. También te aconsejo que lo hagas. Ella es la prometida de mi hijo, y aunque no lo ama, solo se casará con él. Por el bien de todos, debes irte...

- Me iré. ¿No me guardas rencor?

- ¡No! Sé que no es tu culpa. La edad me ha enseñado a ser justo con mis semejantes... A no juzgar sus debilidades... Valorar sus virtudes.

- ¡Eres el más noble de los hombres! No te preocupes... me iré sin demora. Lamento no poder despedirme de Dinah... sin embargo, prometiste cuidarla.

- Sí, hijo mío. En primavera, vuelve aquí. ¿Tal vez, quién sabe?

- ¡Oh! No me des esperanza, por lástima, si para mí todo está perdido...

- ¿Quién sabe, hijo, quién sabe?

Javán se fue.

Y ahora allí, sentado a orillas del Éufrates, recordando, Javán sintió que moriría si no veía: además de Dinah.

Y era la primavera esperada.

Levantándose, me vio a su lado. ¡A la luz de la Luna, debí tener un aspecto terrible! Javán se estremeció cuando me vio.

- ¿Ya te vas? - Pregunté.

- Sí; tengo que viajar temprano.

- ¿Y nuestra madre ya sabe de este viaje? - Pregunté con picardía.

- Lo sabrá pronto. Tengo que decirle.

- Sí; dile. Ella también quiere hablar contigo...

Y me alejé sin dejarle tiempo a Javán de contestarme.

Al lector con espíritu analítico, con conocimientos histórico-científicos, le parecerá un anacronismo cuando hablamos de primavera y amor en los días previos al diluvio...

Cuando nacieron las estaciones, muchos todavía dicen, con la modificación que sufrió el eje de la Tierra tras el diluvio, y el sentimiento afectivo en el hombre era solo el instinto y no el corazón. No amando sino tomando posesión, por necesidad fisiológica, no veía en la mujer más que lo femenino; y éste, en el compañero, es su dueño.

Sí, hablaremos de primavera y de amor y no estamos siendo incoherentes ni simplemente romantizando. No estamos de acuerdo en que, hasta el diluvio, el eje de la Tierra era perpendicular al Zodíaco y, por tanto, disfrutaba de un equinoccio perfecto en todas partes. Laplace demostró la imposibilidad de esta teoría, y estamos con el astrónomo y físico francés.

Las estaciones no surgieron después del diluvio; existieron antes, sujetas, como todo, a las leyes eternas de la evolución, sufriendo mutaciones naturales en causas y efectos.

El diluvio fue el resultado natural de una serie de causas creadas por la evolución cósmica. En aquella época, como todavía hoy, la Tierra sufría trastornos y variaciones climáticas, que en aquella época eran mucho más repentinas y sensibles.

En este libro, como en los siguientes, buscamos metódicamente no desviarnos de los preceptos científicos que son consistentes con el hecho que Dios era la fuerza, la energía creativa que arrancó todas las cosas de la nada. No defendemos, como decíamos al principio, teoría alguna, porque sabemos por experiencia propia que no hay nada más cambiante que las teorías humanas.

En cuanto a la interpretación esotérica en relación al Génesis, no tenemos nada que agregar, porque todo lo que se permitió revelar ya fue dicho por espíritus dignos de toda fe y respeto.

Hablamos de amores puros y sublimados, porque, no lo olvide, lector, comenzamos nuestra narración a partir de la séptima generación de Seth, cuando el hombre, tiempo atrás, ya había despertado a los albores de la espiritualidad, habiéndose introducido formas solemnes en sus cultos, en los que el holocausto era una de sus formas de culto; cuando, estaba despierto por el Arte, dedicándose a tocar el arpa y el órgano – ¡¿cuánto tiempo pasó hasta que inventó estos instrumentos?! –; cuando el hierro y el bronce se aplicaron a diversos usos; poseer ciudades y, por tanto, leyes para administrarlas; lógicamente, ya poseedores de sentimiento y sensibilidad capaces de adorar a lo divino, al Dios de los dioses, que siempre ha sido evocado incluso en pleno politeísmo, o incluso antes: en pleno fetichismo, el más bárbaro y primitivo de todos los tiempos.

Si – recordamos –, el hombre ya había despertado a los sentimientos religiosos y artísticos, amando lo divino, lo bello y lo armonioso, ¿por qué limitaría sus deseos emocionales a la simple satisfacción de los sentidos y de los instintos sexuales? Ciertamente su alma también se sentía más atraída por aquel que sabía responder a los impulsos de su corazón, no solo a los deseos de la materia.

Cuando describimos el amor puro de Javán por Dinah, no decimos que en aquella época prevaleciera la monogamia, sino que el hombre, aunque en pequeña minoría, supo amar con idealismo hasta el renunciamiento y el sacrificio, no solo como un animal. .

El amor es una adquisición del espíritu y no de la civilización. Javán, en este libro, es el símbolo de esa pequeña Humanidad que ascendió rápidamente, a pesar de la corrupción de casi toda ella.

En el amor, en este particular, a lo largo de estos 7.000 u 8.000 [14] años, no hemos evolucionado hasta el punto de ser plenamente monógamos. La poligamia todavía domina, no solo en ciertos pueblos considerados bárbaros, sino en muchos corazones supercivilizados; así como las almas fieles a un sentimiento único y puro, incluso donde la poligamia todavía es aceptada por la ley.

El período que aquí consideramos fue precedido por otros, en los que florecieron civilizaciones relativamente avanzadas, como, por ejemplo, la de la Atlántida.

---

[14] Basado en Moisés y la Ciencia.

¿Por qué no nos transportamos a ella, revelando a los hombres sus costumbres e historia? Porque no podemos basarnos en ningún hecho histórico sino solo en una tradición fabulosa. ¿De esta civilización que queda en la Tierra? Solo un nombre en la memoria del tiempo.

Por obediencia a nuestro más grande, tenemos que evitar todo lo que parece absurdo y fantástico, y limitarnos a las eras documentadas por la Historia. Por eso nos transportamos, en principio, a la única fuente existente en los anales humanos, que nos revela a la razón el extraño paisaje de aquellos tiempos fabulosos: al Génesis mosaico, aceptado hasta hoy por la Ciencia no agnóstica y las diversas corrientes espiritistas.

Siempre estamos con la Ciencia cuando ésta no está divorciada de Dios.

Moisés, en el orden de la Creación, confirmado hoy por la Geología y la Astronomía, nos demuestra que en su tiempo ya sabía lo que los sabios descubrieron después de estudios y observaciones, tres mil años después.

La geología, utilizando el lenguaje de los fósiles, confirmó la Revelación Mosaica: mostrándonos, a través de las capas que rodean la Tierra, los cambios que sufrió a lo largo de los milenios. Nos cuenta cómo el mar invadía muchas veces lugares poblados por animales, destruyendo especies existentes; y que el último cataclismo de esta naturaleza coincide exactamente con el momento del diluvio bíblico, descrito por el primer historiador y legislador hebreo.

En las capas subterráneas del globo terrestre se perfilan los días de la Creación. Para esta foto sinopsis que el divino Geómetra dibujó en las entrañas de la Tierra, podemos precisar, mediante cálculos aproximados, la genética de nuestro planeta. Que los seis días de la Creación no deben entenderse como días, como los nuestros, es una opinión que concuerda tanto con la razón como con la Teología y las Revelaciones interpretativas de la Biblia.

En este mundo donde todo es tan heterogéneo y desigual, donde la luz nunca se alterna con la sombra, ¿cómo calculamos nuestro día? ¿Cómo podemos decirles a los hombres de los polos que existen diferencias entre la mañana y la tarde?

Estos son seis épocas de las que el hombre no puede medir el tiempo ni la extensión, pero que han dejado huellas concretas en nuestro planeta.

Descendiendo a las capas geológicas, "a estas pieles de esta cebolla que es la Tierra", en palabras de los egipcios, podemos seguir su amanecer al comienzo de los milenios.

Entonces veremos emerger el "primer día" en una incandescencia que lo abrasa todo. Y toda esta materia ardiente, obedeciendo a las leyes de la atracción mutua y de las fuerzas centrífugas y centrípetas, se dispuso en un inmenso esferoide, donde se unían el cuarzo, el feldespato, la escoria negra[15], el talco y la mica, elementos que forman las rocas, de granito y de protógeno, sucede el "segundo día", envuelto en exhalaciones y vapores densos, inaccesibles a la luz; y en éste, después del ciclo gestacional en el seno del tiempo, nacieron de las aguas islas y continentes, cubiertos de musgos y líquenes, algas y helechos, mientras en las aguas proliferaban animales invertebrados, pólipos, madréporas, moluscos y todos los grandes familia de los trilobites.

La tierra, fertilizada por las aguas, se adorna con una exuberante vegetación de inmensas alturas, de helechos arbóreos y calamitas gigantes, como todavía vemos hoy en los trópicos, para honrar el "tercer día", cuando aparecen los vertebrados, en principio sauroidia, los lepidoides y luego los squalos.

He aquí monstruos singulares, enormes reptiles con miembros extraordinariamente unidos, al "cuarto día", se arrastran en esta magnífica flora en la que todo era inmenso y deformado, como lo demuestran los fósiles extraídos del terreno secundario, en medio de la formación de tiza y arenisca roja.

---

[15] Mantenemos aquí la forma alemana, como escribió el autor en el original, pero recordamos que el nombre ya es portugués paraescoria (= turmalina negra). – Nota del editor.

Los mamíferos, al "quinto día" vienen a unirse a los peces en el mar y dominar la tierra hasta que las aguas del océano se elevan con furia e invaden las partes que estaban secas, depositando en ellas los inmensos trozos de mármol en bruto que constituyen, al menos hombres sabios, un problema irresoluble, enterrando a las otras razas vivientes; luego, se alejan con reverencia, dando paso al hombre, en el "sexto día" de la Creación.

Pero desde la primera vez había ido evolucionando en sus principios espirituales hacia la Racionalidad, a través del viaje por los múltiples sectores de los cuatro reinos de la Naturaleza.

El proceso de esta promoción evolutiva de animal a hombre, que la Ciencia busca en la Tierra, tiene lugar – tras etapas en otros reinos a lo largo de los siglos – en el espacio. ¿Cómo? No podemos explicar, dada la falta de elementos en los que basarnos matemáticamente, cuán complejo es este proceso en sus condiciones y aspectos. Por ahora, digamos que opera fuera de la Tierra.

Y a quienes les parezca absurdo, les recordaremos que también es absurdo que el espermatozoide se transforme en embrión y de embrión en feto y de feto en hombre, como sea que así sea.

Perdónanos, paciente lector, por estos desvíos de nuestra historia: son paréntesis necesarios que ayudarán a distinguir, en estas páginas, lo real de la novela, la fuente histórica de lo fabuloso, la luz de la verdad de las tinieblas de nuestra pobreza como narrador.

Continuemos.

La luz de la mañana envolvió la tienda cuando desperté escuchando voces. Javán y mi madre estaban hablando en la habitación contigua a la mía. Levantándome, moví ligeramente la lona que hacía de puerta a un lado y, mirándolos, escuché lo que decían.

Javán, de pie junto a mi madre, estaba envuelto en su capa de viaje. Su hermoso rostro estaba ensombrecido por la tristeza, la misma tristeza de la noche anterior, cuando, aislándose de todos, contemplaba meditativamente las aguas del Éufrates. La misma amargura que entonces arrugó las comisuras de su boca.

Mi madre, severamente, le dijo:

- Hijo, quiero que te cases con Débora...

- Te ruego madre que no me obligues a hacer esto. Débora es como si fuera carne de mi carne. No la quiero como mujer. Es cierto...

Javán, indeciso, interrumpió la frase, pero Milcah insistió:

- Continúa, hijo: Y aun...

- Amo a otra. Y precisamente ese deseo de tener una esposa... Ya lo entiendes, madre... Yo amo...

- Te casarás con Débora - dijo Milcah rotundamente.

- Me casaré solo por obediencia a ti, pero en mi tienda habrá otra esposa, la que amo. Ninguna ley me prohíbe tener las mujeres que quiero.

Eso era cierto. Javán había hablado con decisión, pero sin exaltación. Solo había tristeza en su voz. Mi madre sintió que él estaba sufriendo. Acercándose, le puso la mano en el hombro y le preguntó, ahora menos severa:

- ¿Prometes tomar a Débora como tu esposa?

- Sí, pero ahora no, madre... - respondió vacilante.

- ¿Cuándo?

- A la vuelta.

- ¿Por qué te vas? - Preguntó Milcah molesta, quitando su mano del hombro de mi hermano.

- Necesito irme... No te opongas, te lo ruego... Cuando regrese, haré tu voluntad: me casaré con Débora, aunque me repugna... Dame tu bendición...

Solemnemente Milcah lo bendijo:

- Que el Dios de nuestros antepasados, el Dios de tu padre y nuestro Dios, te guarde. Vete, pero recuerda, Javán: maldito el hombre que no cumple su palabra. Hasta hoy, has sido un hombre valiente, el más valiente de los valientes de nuestra tribu. Serás reprobado si no te casas con Débora. Vete, pero no olvides las palabras de tu madre.

- No las olvidaré. Solo la muerte impedirá que no cumpla lo prometido. Ahora necesito continuar mi camino. Nos vemos de regreso, mamá...

Y mi hermano, saliendo de la tienda, se fue. Milcah, en la puerta de nuestro hogar, siguió su figura con la mirada hasta verla desaparecer en el horizonte. Amaba tiernamente a ese hijo, pero sobre todo amaba la Ley y la tradición de su pueblo.

Cuando vio partir a Javán, su alma se llenó de miedo. Una extraña angustia la asaltó. ¿A dónde iría? - Se pregunta, intranquila. ¿Quién era la mujer que lo había hechizado?

Sin embargo, en esta inquietud, ni por un instante juzgué a Milcah - tal era la confianza que depositaba en Javán -, que la mujer que amaba era una Cainita.

Fingiendo despertarme en ese momento, me acerqué a mi madre que todavía estaba parada en la puerta de la tienda.

Cuando me vio, volvió a la habitación y, sentándose frente a la rueca, empezó a hilar.

Con estudiada indiferencia le pregunté:

- ¿Dónde está Javán?

- Tu hermano se fue a un largo viaje, se fue hace poco. Tomé una porción de pan y carne y comencé a masticar comida con voracidad. Tenía un apetito de tigre. Mi madre, señalándome un recipiente con leche de cabra, me dijo dejando de hilar:

- Olvidé preguntarle a Javán cuál es su destino. ¿Sabes a dónde fue?

- No sé. ¿Qué podría haber en común entre Javán y yo? - Pregunté con la boca llena.

— La misma sangre... — me respondió con una mirada de reproche, volviendo a su giro. Me encogí de hombros. Ante mi gesto de desprecio, dijo con tristeza en su voz:

— ¿Por qué no amas a Javán? Siento un profundo rencor contra tu hermano en ti. No te dejes vencer, Josepho, por genios malvados, — y sus ágiles manos desenredaron el hilo, — Javán te ama...

— Déjame en paz, mamá...

Milcah no pareció notar mis malos modales. Estaba preocupada por la partida de Javán, incluso tenía miedo.

¿Cómo explicar ese repentino viaje a Leah? — Pensó.

No creo que ella siquiera haya escuchado mi brusca respuesta a sus palabras, así como tampoco se dio cuenta que — luego de beber toda la leche cruda que contenía el cuenco —, la dejé sola en la tienda, tan absorta estaba ella en sus pensamientos, que bien podía imaginar lo que eran.

Afuera, el sol reflejaba oro sobre los toldos de las tiendas, iluminándolo todo. Más allá, la llanura, muy verde, se mezclaba en el horizonte con el azul del espacio.

Unas mujeres, portando cántaros, se dirigían en esa dirección al Éufrates. Otros cantaban en el ajetreo y el bullicio del trabajo doméstico.

Los niños jugaban, corrían. A lo lejos balaban los corderos. Era la vida de la tribu siguiendo el transcurso de todo el día.

Yo, indiferente a todo lo que me rodeaba, caminaba a grandes zancadas. Tenía prisa por ir a hablar con Leah.

Quería participar en el juego de Javán.

Este partido me hizo feliz por dos razones: primero, separó a Javán de Débora; segundo, lo alejó de Leah. ¿Y quién sabe si también con Débora y toda la tribu? — Pensé caminando.

La paz de la que disfrutábamos era tan incierta... En cualquier momento podía ser interrumpida, rota... Y Javán, el jefe de los arqueros, no estando presente en ese momento, despertaría indignación.

En mi ignominia supe que la tranquilidad exterior de la que disfrutaba el pueblo de Matusala dependía únicamente de la muerte del patriarca Rehú. Porque, a costa de plata y oro, le proporcioné a Tidal información preciosa sobre el movimiento y las resoluciones de la tribu, y no ignoré los planes de conquista del guerrero de Enoch.

Sin embargo, era indiferente al destino de mi pueblo. Anhelaba liberarme de la llanura y de las tradiciones a las que vivíamos sujetos. La vida de ciudades como Enoch me fascinaba... En aquella época me guiaba solo el instinto y nunca el corazón.

Todavía estaba tan cerca de la animalidad, que incluso mi sentimiento por Débora no difería mucho de la atracción que las bestias sienten por las hembras. Me llenó el deseo de poseerla, nada más. Pero este deseo era tan intenso que me enfermaba; aunque no me impidió buscar placer en otras mujeres, y en otros lugares, tan grande era mi iniquidad.

Mi carne era toda pecado. Por eso me sentí a gusto entre los Cainitas. Me atrajo hacia ellos la libertad absoluta de la que gozaban, a quienes me unía la corrupción de sus costumbres, solo un vínculo aun me unía a la tribu: Débora.

Mientras caminaba hacia la gran tienda de nuestro patriarca, extrañamente noté un movimiento inusual entre los hombres de la tribu. Pero, aunque estaba ansioso por hablar con Leah, no me detuve a preguntarle la causa de todo el entusiasmo.

Al pasar, vi cómo el jefe del Consejo de Ancianos, Natán, hermano de Matusala, se apresuraba hacia la Tienda de la Congregación, ante la cual se encontraba el altar de los holocaustos. Normalmente tranquilo, luego pareció agitado.

Sentí que le había sucedido alguna anomalía a la tribu y estaba a punto de regresar para investigar qué era, cuando vi a Leah que parecía venir de bañarse en el Éufrates. Dos criadas, con las faldas arremangadas, la acompañaban llevando cántaros de agua sobre sus fuertes hombros.

Me acerqué con el aire más despreocupado que pude fingir y le conté la partida de Javán. Mirándome con mirada sorprendida, me preguntó por mi madre. Le dije que la había dejado en nuestra tienda, hilando. Ella, despachando a las sirvientes, se dirigió allí. Y me quedé, con los brazos cruzados sobre el pecho, donde estaba, sonriendo para mis adentros.

Leah, sin saberlo, estaba sirviendo de juguete en mis manos, ayudándome en la trampa que le estaba preparando a Javán.

Cada vez que nos dejamos vencer por sentimientos egoístas, nos convertimos en presa fácil del mal.

Leah estaba orgullosa de sus prerrogativas como madre del primogénito de Matusala, el futuro señor de la tribu. No permitiría que nadie contradijera sus deseos. Era obstinada como solo ciertas mujeres saben serlo. Y Javán había ido en contra de su voluntad, en contra de sus propósitos.

Al principio, en su alma solo nació el dolor al ver a su hija incomprendida, a sus sentimientos por Javán. Pero ahora no era solo dolor, era resentimiento, casi odio. Y este resentimiento creció al percibir la indulgencia de Matusala hacia Javán.

Y juró que Javán se casaría con Débora o sería repudiado por toda la tribu.

Las leyes que gobernaban a los pueblos de los llanos, los hijos de Dios, eran inflexibles en su justicia. El ladrón, el que fornicaba con los animales, el adulterio, la falta de respeto a los mayores y a los padres, todo fue castigado con la muerte por lapidación. Los padres tenían derecho de vida o muerte sobre sus hijos. Quien abusara de una virgen merecía la peor muerte. Pero solo los que fueron sorprendidos en el momento del delito, o si hubo testigos en su contra, sufrieron las penas impuestas por la Ley.

Y como el malvado nato siempre es cauteloso, el crimen casi siempre quedó impune... Si no hubiera sido así, hace tiempo que me habrían purgado de la vida.

Sin embargo, sabía que almas como la de Javán eran fáciles de sorprender si cometían un error. Porque estas almas francas y leales no saben mentir, y cuando fallan, fácilmente se traicionan a sí mismas.

Sentí que no estaba lejano el momento de sorprender a Javán en pecado contra nuestra Ley. Ese día estaría presente para testificar contra él.

Cuando Leah entró en nuestra tienda, Milcah todavía estaba hilando. Mientras se miraban, mi madre se dio cuenta que su hermana ya estaba al tanto de la partida de Javán. Pero, por prudencia, no quiso tocar el tema y, para ganar tiempo, preguntó:

– Estás pálida… ¿qué te pasa?

Leah, sin utilizar preámbulos, abordó inmediatamente el tema:

– ¿A dónde fue Javán?

Su forma brusca de hablar disgustó a mi madre, quien respondió lacónicamente:

– No me lo dijiste.

– ¿Cuando vuelve?

– También no sé.

– Tú no sabes nada, hermana mía; eso es extraño cuando se trata de tu hijo – comentó Leah con impaciencia –, y agregó:

– ¿Le hablaste de Débora?

'– Sí… – y mi madre bajó la cabeza.

– ¿Qué dijo Javán?

– Que se casará con ella cuando regrese…

– ¿Con qué voz extraña me dices que… qué me escondes, Milcah? – Preguntó Leah con recelo. Mi madre levantó altiva su venerable cabeza:

– ¡Nada! – Respondió –. Tu forma de interrogarme es extraña. ¿Qué más quieres? Prometí que mi hijo se casaría con Débora y lo hará. Por lo demás, es libre, como todo nómada, de ir donde quiera... No puedo limitar sus pasos: ya es un hombre y no un niño. Entiendes, hermana mía.

- Entiendo... Pero el viaje de mi sobrino fue muy sorprendente... ¿No está ligado a algún interés del corazón...? ¿Por qué agachas la cabeza?... Responde, hermana...

- ¿Y si ese fuera el caso? ¿Le está prohibido tener más de una esposa?

- ¡¿Entonces va a casarse?! - Exclamó Leah indignada.

- Me acaba de confesar que amaba a una virgen tanto como tu Débora lo amaba a él.

- ¿Quieres decir que se casará con mi hija solo por lástima, o por obediencia hacia ti...? - Preguntó Leah entre dientes.

- Cálmate, hermana. Mi hijo sufre tanto como tu hija...

- No lo creo... Pero - dijo conteniendo su enfado por respeto a mi madre -, puedes estar segura que Débora no se contentará con ser aceptada por lástima. Quiere ser la dueña de la tienda y el corazón de su marido.

Milcah no dijo nada.

Leah, al regresar a casa, buscó a su marido, pero él estaba conferenciando con Lamec.

El asunto que estaban tratando era muy serio. Tidal había destruido los pastos y saqueado los rebaños, encarcelando a niños y mujeres de algunas tribus vecinas y éstos, dispersos por la llanura, huyendo de la destrucción total, habían enviado mensajeros a Matusala, rogándole ayuda.

Después de conferenciar largamente con su hijo, nuestro patriarca le ordenó convocar el Consejo de Ancianos. No podía resolver nada sin escuchar la palabra de los mayores de la tribu.

Cuando Lamec se fue, su madre fue a Matusala y le dijo:

– Javán se fue.

– Volverá... - Dijo distraído por los asuntos que le preocupaban.

– Esta vez, no lo creo: fue a reunirse con la virgen que ama...

Sorprendido, el patriarca preguntó:

– ¿Sabes quién es?

– No; pero todo hace pensar que es una Cainita.

Matusala no respondió a la mujer. Con una arruga de aprensión en medio de su frente, se sentó pensativamente. La mujer se alejó.

Mientras tanto, Lamec reunió al Consejo. Al pasar a mi lado, preguntó por Javán. Respondí que se había ido esa mañana. Él frunció el ceño, molesto, pero no hizo ningún comentario.

Ya sabía por qué la tribu estaba alborotada: Tidal había atacado. Me quedé alerta, esperando más información. Me acerqué a la tienda de Matusala. Las voces de Leah y Débora me llegaron, un poco apagadas. Mi tía, preguntando, dijo:

– La próxima primavera, hija, ¿quieres casarte con un marido? Si este marido es alguien a quien mi corazón ama y respeta...

– Debes amar a tu marido y ser amada también.

Ambas guardaron silencio. Intenté con todas mis fuerzas no perderme ni una sola palabra de lo que decían. Después de un momento, Débora preguntó:

– ¿Por qué se reúne el Consejo de Ancianos? Apenas hemos terminado las fiestas de primavera y se juntan... ¿Por qué?

– Malas noticias... Hubo saqueos y muertes en los pastos vecinos. Tidal ha vuelto a atacar. Temo que nuestros valientes tendrán que luchar...

– Y no eludirán su deber. Javán los llevará a la victoria.

– Javán se ha ido, hija mía...

– ¿Se fue? ¿A dónde? – Y se podía sentir la angustia en la voz de Débora.

– No sé...

Nuevo silencio. Y entonces se escuchó la voz de Débora, casi un susurro:

– Mamá, perdóname si te dejo sola, pero tengo una cita con Sara. Permítanme alejarme...

Rápidamente, dejé mi puesto de escucha y me alejé rápidamente.

Ya a lo lejos pude ver a la hija de Matusala dirigiéndose hacia la tienda de Nathan.

Algunos niños, cerca de donde yo estaba, huyeron asustados por mi apariencia. Debía estar oscuro, porque la presencia de Débora puso chispas de deseo canino en mis ojos, enrojeciéndolos, haciéndome aun más espantoso. Frente a la tienda de la Congregación, pero un poco alejados del Altar de los Holocaustos, como exige el respeto a los lugares sagrados, se reunían los hombres de la tribu, ávidos de informaciones más detalladas.

Confundidas entre la multitud, vi a Sara y Débora dirigirse hacia el camino que conducía a cierto tramo del río, donde solían bañarse las mujeres de la tribu.

Allí, el Éufrates era poco profundo y formaba una pequeña cala, una diminuta playa de arena roja, utilizada como lugar de baño para las mujeres y, por tanto, cerrada a los ojos de los hombres.

En ambas orillas del río, el sésamo y el mijo formaban un refugio natural, porque allí alcanzaban una altura considerable e increíble, como ya hemos descrito. Las palmeras daban sombra a todo ese tramo del Éufrates y las aguas eran frescas y agradables.

De las acacias colgaban rizos del color del sol, que contrastaban con el verde oliva de las palmeras datileras. ¡Era un rincón paradisíaco!

Bajo los árboles estaban sentadas las jóvenes. Débora, distraída, jugaba con unas piedritas tirándolas al agua que se movía en círculos. Sara siguió sus movimientos, pacientemente, esperando el momento en que quería hablar. Sintió que la hija de Leah tenía algo que decirle.[16]

Débora, posando en los ojos de Sara del color de aquellas noches sin estrellas ni Luna, ojos profundamente negros, le habló casi en un susurro:

– Tú que eres hija del jefe de los ancianos, que oyes muchas cosas y murmullos, dime: ¿sabes por qué se fue Javán?

– ¡No sabía que se había ido! – Exclamó Sara sorprendida.

– Se fue esta mañana...

– Extraño... Irse ahora cuando el Consejo va a resolver problemas graves... Cuando la tribu está en dificultades... ¡Extraño!

– Sí, yo también lo creo... Y me pregunto ¿por qué se habría ido?

– Javán, desde hace algún tiempo, es diferente – comentó Sara –. No sé exactamente en qué sentido, pero ya no es el mismo joven despreocupado de antes...

– Yo también lo siento. Y temo, Sara, temo por mí y por él... – y su voz se redujo a un susurro, cuando añadió:

– ¿Te diste cuenta del extraño anillo que adorna su mano?

– Sí...

– Escuché a Lamec decirle a su esposa que tiene un hechizo. Creo, Sara, que ese anillo tiene algo que ver con el viaje de Javán.

– ¿Por qué? ¿Qué misterio lo une al anillo?

– No lo sé exactamente... ¡Hay tantos misterios más allá de estas llanuras...! Y temo por Javán... Algo me dice que no lo volveré a ver...

– No te dejes dominar por pensamientos tristes. Javán es fuerte como el tigre, valiente como el león, pero su alma es leal y

---

[16] Utilizamos lenguaje y términos modernos, para una mejor comprensión del lector; con esta licencia se permite a todo escritor, ya sea de poesía o de romance. – Nota de Josepho.

fiel y, como la gacela, no conoce el mal. Él es el valiente de nuestros valientes, recuerda, Débora.

-¿Recordar? ¿Yo que lo amo por encima de la vida misma? ¿De la felicidad misma? Si tengo miedo, es que presagio algún peligro oculto que acecha en la existencia de Javán... Anoche, Sara, soñé con su padre. El espíritu de Jafet quedó afligido. Quería hablar conmigo, pero no entendí sus palabras. Cuando intenté acercarme a él, desapareció... Me desperté inquieta y ya no podía dormir. Están a punto de suceder cosas graves, Sara, lo presiento, y Javán se verá atrapado en ellas como una mosca en una red. Ojalá pudiera ayudarle... Pero, ¿cómo? ¿Cómo? - Y la joven retorció las manos con desesperación.

- No comparto tus augurios - dijo Sara serenamente -. Exageras... Estás desorientada por la ausencia de Javán. Pero, razona lógicamente, hermana. ¿Cuántas veces ha estado ausente? Cuando menos lo esperamos, regresa trayendo bonitos regalos. Ánimo... ¡Vamos! Sonríe... - invitó Sara.

- Tú mismo dijiste, hace poco, que él era diferente...

- Sí, pero quizás por razones que puedo justificar. Creo que Javán está preocupado por las acciones de Josepho y por algunos de nuestros jóvenes que viven en promiscuidad con los vicios y pecados de los hijos de los hombres. La degeneración de las costumbres acecha a nuestra tribu... Los mayores están alarmados por esta ola de perversión que ha arrastrado a muchos de nuestro pueblo a las degradaciones de los Cainitas. Josepho ha sido el fermento de todos estos deplorables acontecimientos... Él es el fruto estancado que contamina a los incautos. Los venerables Milcah y Javán no ignoran la ignominia de su hijo y hermano. Y sufren...

- Quizás tengas razón, Sara. Tus palabras me calmaron... Gracias hermana. ¿Nos bañamos? Hacia contacto del agua, olvidaré la mayoría de los augurios...

Abandonando sus ropas, las dos jóvenes se sumergieron en el agua. Entre los mijos, dos ojos codiciosos estropeaban la belleza de sus cuerpos vírgenes.

Parecían dos nenúfares rosados jugando en el agua. Allí se sintieron custodiadas por el respeto de los hombres hacia ese lugar. Porque quien se atreviera a venir y corromperlo sería condenado a la lapidación.

Abandonándose en el agua como sobre una cama blanda, Sara cantó: Débora, con flores de acacia, tejió una corona, escuchando extasiada la hermosa voz de su compañera, que decía:

Palmera del llano, Abriga mi amor...

Que está lejos de mí, Sola en el desierto...

Dile que mi alma lo acompaña a donde quiera que vaya...

Palma del desierto,

Dile a mi amor así...

Palmera, eres tan feliz, porque vives cerca de él...

La voz de la cantante se detuvo repentinamente cuando escuchó un ruido sospechoso entre los mijos.

Zambulléndose rápidamente, Sara cogió una piedrecita y la arrojó en esa dirección, mientras Débora gritaba, temerosa:

- ¡¿Que pasó?!

- ¿No escuchaste? Alguien nos está mirando desde allí. Mira... ¡intenta huir! ¿Quién será?

- No podemos seguirlo tal como estamos. ¡Tomemos nuestra ropa rápidamente! Tal vez podamos alcanzarlo...

- ¡No! Me envolveré en este manto y desde esa altura veré quién es el corrupto...

- ¡Vamos! ¿Quién es? ¿Ves...? Habla, Sara...

- Es el alma maldita y pestilente que bien conoces - dijo, regresando.

- ¿Josepho? - Preguntó Débora, ya casi vestida.

- Sí - respondió indignada la hija de Nathan, cubriéndose con su ropa. ¡Que Jehová lo castigue! Tenemos que informarlo al Consejo; no debe quedar impune. Manchó nuestros cuerpos con su mirada repugnante. Que sea castigado, Débora. Date prisa... Vamos a quejarnos.

– Un momento; – preguntó la hija de Matusala, ya vestida. – Esto mataría a Milcah y sería la deshonra de Javán... Te pido, Sara, guardemos silencio, por una vez... La madre de ese hombre sin alma no soportaría tal dolor... Callemos, sí, ¿hermana?

– Como desees. Pero creo que no estamos haciendo lo correcto al ocultar el pecado de Josepho – respondió Sara molesta.

– Te pido por Milcah y por mí... también por Javán. Por favor, Sara...

– Miedo a nada. Mis ojos no vieron nada... Volvamos atrás, Débora.

– Gracias Sara, que Jehová te colme de gracia.

– Eres mi hermana. No puedo hacerte daño... Volvamos, Débora.

El Consejo de Ancianos se estaba reuniendo.

Estuvieron presentes los dos emisarios de las tribus devastadas por Tidal. Ambos permanecían impasibles, atentos a la resolución de los mayores de la tribu.

Matusala presidió la reunión. Nathan, su hermano, es la segunda voz que se escucha en el Consejo. Hay doce ancianos. La tienda donde se reúnen es la Tienda sagrada de la Congregación.

Todos están sentados sobre pieles de gacela. Los mayores, en círculo; Matusala y los dos emisarios, a un lado, de espaldas a la puerta. Concentrados, parecen rezar.

Matusala, en medio del silencio, levantó la voz, que sonó seria y austera:

– ¡Ancianos sabios! El asunto que vamos a tratar es de suma importancia. Maldito el que, en este momento, traiciona al Altísimo con falsos consejos. Bendito sea todo aquel que habla en nombre del Señor del cielo y de la Tierra, el Dios de los dioses. En vuestras manos entregará el dueño de todas las cosas al enemigo para que haya justicia. El escudo del Señor guardará tu vida.

Natán fue el segundo en hablar:

– Vivimos en paz, pero llega a nuestros oídos el gemido de los hermanos que sufren el yugo de los hijos de los hombres. Las sabias leyes de Seth nos dicen que demos agua a los sedientos, pan a los hambrientos, ayudemos a los oprimidos y respetemos al huésped. Pero nos prohíbe derramar la sangre de nuestro prójimo. Que el Señor nos inspire.

Melquezedec, el anciano de mayor edad, respondió:

– Pregunto: ¿actuamos con más nobleza y coraje cuando matamos al tigre que nos ataca, o cuando, saliendo del refugio de la tienda, acudimos en ayuda de un semejante atacado por aquel? Que el Dios de Seth inspire al Consejo.

Harán, otro anciano, habló con calma:

– Bienaventurado el que sale del refugio de la tienda y mata al tigre que ataca a nuestro prójimo.

– ¡Benditos los valientes! – Exclamaron todos al unísono. Fue deliberado.

Matusala, levantándose, se dirigió a la puerta de la Tienda. Estaba más solemne que nunca.

Afuera, bañados por la luz del atardecer, los hombres esperaban la decisión de sus mayores.

El silencio era tan profundo que se podía escuchar la brisa pasando entre las copas de las palmeras. Cuando vieron aparecer a Matusala, lo miraron con respeto. Les habló:

– Jehová habló por la voz de los ancianos. Defenderemos los pastos vecinos con nuestra vida. Se escuchó un grito de aprobación de todo el pueblo.

Matusala, pidiendo silencio, continuó:

– Dejemos que los señores de la guerra elaboren sus planes. Primero sacrifiquemos al Dios de Seth, para que Él nos lleve a la victoria.

Lucharemos por la paz de los hogares vecinos, para que nuestra paz no nos sepa amarga.

¡Qué diferente fue aquel holocausto del que la tribu había ofrecido el día anterior!

Las mujeres ahora no cantaban, rezaban súplicas. No se escuchó la avenida de los pastores. En silencio quedaron las arpas y los órganos. Ante el altar, se sacrificaba el cordero y su sangre se derramaba sobre la leña del sacrificio. Posteriormente su cuerpo fue quemado. El humo se elevaba en espirales en el aire, señal que la ofrenda había sido aceptada por Dios.

Matusala, tomando las cenizas, las esparció al viento. El sacrificio había terminado.

No había visto el Holocausto. Estaba indignado por la resolución del Consejo. No me importaba si Tidal saqueaba los campos vecinos o no. Pero temía que los Cainitas me tomaran por traidor, ya que no había anticipado esa resolución de mi tribu, siempre amante de la paz. Hasta ahora solo habíamos defendido nuestras llanuras de las hordas de Tidal, pero nunca habíamos atacado.

Javán, a la cabeza de nuestros arqueros, luchó contra ellos cuando los encontró destruyendo a sus tribus hermanas, pero en defensa, nunca en guerra abierta. Había un acuerdo entre Matusala y Rehú... ¿Cómo se atrevía Matusala a romperlo? – Pensé indignado, olvidando que este acuerdo había sido vilipendiado innumerables veces por los Cainitas.

Me escabullí de la multitud y me alejé, preso de una rabia impotente.

Esa tarde fui a encontrarme con el Cainita a quien le estaba vendiendo la información. Le informé de todo. Al contrario de lo que temía, me pidió que siguiera llevándole informes que me pagarían generosamente.

Cuando regresé, por la tarde, vi que había luz en la tienda de Matusala. Al acercarme escuché voces que decían:

– No puede estar muy lejos... Que lo busquen emisarios.

Hay que encontrar a Javán. Solo él sabrá conducir a su pueblo a la victoria. ¿Sabes dónde encontrarlo?

- Sospecho, pero no estoy seguro... Sin embargo, creo que Javán regresará cuando escuche rumores que estamos peleando.

- Hijo, lo necesitamos ahora, con urgencia. Envíale mensajeros. Que venga a nuestro encuentro.

- Así lo haré, padre.

Me escondí detrás de la tienda en el momento exacto en que salió Lamec. La Luna, como una inmensa perla flotando en la concha del espacio, iluminaba su rostro severo.

Lo vi entrar en la tienda de uno de nuestros arqueros, quien parecía estar esperándolo, ya que la luz también estaba encendida a esa hora de la noche. Tomó un momento. Poco después apareció acompañado de Jared, uno de nuestros valientes, quien cogió un caballo, montó y, sin decir palabra, se alejó al galope del campamento. Lamec se retiró a su tienda.

Había tomado una resolución. Cogí uno de nuestros caballos y, cuando me alejé mucho de la tribu, lo monté y me alejé a un galope salvaje.

Giró cuando Jared se dirigió hacia el este, por el camino que conducía a Enoch. Tomé un atajo que conducía a Tiger Gorge, el único camino a Enoch. Una vez allí no me resultó difícil ya que unas ramas de espino me cerraban el paso.

Dejé el caballo a unos pasos y esperé a que llegara el valiente. Todo sucedió como lo había predicho: Jared desmontó para abrir el pasaje, pero ni siquiera pudo llevar a cabo su intención... Salté sobre su espalda encorvada y le clavé mi cuchillo. Cuando lo herí, soltó un gemido ronco, pero ni siquiera tuvo tiempo de reconocerme: lo maté rápidamente, postrándolo con varios golpes certeros.

El caballo de Jared, relinchando de miedo, cruzó la llanura.

Limpié el cuchillo en la ropa del cadáver y estaba a punto de alejarme hacia mi caballo, cuando escuché, estremeciéndome, un rugido parecido a una risa demente, en el que reconocí el grito de la hiena en busca de comida.

Recuperado del susto, miré a mi víctima y sonreí, pensando: La hiena pronto encontrará su alimento. Pateé el pobre cuerpo de Jared, dejando al descubierto su rostro que parecía cera. Mi risa no era muy diferente del rugido de la bestia.

Cabalgando, regresé por el mismo atajo.

Sobre la llanura, el alba oscilaba, parpadeaba, con ligeros tonos violetas. Los pájaros, avanzando a la luz de la mañana, orquestaban extrañas sinfonías. La luz de la luna se mezcló con los colores del amanecer, desapareciendo...

La tierra estaba lista para el resplandor de otro día.

Tendría que darme prisa si quería llegar al campamento mucho antes que la tribu despertara. Azoté al caballo sin piedad... Y corrió, corrió como si entendiera que tenía que correr con la mañana que se acercaba rápidamente.

Los primeros rayos de Sol aun no brillaban entre el rocío cuando llegué a la tienda. La tribu aun no había despertado.

Todos dormían profundamente, cansados de las emociones del día anterior.

Con cautela, entré a mi habitación. No quería que mi madre me sintiera, aunque ella, como toda la tribu, ya estaba acostumbrada a mis noches. Me acosté, pensando: Si Jared se había dirigido al este, entonces Javán debía estar en Enoch... ¿Amaría a una Cainita...? Necesitaba ir en busca de Javán... Tenía que irme, pero sin levantar sospechas.... Sí, yo también iría a ver a Enoch... Decidí, casi quedándome dormido.

El viaje de Javán a través de las tierras de Nod transcurrió sin incidentes. Siguió al hijo de Milcah por senderos menos conocidos, evitando encuentros desagradables. Prefería descansar unas horas durante el día, refugiándose entre el follaje y las cuevas, y viajar de noche.

Cuando vio a un viajero a lo lejos, lo evitó y se escondió. Javán tomaría la precaución de vestirse como un Cainita.

Más de una vez había visto grupos de guerreros, pertenecientes a los hijos de los hombres, dirigiéndose hacia el oeste. Cuando mi hermano los vio, pensó que iban a cazar a la gente más allá del Éufrates. Se preguntó Javán, meditando a lo largo de los senderos:

– ¿Cómo surgió una flor tan pura y hermosa como Dinah de un pueblo tan cruel...? ¿Y hombres buenos como Matusael y Rehú...?

Los pastos quemados, los rediles saqueados y los pueblos destruidos reaparecieron en su mente, con sus hombres y mujeres muertos y sus niños encarcelados como esclavos. La pregunta era:

– ¿Por qué los hijos de los hombres y los hijos de Dios no podían vivir en paz? ¿Qué fuerza maligna impulsó a los Cainitas a destruir, en su afán de conquistar tierras para cultivar, los pastos, sembrando muerte y horrores? ¡Cuántas tribus diezmadas por ellos! ¿Por qué los criadores y los agricultores lucharon en bandos opuestos? ¿Por qué pelearon los hombres? ¿Por qué? Javán no entendía...

¿Qué podía saber el hombre de aquella época sobre estos complejos problemas? Si la lucha era su "klima", no entendía que en esa lucha en la que se encontraba se evidenciaba el movimiento siempre progresista de la Humanidad, en su más alto sentido de superación.

Considerándola como un ser único, que abarca todos los deseos y sueños, creencias y dudas, certezas y frustraciones, luchas y victorias, todas las razas – opresoras y oprimidas –, vemos que la Humanidad camina, a pesar de disensiones y cataclismos, mejorando en conocimiento y moral, desde las cuevas de la aurora a los castillos medievales, y de ahí a los rascacielos de este siglo XX.

La lucha es el verdadero motor del progreso.

Los logros que se derivan de esta lucha no pertenecen a tal o cual pueblo: pertenecen a la Humanidad.

En la apariencia superficial de una comprensión mediocre, hay un pueblo impulsado solo por la ambición y el egoísmo; pero a los ojos de un estudioso y observador de los destinos humanos a través del tiempo verán que detrás de esta ambición y egoísmo se esconde una fuerza mayor que dirige a los contendientes, provocando el surgimiento de nuevos horizontes en estos campos de batalla, donde chocan grupos e intereses, más claros y más amplios a la Humanidad.

Transportándonos a la cuna de la Sociología – avanzando audazmente hacia las agrupaciones humanas primitivas, piedra angular de la Sociología como ciencia que estudia al hombre en el tiempo y el espacio –, vemos a través de la nebulosidad de eras fabulosas, cazadores envueltos en pieles, compitiendo, en entre bosques y llanuras, los rincones donde proliferaba la caza.

De estas luchas milenarias, pasaron de cazadores a criadores, domesticando los animales que les servían de alimento; y, en este continuo movimiento de mejoramiento y progreso, vemos surgir el pastoralismo, y, como resultado de éste, la Agricultura, la Industria y diversas actividades humanas, en una secuencia de adquisiciones lógicas y naturales, pero siempre después de innumerables luchas y disensiones.

La lucha ha sido siempre el fuego de este inmenso altar que es la Tierra, donde el hombre ha de ser inmolado en expiación por el mal que se hizo a sí mismo, hasta que, completamente purificado, resurgiera como un Ave Fénix hacia un tiempo mejor, cuando disfrutará de los meses de felicidad construidos y embellecidos por sus propias adquisiciones a través del tiempo; cuando sea completamente rehabilitado ante la justicia divina, gracias al crisol del trabajo y el sufrimiento.

Todo en este mundo parte de lo relativo a lo absoluto. Todas las cosas; algún día se fusionarán en una sola unidad; el hombre y la sociedad. Pueblos y gobiernos. Ideales y religiones.

Todo tiende, después de las realizaciones de la fraternidad y del amor, a la unidad de sentimiento, ya sea religioso, doctrinario, científico o de actividad.

Todas las religiones, pueblos y gobiernos luchan y trabajan, incluso en polos opuestos, por un único objetivo: la felicidad.

Luchan y trabajan bajo la inspiración de esa providencia que trazó órbitas para los planetas de las que no pueden desviarse, equilibrándolos y protegiéndolos en la expansión. La raza humana, en todo tiempo y época, está siempre bajo esa protección de lo Alto – como todas las cosas creadas –, que no pudo abandonarla en su camino evolutivo, a una voluntad ciega; lo guía hacia el bien perfecto, a través del hilo misterioso al que se ajustan la libertad y la presciencia.

De las luchas y experiencias humanas nada se pierde, todo se integra, uniéndose para lo mejor.

La era que pasa es, de hecho, la base de otra que surge. El ayer se perpetúa en el mañana. El pasado se refleja en el presente. Porque la vida comenzó en la unidad – uno –, y ésta tiende al infinito – Dios – principio y fin.

Lograda la cohesión de los sentimientos, el hombre entrará en la verdadera era cristiana, de la que la actual no es más que precursora, y entonces vivirá amando al prójimo como a sí mismo. Entonces se cumplirá la promesa evangélica; *"Fiet unum ovile et unus pasto*[17]*"*

Javán, después de días de agotador viaje, llegó a Enoch y casi no reconoció la ciudad cuando la volvió a ver, porque sus calles estaban en silencio como si alguna tristeza hiriera a sus habitantes, siempre felices y ruidosos.

Como no quería llamar la atención, evitó hacer preguntas. Se sentía extrañamente cansado, le dolía todo el cuerpo. Consecuencias del viaje, pensó mientras recorría las calles poco transitadas ese día.

El Sol brillaba sobre la piedra de las casas, lastimando sus ojos rojos por el polvo de los caminos.

A lo largo del viaje recordó las palabras de Milcah y la promesa que le había hecho. Esta promesa angustió su espíritu. Un sentimiento de culpa lo atravesó. ¿Por qué había abandonado a su

---

[17] Juan, 10:16.– Josepho.

pueblo, si Dinah pertenecía a otro? ¿Qué esperaba de ese viaje? ¿Solo a Dinah? No... Entendió que una fuerza mayor que la suya lo había conducido hasta Enoch. Y esa fuerza lo dominó por completo... Pero sufrió bajo su yugo, aunque no quiso liberarse de él.

Esta fuerza provenía de su carne que gritaba por Dinah, ahogando la voz del alma que exhortaba: No debes... volver... volver a las orillas del Éufrates, donde el deber te espera.

Pero sordo a todo lo que no fuera Dinah, no retrocedió, e, inquieto, pero firme en su propósito de luchar por tenerla como esposa, se dirigió hacia la residencia de Matusael, casi olvidando que éste era el padre de la uno que pretendía robar a la novia. Los rayos del sol parecían espinas de fuego y herían su cuerpo dolorido. Tenía sed y estaba oprimido. Un extraño malestar se había apoderado de él, como si lo hubiera mordido una víbora o si hubiera bebido agua maligna. Un temblor singular dominó sus miembros inertes.

Al acercarse al templo de Baal, cerca de la casa de Matusael, vio que una reunión de hombres y mujeres se postraban ante el gran altar de los sacrificios que allí se encontraba. Un sacerdote, con los brazos a lo alto, parecía ofrecer algo a su dios.

Javán, obligado por la multitud a detenerse, no pudo evitar contemplar el acto que le disgustaba el alma. Un ser humano fue sacrificado a Baal. Horrorizado, vio al sacerdote levantar la daga y hundirla en el corazón de la víctima. Luego, la sangre que manaba era recogida en una especie de ánfora y bebida, primero por el sacerdote y, después de él, por toda la multitud, a pequeños sorbos.

Sintiéndose contaminado hasta lo más profundo, Javán, con disgusto, señalando a la víctima, preguntó a uno de los presentes que esperaba su turno para beber:

– ¿Quién es él?

– Un setita repugnante – respondió el hombre, escupiendo a un lado, con desprecio.

Mi hermano, sujetándose la cabeza, que parecía empapada en fuego, dejó escapar un grito ronco y cayó sobre su caballo, desmayándose. Al verlo así, el Cainita exclamó:

– El poder de Baal ha caído sobre éste... ¡Sacrifiquémoslo!

– ¡A Baal! – Rugió la multitud sedienta de sangre como una hiena enojada.

Y los brazos se extendieron, arrancando del caballo el cuerpo inerte de Javán, que, ajeno a todo, parecía muerto.

– ¡A Baal! ¡A Baal! – Gritaron todos al unísono. De pie ante el altar, el sacerdote esperaba, cuchillo en mano.

Un acólito recuperó el ánfora, que todavía contenía restos de la sangre del setita, y la dejó a un lado, a la espera de sangre nueva.

Movieron un poco el cuerpo de la primera víctima para dejar espacio al de Javán.

Cuando se disponían a colocarlo al pie del altar, se escuchó una voz que gritaba indignada:

– ¡Alto, raza vampírica! ¡Bebedores de sangre, fuerte!

Ante esa voz, todos se volvieron. El propio sacerdote soltó la daga. Apartando a la multitud con un gesto autoritario, un anciano con barba y largo cabello blanco se dirigió hacia el altar, en medio del silencio. Tomando a Javán de los brazos que lo sostenían, lo colocó en el suelo, escuchando su pecho. Sintió que la vida no había abandonado al joven. Levantándose, miró fijamente al sacerdote. Bajo la mirada incisiva del anciano, el bonzo retrocedió.

– No me temas – dijo el recién llegado –, teme a Aquel a quien responderás por toda la sangre de estas víctimas que claman al cielo.

Y volviéndose hacia la multitud, se apostrofó:

– Bebedores de sangre humana, tienen el dios que se merecen. ¡Un día ese mismo dios al que sacrifican a sus hermanos les exigirá también su sangre...! ¡Baal! ¡Baal! ¡Dios de la maldición...!

Y el anciano, tomando a Javán en brazos, se alejó solemne.

Mi hermano, volviendo en sí en ese momento, abrió los ojos y miró, asombrado y aturdido, el rostro de quien lo conducía, reconociéndolo antes de perder nuevamente el conocimiento: era Matusael, el patriarca de Enoch.

Con una fuerza que nadie podría imaginar que poseía, Matusael condujo a Javán a su casa. Ayudado por los sirvientes que acudieron rápidamente a su llamado, llevó al joven a la cama en la misma habitación que lo había hospedado antes.

Mi hermano deliraba, confundía nombres. Temblaba de una fiebre terrible. Llamó insistentemente a Dinah. Otras veces exclamó:

– ¡Interés! Me casaré con Débora... lo prometo... amo a Dinah... madre... Dinah...

En un momento quiso levantarse de la cama gritando:

– ¡Maldita sea! ¡Maldición! ¡Es un setita! setita...

Matusael necesitó toda su energía para sacarlo de esa agitación.

La fiebre se había apoderado de Javán. Matusael, quedándose a su lado, lo trató con esmero. Pero la enfermedad no remitió... Así pasaron dos Lunas.

Javán, sumido en la somnolencia, ya no deliraba. Postrado en la cama, solo estaba jadeando. Parecía el final... Aprensivo, recomendando al paciente al cuidado de un sirviente de su confianza, el patriarca fue a ver Dinah.

Pero retrocedamos unos días en nuestra historia. Entremos en la residencia de Rehú. La noche había envuelto toda la casa en silencio.

Solo, en su jardín, el padre de Dinah se sentó junto al lago y se quedó pensativo. Había luz de Luna. La brisa alborotó levemente su cabello y su barba, que parecían hebras de nieve.

Una extraña tristeza había oprimido su alma desde aquella mañana... Se había aislado de todos, buscando la soledad de la noche.

Quería meditar...

Suspirando, miró con cansancio al infinito. Las escasas estrellas brillaban en la inmensidad, embelleciendo aun más la luna llena.

En el pequeño lago, las aguas iluminadas por la luna parecían plata fundida.

Aquella noche fue una de esas noches de mágico encantamiento, en las que el alma se siente atrapada por extraños recuerdos, por extraños anhelos...

Rehú sintió que retrocedía en el tiempo, sumergiéndose en el mar de las reminiscencias, donde todo era lejano, vago, nebuloso. El pasado, como una isla, surgió de las olas de ese océano de recuerdos y flotó en su mente, perfilando la bella figura de Miriam, la esposa setita. Miriam, el amor prohibido por alguien que había olvidado las leyes y tradiciones de su pueblo... Miriam quien fue el último rayo de Sol en sus días de otoño... La única estrella que iluminaba su noche fría y nublada debido a la hibernación de la vida.... Le pareció verla a su lado, alegrando su corazón...

Una extraña inquietud se apoderó de Rehú. Quería escapar de esos recuerdos, pero los hicieron más presentes...

Miró al cielo y creyó ver a Miriam a la luz de la Luna y el brillo de las estrellas... Miró las flores, el lago, y sintió a Miriam en todo... Era como si la sombra de su esposa muerta envolviera su alma, reflejándose en las cosas que lo rodeaban.

Un extraño escalofrío recorrió su viejo cuerpo. Miró a su alrededor, asustado. El anciano sintió que no estaba solo. Temeroso, quiso escapar de esa presencia que, aunque oculta a sus ojos físicos, sentía cercana a él. De repente, en el silencio de la noche, escuchó su nombre en un susurro, como si alguien lo llamara en voz baja, pero con insistencia... Se dio cuenta que le hablaban al alma, en la quietud del jardín. Era como un arpegio, algo inhumano, impreciso, ajeno a la Tierra.

Angustiado, se puso de pie y, al hacerlo, sintió el roce de una brisa en su rostro; pero una brisa tan ligera que ni siquiera había movido las hojas de los árboles más cercanos... No - pensó

Rehú –, eso no era la brisa, era la sombra de Miriam que me había acariciado...

Salió lentamente del jardín, caminando con dificultad, como alguien muy cansado. La luz de la luna parecía un barniz blanco que cubría la frente de la noche.

Rehú sintió que la sombra de la muerta lo seguía. Se detuvo dos veces, agarrándose a los arbustos, y jadeó como si llevara una carga pesada. Sus hombros estaban arqueados y siempre erguidos y firmes.

Al entrar a la vivienda, se tambaleó y se llevó las manos al pecho como si se estuviera asfixiando. Reaccionando a la conmoción repentina, dio unos pasos hacia las habitaciones de Dinah, como si una fuerza oculta lo condujera allí...

Pero, soltando un grito ahogado, cayó inconsciente al suelo.

Ante su grito, unos sirvientes corrieron y lo llevaron inconsciente a su cama.

Cuando Rehú volvió en sí, respirando con dificultad, vio a todos sus hijos a su alrededor. Tidal, que había llegado el día anterior, de una de sus excursiones, comprendió que estaba presenciando los últimos momentos de su padre. Obligado, lo miró.

Los ojos ansiosos de Rehú se posaron en Dinah quien, al lado de Zila, lloraba en silencio. El paciente le indicó que se acercara. Se arrodilló junto a la cama, conteniendo las lágrimas.

– Papá, – murmuró, – aquí me tienes...

Rehú la miró largo rato como si estuviera escudriñando su alma, o si quisiera grabar la bella imagen de su hija en su retina ya casi moribunda.

Sorprendiendo a todos y a Dinah, por lo extraño de la pregunta, Rehú preguntó con voz debilitada:

– Hija, ¿estás... feliz?

– ¿Feliz? ¡¿Yo?! Sí... Cálmate, papá... No pienses en mí. No debes hablar... – y la joven le acarició la frente, que estaba empapada de sudor pegajoso.

– Sí, padre, – dijo Tidal, acercándose –, Dinah tiene razón: debes descansar.

Señalando hacia arriba, el anciano respondió:

– No tardaré en hacerlo... Pero primero quiero bendecirte, hijo. Acércate, Tidal... quiero hablar contigo...

– Aquí estoy... habla.

Dinah todavía estaba de rodillas, al lado de la cama.

– Hijo mío, – dijo Rehú con voz lenta pero solemne –. Siento que voy a unirme a nuestros antepasados... Hasta hoy fui el líder de Enoch... . aunque hace tiempo que he puesto en tus fuertes manos la dirección de nuestra ciudad. Al principio quería ver cómo lo gobernarías sin mí... Entonces, fui vencido por la mano del tiempo y, cuando pensé en alejarte, ya no tuve fuerzas...

Tidal levantó imperceptiblemente la cabeza con un orgullo apenas disimulado. Sus pequeños ojos parecían aun más rasgados.

Rehú dijo:

– No te dejes dominar por esta sed de conquista... Respeta el pedazo de tierra de tu hermano. La persona ambiciosa siempre cae víctima de su propia codicia. Modera tu ambición y serás feliz. La grandeza de un líder no está en el número de hombres que masacra en el campo de batalla, sino en el número de vivos a los que supo hacer felices. Pórtate bien, Tidal.

Hay una fuerza mayor que la tuya... y esta fuerza no se encuentra en Baal, en Moloch, en ninguno de nuestros dioses. Ella está en el Dios Escondido que creó todo.

Después de una pausa, continuó:

– Ten cuidado con los sacerdotes... No les permitas interferir en los asuntos estatales. Que sigan en los templos con sus crueles dioses de piedra...

– ¡¿Crueles?! ¿Llamas crueles a nuestros dioses? – Preguntó Zila asustada.

– Sí, mujer. ¡Y ahora mismo siento esta crueldad más terrible que nunca! Y pregunto ante la muerte: ¿Qué dioses son estos que exigen sangre, siempre más sangre...? ¿Serán los sacerdotes o los dioses los que exigen sacrificios?

- ¡Los dioses! - Respondió Zila cada vez más asustada.

- ¿Qué sabes mujer...? Hubo un tiempo en que las ofrendas que se hacían a la Divinidad eran frutos de nuestros campos... Entonces vivíamos felices. Para ofrecerlos no necesitábamos la interferencia de los bonzos... Los dioses se volvieron crueles después que empezaron a hablar a través de los sacerdotes... Ten cuidado, hijo, con ellos...

- ¡Los desprecio a ellos y a sus dioses! - Respondió Tidal con arrogancia.

- Rodéate de hombres justos, que administren los negocios con autoridad, pero sin abusos...

- Sí, pero no te canses. ¡Soy suficiente! Sé conducir yo mismo. Tengo a Enoch en mis manos. ¡Nací guerrero y líder! Como padre de Tidal, escucho tus consejos... Pero después de ti, no reconoceré otra autoridad que la mía...: siempre seré el consejero de mis consejeros.

- Hijo - interrumpió el anciano, con voz cada vez más débil, -, no abuses de tu fuerza, porque si hay algo más terrible que la crueldad de los sacerdotes de Baal y Moloch, es la arrogancia de un líder. La opresión genera revuelta; la venganza siembra venganza; el odio impulsa al odio, y la sangre, hijo mío, se convierte en un diluvio que lo ahoga todo...

- ¡Papá, soy un guerrero! ¡Y la alegría del guerrero es ver el campo enemigo rojo de sangre! - Respondió Tidal, impaciente.

Dinah permaneció en silencio, como dictaba su condición de mujer. Zila oró a los dioses, temiendo que las palabras que había escuchado contra ellos provocaran un castigo.

Cada vez más débil, Rehú ahora miraba con cierta fijeza a quienes lo rodeaban. Su corazón latía lentamente, provocándole una disnea dolorosa. En ese momento, las preocupaciones de los últimos años crecieron en su alma.

Imaginó a su pueblo, como una masa informe, rodando hacia un abismo que sabía que era terrible... ¡Abismo de cuyas profundidades salían gritos, alaridos, lágrimas, sangre, protestas en torbellinos! Tuvo una clarivisión del exterminio de esa generación corrupta. Sintió la Tierra al final de un ciclo y en el umbral de otro... como su vida. Y de las ruinas de este ciclo renacería un mundo nuevo, con una Humanidad más fuerte y experimentada. Rehú entendió que con cada generación que pasaba, surgían nuevas fuentes... Fuentes para lavar la sangre derramada, para fertilizar la Tierra dañada... Fuentes para ahogar las iniquidades y los errores.

Miró a su primogénito, sus ojos luchando contra las nieblas que lo nublaban. Tidal era el símbolo de aquella generación arrogante, despiadada, impura, que pasaba pisoteando bajo sus pies todo sentimiento ajeno a sus propios sentimientos... Contaminado por todos los vicios de la época, nunca quiso escuchar los consejos que le daba y a lo que él siempre respondió con irónica insolencia:

– Padre, cada época tiene su generación y en cada generación hay problemas diferentes. Los ancianos deben esperar la muerte bajo la protección de sus hijos, dejando que los jóvenes vivan sus vidas.

Así también pensaron todos los jóvenes de Enoch, todos los hijos de los hombres...

Él y los demás ancianos no podían domarlos, porque eran carne de su carne. Como potros salvajes, ignoraron todas las tradiciones y todas las leyes que restringían o limitaban sus ansiosos impulsos de libertad. Y desde esta libertad – espejismo de todos los tiempos –, abusando de las prerrogativas y derechos conquistados, cayeron en el más vil libertinaje.

Rehú, sintiéndose sumamente amargado, dijo:

– Matusael y yo somos los últimos patriarcas de Enoch. Con nosotros ponemos fin a los restos de una generación que ya desapareció en el tiempo... Los últimos patriarcas de los hijos de los hombres...

Sus ojos moribundos se posaron nuevamente en Dinah, que lloraba lágrimas silenciosas.

- ¿Estas feliz? - Él repitió.

Dinah no respondió. Temerosa, ella lo miró fijamente.

- Siento que no eres feliz... así como Miriam tampoco lo era...

Rehú no se dio cuenta que su esposa, al escuchar el nombre de su odiada rival, intercambió una mirada de despecho con Tidal.

Pero Dinah se había fijado en él.

- ¿No quieres hablar hija? Siempre te veo triste... ¿Por qué?

- Deja a Dinah, padre. ¿Qué saben las mujeres sobre lo que les conviene o no? ¡Nosotros, los hombres, decidimos por ellas! - Dijo Tidal con impaciencia.

- Los padres, hijo, no los hombres - corrigió Rehú. Y dirigiéndose a Dinah, continuó:

- Abre esos labios y... dime qué te hace infeliz. Hace un rato, en el jardín, me acordé... de tu madre. Una angustia terrible me asaltó... No quiero... que sufras... como ella sufrió. Habla... Dinah.

Sin embargo, la joven, bajo la mirada de Tidal y Zila, sintió que se le cortaba la voz en la garganta.

- Habla... - preguntó Rehú, jadeando.

- Padre - siseó, pero se quedó en silencio, aterrorizada. Necesitaba hablar, estaba pensando en ansiedades. Había surgido una oportunidad nunca imaginada... Lo imposible sucedió... ¡Dioses! Necesitaba hablar...

El moribundo siguió mirándola. Dinah pensó en Javán... El amor y el miedo lucharon en su alma. Pero la imagen de su amado, cada vez más clara, apareció en su mente... Y Dinah superó el miedo de muchos siglos que unía a la mujer al hombre.

- Padre - dijo de pronto: no me cases con Mehujael... ¡Libérame! ¡Sálvame, padre...!

- ¡Cállate la boca! - Ordenó Tidal, intentando alejarla de la cama.

- ¡No la escuches! - Gritó Zila.

Rehú ni siquiera pareció escuchar nada. Sus ojos nublados estaban fijos en un punto de la habitación, como si viera algo que lo asombrara. Sus labios murmuraron en voz muy baja:

- Miriam... ¿vienes... a buscarme?

- ¡¿La setita?! ¡Por Baal! ¿Dónde? - Exclamó Tidal asustado.

- Mi madre...- murmuró Dinah.

Zila se levantó de repente y retrocedió. Fue como ver un espectro.

- ¡Su sombra! ¡Su sombra! - Gritó escondiendo su rostro entre sus manos.

- No tardaré, Miriam... - dijo Rehú, como si hablara con alguien. Luego, poniendo su mano sobre la cabeza de Dinah, le dijo con extraña fuerza:

- En nombre de todos los dioses, eres libre de casarte con quien quieras.

Y volviendo a mirar a Tidal, lo bendijo:

- Vive durante... muchos... años. Que tu... descendencia... se multiplique... eso...

Su hermosa cabeza colgaba hacia un lado y se quedó quieto. Yo estaba muerto. Tidal lo cubrió con su propia capa y se alejó de la habitación, dejando a las mujeres y a los sirvientes llorando lastimeramente.

Ahora era el señor absoluto de Enoch.

Después de las ceremonias de entierro de su padre, Tidal llamó a su hermana y le dijo con dureza:

- Después del luto, te casarás con Mehujael.

- ¡No! - Exclamó Dinah -. ¿No escuchaste las últimas palabras de nuestro padre?

- He oído. ¡Pero te casarás, porque así lo quiero, maldita hija de la setita! ¡Aléjate ahora!

Dinah regresó a su habitación, devastada. Estaba, indefensa, en manos de Tidal quien nunca la había perdonado por ser hija de Miriam. Sintiendo que todos sus sueños se desmoronaban, lloró desesperada.

Myra, su fiel sirvienta, intentó calmarla:

– Señora, no llore así... Si Zila la escucha, su dolor aumentará...

– ¡No puedes hacerlo, Myra, mi dolor es tan grande! La desgracia cayó sobre mí... Perdí a mi padre y toda esperanza de ser feliz, lejos de quienes me odian...

La sirviente no respondió. En privado, pensaba que todo lo que le pasó a su dama provenía de ese anillo mágico que ella insistía en usar...

La muerte de Rehú había llenado la ciudad de tristeza y aprensión. Él siempre fue la mano que frenó la impetuosidad de Tidal, que, oprimiendo al pueblo con impuestos y más impuestos, recogió todas las ganancias de la clase trabajadora, sacrificadas a su excesivo egoísmo y ambición hambrienta, atributos inherentes a los déspotas de todos los tiempos.

Sus excursiones bélicas costaron el sudor y la sangre del pueblo de Enoch, que trabajó para alimentar al ejército de Tidal, y éste demostró día tras día un apetito canino insaciable. Gracias a este expolio arbitrario, los robos crecieron junto con otros delitos, como el meritorio y la mendicidad.

Miseria y libertinaje se juntaron en Enoch, síntomas infalibles de la enfermedad moral de un pueblo, desilusionado por los doctores de los divinos sanatorios.

En la residencia Tidal, los días transcurrieron largos y tristes para Dinah. No podía salir de casa, no solo por el luto, sino también por orden explícita de su hermano, a quien rara vez veía. Cuatro Lunas después de la muerte de Rehú, Tidal y Mehujael partieron de Enoch hacia sus conquistas más allá de las tierras de Not. Su ausencia calmó un poco a Dinah, aunque su alma permaneció tan triste como la propia orfandad.

Escapando de la angustia que la oprimía, se dirigió al jardín, su jardín privado, un lugar cerrado a los forasteros. allí escuchó mientras los sirvientes jugaban, mirando distraídamente el anillo que le había comprado a Ruta, recordando la última vez que vio a Javán. De vez en cuando, cuando estaba sola, también iba a la cueva y allí rezaba al Dios de su madre y de Javán.

En privado, Dinah pensaba que el Dios de Seth era un Dios extraño, no muy poderoso... Porque, pensó, él no había impedido que Miriam sufriera...

¡Baal y Moloch eran dioses terribles! Castigaban con la muerte a quienes faltaban el respeto a sus leyes o a sus templos. Estos dioses le parecían a Dinah más poderosos que el Dios de Seth... Así, las oraciones de la hija de Rehú a la divinidad setita terminaban siempre en promesas oblatas a Baal y Moloch.

Aun hoy, miles de siglos después, ¡cuántas almas siguen dudando de Dios, sirviendo a Mammón[18]!

Sola, sin nadie que la amara, la bella Cainita vivió los días más tristes de su vida hasta el momento.

Zila, la viuda de Rehú, vivía en sus aposentos o en los templos, entregada a sus devociones. Evitó a Dinah y pasó días y días sin verla. Desde que vio la sombra de Miriam se había llenado de miedo y anhelaba tener a Dinah lejos de su hogar, segura que su presencia traería desgracias para ella y su hijo. Sin embargo, temiendo la aparición del espíritu de Miriam, dejó sola a Dinah. Solo exigió que se casara con Mehujael lo antes posible.

En su soledad, solo Matusael, que además de lo sucedido en el lecho de muerte de Rehú, desaprobaba la actitud de Tidal al obligar a su hermana a casarse con Mehujael, a pesar de ser su hijo, visitaba ocasionalmente a la desventurada hija de Rehú. Miriam, consolándola con sabias y palabras pensativas, que calmaron el dolor en el corazón de Dinah, pero no la curaron...

---

[18] Lucas, 17: 13 "No se puede servir a Dios y a Mammón."

Éstos, lector, fueron los acontecimientos que precedieron a la llegada de Javán a Enoch.

Continuemos...

Matusael caminó apresuradamente por las calles de Enoch, ansioso por encontrarse con Dinah. Quería compartir con ella el estado de Javán y, si era posible, llevarla a su casa. Desde que salvó al joven setita de ser sacrificado a Baal, no había visto a la hija de Miriam, la prisionera que había estado, todo este tiempo, en la cama del enfermo. Sintió que la sola presencia de Dinah podría realizar el milagro de salvar al noble hijo de las llanuras. Javán le inspiraba respeto y singular afecto. Era como si lo conociera desde hacía años, como si los unieran lazos de sangre. Una atracción irresistible lo impulsó a proteger a quien se había ganado el corazón de la prometida de su hijo, su único hijo. Extraño... ¿Por qué? ¿Cuáles fueron esos vínculos que lo obligaron a actuar así? Todo en Javán agradaba su alma... Todo lo contrario de lo que pasó con Mehujael... Y este era su hijo... único hijo...

Matusael no pudo desentrañar aquel misterio que perturbaba su mente.

En pleno ocaso de este siglo XX, ¿cuántas almas no sufren aun estos mismos conflictos? Ignoran, como lo hizo Matusael, que una vida es solo una página en la inmensa enciclopedia de toda la existencia de un espíritu.

La Tierra es un punto de reunión de las almas. Por él pasan afectos y desafectaciones, víctimas y verdugos. Ubicados en el mismo hogar, a menudo albergan a los enemigos más feroces del pasado, impulsados por las fuerzas armoniosas que anhelan la paz y la unión en sus corazones.

Cuando nos topemos con extrañas antipatías que la vida actual no puede explicar, recordemos que estos seres que nos disgustan son almas que llegan a nosotros a través de los tiempos, guiadas por la mano de la divina misericordia, brindándonos la oportunidad de reconciliarnos con aquellos a quienes sentimos una ingeniosa aversión.

Probemos el progreso y la evolución de los sentimientos, amando incluso las piedras que encontramos en los caminos de la vida.

Al pasar Matusael, los niños corrieron respetuosamente para estrechar sus venerables manos. Sin embargo, tenía tanta prisa que ni siquiera se detuvo para acariciarlos como era su costumbre.

Hombres y mujeres se inclinaban ante su figura patriarcal.

Matusael era la única personalidad de Enoch venerada por el pueblo y sus líderes. Ni siquiera la clase sacerdotal se atrevió a ir en contra de su voluntad.

Había sido un maestro de Tidal, y aunque su discípulo no supo responder a la sabiduría del maestro, lo respetó y ¡ay de quien se atreviera a menospreciar a Matusael! Tidal lo castigaría sin piedad. Sin embargo, el patriarca era venerado por todos, no porque temieran al hijo de Rehú, sino por su santidad. Las virtudes de su alma lo protegieron de todo mal.

Gracias al poder que le otorgaba una existencia de pureza y rectitud, se enfrentó a la ira de los sacerdotes de Moloch y Baal, arrebatándoles muchas víctimas humanas en sus sacrificios de sangre.

Y como los dioses no le castigaban – los sacerdotes nunca se atreverían a hacerlo... –, como solían hacer con quien profanaba sus templos, los buenos creyentes creyeron "prudentemente" que el patriarca, siendo un hombre santo, así actuaba como instrumento de la voluntad divina. Y decían que la víctima salvada por Matusael no era digna de ser sacrificada a los dioses, por eso el patriarca la había quitado del altar...

Sin embargo, para ser honesto, agregamos, el anciano Cainita no estaba en contra de los holocaustos. Incluso pensó que no debía ahorrarse ninguna inmolación por parte del Altísimo, el Señor de todos los dioses, el único Dios a quien adoraba. Y si es necesaria una ofrenda de sangre como señal de amor o gratitud al

Señor, así se debe hacer.. Sin embargo, lo que repugnaba al alma de Matusael, un espíritu ya relativamente evolucionado para su época, fue el abuso y la reversión del holocausto. "La sangre, cuando sea necesario, debe ser ofrecida a la Divinidad y no bebida por los hombres... Esta costumbre – dijo –, era abominable para el Señor."

Sin embargo, "esta abominable costumbre" permanecería en los rituales demoníacos durante los siglos venideros. Así como el propio sacrificio humano, tal como lo veía Matusael, sería practicado a veces por ciertos patriarcas después del diluvio, que lo harían bárbaramente en nombre de este Dios que, en el Sinaí, diría en las Tablas de la Ley, en Su primera Revelación a la Humanidad: "¡No matarás!"

* * *

En aquellos días previos al diluvio que recordamos, casi toda la humanidad era exceso carnal.

Destacó en la gula, la borrachera y la sensualidad. La Tierra entera estaba corrupta. La juventud se distinguía por la rebelión contra sus padres, el afán de entretenimiento y placeres sensuales; por soberbia, avaricia, calumnia, por hipocresía y traición, por toda clase de delitos.

Estos excesos, rebeliones, sensualismos y crímenes siempre han sido síntomas de la degradación de un pueblo, o de una época, de ayer y de hoy.

Ayer voces aisladas clamaron contra tan dolorosa situación, pero continuaría por mucho tiempo, hasta que la Tierra despertara de este sueño letárgico – sueño de la intoxicación de todos los vicios –, para la purga colectiva a la que sería convocada. Hoy Jesús, a través de la ejemplificación evangélica, la llama a la Gloria de su Reino.

Al llegar a la casa de Tidal, Matusael se anunció a Dinah.

La hija de Rehú recibió al anciano en sus aposentos. Tan pronto como sus hermosos ojos se posaron en el rostro preocupado del patriarca, se dio cuenta que algo serio lo había llevado hasta ella.

– Hija – dijo Matusael –, te traigo una triste noticia...

– Ya no me sorprenden, padre... Habla sin miedo: ¿qué es?

– Javán está en Enoch...

– ¿¡En Enoch!? – Interrumpió atónita, sin dar crédito a sus propios oídos.

– Sí... bajo mi techo, Dinah...

– ¡Dioses! ¿Y si Mehujael regresa...? ¿Qué será de Javán y de mí?

– Cálmate, hija. Mi hijo estuvo ausente por mucho tiempo. ¿No sabes que Tidal inició la conquista de los llanos? Cálmate, porque...

– Sí lo sé. Y no lo entiendo, con su gente en peligro, Javán podría estar aquí, es el principal arquero de su tribu.

– Javán, Dinah, ¿no sabe que Rehú ya no existe? – Dijo el anciano, con cautela.

– ¿Ignorarlo...? ¡Entiendo aun menos! ¿Quién en Enoch ignora la muerte de mi padre? Nadie. Por supuesto, Javán, al estar aquí, debe saberlo...

– Hija mía, déjame contarte cómo encontré a Javán. Escucha.

Y Matusael informó a Dinah lo que ya sabemos. La joven no pudo contener las lágrimas mientras hablaba.

– Y ahora – concluyó el anciano –, está casi en agonía. He hecho todo lo posible para salvarlo. Temo que Javán muera...

– ¿Morir? ¿Él? ¡Oh! no... ¡Los dioses no lo consentirán! – Exclamó Dinah, casi en un grito. Abundantes lágrimas bañaron su hermoso rostro. Juntando las manos, suplicó:

– Necesito verlo, Matusael. Llévame con él...

– Realmente vine a buscarte, Dinah. Pero tú tendrás que ir a mi casa, escondida de todos, a causa del luto. Quizás puedas hacerlo...

Matusael no quiso revelar a la joven que conocía, desde Javán, el secreto del túnel. Pero su mirada era muy elocuente y Dinah lo entendió bien.

– Ve y espérame, padre, en la Piedra de Enoch, junto al Santo Olivo. Estaré allí disfrazada de sirviente.

– Ten cuidado. Estás en peligro si te reconocen. Envuelve bien tu rostro con un velo espeso... Pero no llegues tarde, hija.

– Oh, no tardaré en encontrarte... Si pudiera, volaría...

– ¡Que el Señor te proteja!

Cuando el anciano se fue, Dinah llamó a Myra. Ante el asombro de la fiel servidora que se había apresurado a socorrerla, ordenó:

– Cambiemos de ropa... No hables... No puedo perder el tiempo explicando. ¡Apresúrate! Entonces... Te quedarás aquí en mi habitación. Necesito ir al jardín. Pero quiero ir sola, ¿entiendes? Debo tomarme mi tiempo... No te vayas de aquí hasta que yo regrese.

– ¿Y si Zila la busca, señora? – Preguntó la sirviente con miedo.

– Dile que estoy rezando. No se atreve a acercarse a mí cuando estoy rezando... Teme la sombra de mi madre. Pero no salgas de esta habitación – dijo Dinah, lista –. Espérame aquí, Myra.

Dinah se dirigió al jardín.

"La sombra de mi madre – murmuró –, me protege."

A esa hora el jardín estaba desierto. Con el corazón acelerado, entró en la cueva. Íntimamente oró al Dios de Seth. Se sintió asustada... Nunca había pasado por la salida oculta. Con mano temblorosa, apartó la piedra que ocultaba la entrada al túnel y, venciendo su miedo, se dirigió por el oscuro pasadizo hacia el encuentro de Matusael.

Javán jadeaba bajo la opresión de la intensa fiebre. De vez en cuando sus labios murmuraban imperceptiblemente el nombre de Dinah.

La sirviente, a su lado, temía que el patriarca no regresara a tiempo para presenciar la muerte del huésped. Castigada, rezó a los dioses de su devoción, rogándoles que salvaran al pobre niño. Le parecía que el tiempo no pasaba de tanto miedo tenía. Solo se calmó cuando Matusael entró en la habitación, acompañado de una mujer. A un gesto del anciano, el buen criado pasó a la habitación contigua.

Ya sola, sin contener su ansiedad, destapándose el rostro, Dinah se acercó al lecho del enfermo... ¡Ah! ¡Cómo había cambiado su querido amor...! Angustiada, tomó su mano ardiente. Ante ese tierno contacto, Javán abrió los ojos con esfuerzo y los fijó en el hermoso rostro que estaba inclinado sobre él, en inmensa angustia. Sus ojos parecían quietos, sin vida... Sin embargo, como si la reconociera, sus labios, moviéndose lentamente, murmuraron:

– Dinah...

– Javán, estoy aquí... ¿No me reconoces?

Mi hermano, ajeno a ello, cerró los ojos. ojos y se sumergió en el estado de letargo en el que se encontraba horas antes, indiferente a la voz de su amada.

Dinah, incapaz de controlar su desesperación, rompió en lágrimas convulsivas. A su lado, Matusael preparó una pócima con jugos de hierbas, animándola:

– No llores… podría escucharte y empeorar las cosas. No desesperes... Javán es fuerte... Cualquier otro habría sucumbido hace mucho tiempo... No todo está perdido. Noto una pequeña mejora. Pídele al Señor, hija. Ahora, Él siempre escucha a los afligidos...

– Ningún Dios me escuchará... Pequé... No supe ser fiel a tu hijo Matusael, y los dioses me castigan... Por ti, padre, debería haber renunciado a Javán y a mí. No... ofendí a los dioses... Maldita sea, soy...

– No hables así delante de un enfermo – reprendió el anciano –. Ruega al Señor, hija...

Dinah se arrodilló junto a la cama. Sus lágrimas humedecieron la frente ardiente de Javán, enfriándola. Inclinada sobre él, la joven también habló como si delirara:

– No mueras... espérame... ¿No me amas, Javán? ¿Cómo quieres dejarme entonces? Soy yo quien te habla, tu estrella... ¿recuerdas? Soy yo... Dinah... ¡Oh! dioses... ¡no me escucha...!

Y Dinah apoyó la cabeza sobre el pecho del enfermo, desmayada.

Matusael avanzaba para alejarla, cuando notó que Javán abrió nuevamente los ojos y miró el rostro inanimado de Dinah... Una luz de comprensión brilló en ellos... Intrigado, sorprendido, interrogante, los ojos del paciente buscaron los de Matusael. El anciano, sorprendido, le susurró angustiado:

– No tengas miedo. Estás enfermo. Y ella, Dinah, vino a verte...

La sombra de una sonrisa tembló en los labios de Javán.

Con esfuerzo, levantó la mano y la colocó sobre la cabeza de Dinah, como si quisiera reanimarla. La joven sintió su gesto y recobró el sentido. Con los labios entreabiertos, parecía no creer lo que veía... ¿No se estaba engañando? ¿Javán realmente volvió a la vida? La expresión del rostro de la paciente le dijo que sí... Le tomó las manos... Ya no le quemaban tanto.

– Matusael, ¿no estoy soñando? – Preguntó con incredulidad.

– No, hija mía... tus lágrimas lo salvaron. Javán volvió a la vida gracias al Todopoderoso.

– Dinah – murmuró el paciente.

– No hables – pidió el anciano –. Toma este medicamento y trata de dormir...

– Sí, Javán, no hables... Duerme... – Suavemente, Dinah le acarició la frente. Debilitado, mi hermano cerró los ojos y se quedó dormido, sereno. Ya no estaba jadeando. Su respiración se había normalizado. El peligro había pasado. ¡Cuánto las lágrimas de amor pueden...!

En silencio, Dinah se alejó de la cama. Necesitaba irse. Se sentía como un ciego que recupera la vista: ¡llena de luz!

– Matusael – dijo irradiando felicidad –, te debo la vida, ¡todo! Qué criatura tan santa eres.

Perdóname esta alegría. Perdóname por no amar a tu hijo – suplicó, agitando la mano.

El patriarca respondió amablemente:

– No hables de eso... El amor no se impone, Dinah, nace en las almas. Tú también eres como mi hija. Tu pobre madre te confió a mí en sus últimos momentos. Tu felicidad me importa mucho. Pero no hablemos de eso ahora. Debes irte... Yo te conduciré a la Piedra de Enoch. Javán dormirá un largo sueño... Cuando despierte, le explicaré tu ausencia, lo entenderá. Vamos, hija...

Dinah volvió a cubrirse la cara. Llamando a la criada y recomendándole al enfermo, Matusael condujo a Dinah por el mismo camino que conducía al Santo Olivo que se alzaba en un lugar apartado de la ciudad, cerca de la residencia de Rehú, unos metros más allá de las fortificaciones que la protegían como ya hemos descrito.

Al llegar a la Piedra, donde, según la tradición, Enoch había visto la "shekinah", la gloria visible de Dios, Dinah besó una vez más las manos de Matusael; las besó con esa humildad que da a las almas la satisfacción íntima cuando son felices. Ahora Dinah ya no temía atravesar el oscuro y estrecho túnel, cuya entrada ocultaba la Piedra Sagrada. Ningún miedo la preocupaba. Había visto a Javán y Javán era su coraje, su vida, la plenitud de todos sus sueños, su felicidad.

La salud, cuando regresa a los cuerpos jóvenes, es como el follaje después del invierno: llega rápidamente. Javán se recuperó día a día, gracias a los cuidados de Matusael y su resistencia física.

A medida que iba fortaleciéndose, el anciano, poco a poco, le fue haciendo consciente de todo lo que le había sucedido. Así supo que casi había sido sacrificado a Baal. A su vez, Javán le habló al patriarca del motivo de su regreso a Enoch:

– El amor que siento por Dinah es mayor que mi coraje. No pude resistirme más y vine a intentar lo imposible. Deberías dejar que me sacrifiquen... Soy indigno de tu amistad, venerable Matusael.

– No puedo juzgarte así. Rehú liberó a Dinah del compromiso que la unía a mi hijo.

– ¡¿Cómo es eso? ¿Por qué?! ¡Oh! No me tortures, Matusael...

– No te estoy torturando. Dinah es libre, aunque Tidal no la considera así...

– Dinah... ¿libre? ¿Es verdad? No estoy siendo desleal. ¿A ti o a nadie, amándola?

– No... Pero cálmate, no te enojes, te pido por Dinah y por ti... aun estás muy débil... Ten paciencia, hijo. Mañana hablaremos más...

A la espera de la completa recuperación de su huésped, Matusael pospuso contarle la muerte de Rehú, seguro que Javán, aun en peligro de su vida, acudiría en ayuda de los suyos, sabiendo que estaban amenazados por Tidal.

Vivir con el hijo de Milcah aumentó su confianza, su estima por él. El alma franca de Javán, reflejada en su mirada oscura, había conquistado por completo el corazón de Matusael.

Pensando en Javán, monologó:

– Oh, ojalá todos los jóvenes de Enoch fueran como los setitas, tan sobrios y sinceros... Corajudos, desde este coraje de acciones nobles y altruistas, siento en él al hombre temeroso de Dios, capaz de las más bellas actitudes... ¿Qué diferencia de Tidal y de mi hijo, tan arrogantes y soberbios...?

* * *

Así pasaron los días. Y esa mañana, apenas el Sol abandonó el lecho de la noche, mi hermano, sintiéndose dispuesto y lleno de vida, después de ingerir su primera comida, consistente en pan, leche de cabra, algunas frutas locales y un trozo de carne ahumada, que la buena mujer que lo había asistido como enfermera le había preparado, salió al patio de la casa que lo hospedaba y, allí, caminando bajo los árboles, respiró, con deleite, el aire aun húmedo de rocío.

Los "flamígeros", de flores rojas, colorearon el paisaje, alegrando la mañana. De las casas vecinas llegaban débiles rumores de problemas internos.

En el aire, donde los pájaros gorjeantes volaban en inquietas zarabandas, flotaba el olor de los limoneros en flor.

Pasaban mujeres cargando cántaros en busca de ríos y fuentes. Algunos caminaban cantando.

Más allá, el templo de Baal, tallado en piedra, albergaba en su cima cuadrangular algunos cuervos, seguramente atraídos por el olor acre de la sangre que lo impregnaba... De vez en cuando alzaban el vuelo y daban vueltas alrededor del espacio en grandes círculos; luego, como cansados, regresaron para aterrizar en el templo. Negros como eran, parecían la sombra de la muerte – pensó el joven, mirando hacia otro lado, disgustado.

Ese espectáculo entristeció a Javán y enfrió un poco su buen humor...

Como le había sucedido allí cuando fue por primera vez a la casa de Matusael, extrañaba su llanura y su gente. Una angustia repentina reemplazó su alegría matutina. El paisaje ahora parecía triste... Eran los cuervos – pensó –, regresando a la casa. El recuerdo del setita sacrificado a Baal le vino nítido y repentino. Le entristeció aun más. Pensó en Dinah y Matusael. La amada y el anciano le parecían dos lirios nacidos en un pantano pestilente... Los hijos de los hombres, los Cainitas, eran extraños... Sabían trabajar la piedra con su ingenio, construir ciudades con hermosos jardines y plazas. Tenían leyes y un gobierno más avanzados que los habitantes de las llanuras, que vivían bajo un régimen patriarcal. Cultivaron la tierra y la regaron con sus molinos. Cocían el barro, transformándolo en ánforas y otros usos. Eran trabajadores e inteligentes, pero ¡qué bárbaros en sentimientos y costumbres pervertidos! - Pensó Javán. Y sabiendo que su pueblo, los hijos de Dios, se estaban corrompiendo en el contacto con ellos. Los vicios de los Cainitas ya impregnaban las llanuras, como sangre, el templo de Baal...

- ¿A dónde vas? - La voz de Matusael vino a despertarlo de sus pensamientos. Javán se detuvo, temblando, como quien recibe un chorrito de agua fría.

- Te estaba buscando. Necesito hablar contigo, Matusael...

- Yo también, Javán. Vayamos a la habitación donde suelo descansar.

En la espaciosa sala, cuando estuvieron cómodamente sentados, Javán, sin usar preámbulos, dijo:

- Venerable Matusael, me siento fuerte gracias a tus cuidados y a tu "medicina." Por ti, si lo pides, renunciaré a todo, incluso a Dinah, y me convertiré en tu esclavo. Guíame, por tanto, en lo que a ti y no a mí conviene... Juro obedecerte.

- Eres mi huésped y no mi esclavo. Habla con confianza, soy amigo tuyo y de Dinah...

- Soy tu esclavo - repitió el muchacho. Después de una breve pausa, continuó:

- Ya sabes con qué propósito vine a Enoch. No sabía que Dinah era libre. Vine decidido a rogarle a Rehú que me tomara como sirviente, siempre y cuando me diera a su hija por esposa... Un sueño imposible, lo sabía, pero que mi corazón enamorado nunca se cansaba de acariciar, con locas esperanzas. Hace unos días escuché de ti que Dinah es libre... Desde entonces, me siento transportada a las llanuras divinas... ¿Es cierto que puedo intentar lo imposible? ¿No escuché mal?

- Sí y no, hijo mío...

- ¿Cómo? ¿Rehú no responderá a mis deseos? Sé, Matusael, que él también amaba a alguien que no era de su raza... Debes comprenderlo, sé indulgente, acordándote de la setita Miriam, a quien tanto amaba...

– Rehú ya no podrá escuchar tus deseos...

– ¿Por qué? – Preguntó mi hermano, asombrado.

– Porque Rehú ya no existe, murió...

– ¡¿Él murió?! – Exclamó rápidamente Javán, poniéndose de pie. Estaba todo perplejidad y horror. Sintió como si alguien lo hubiera golpeado de repente. Pensamientos contradictorios lucharon en su mente. Vio su llanura, indefensa, devastada por las fieras hambrientas... Su tribu, como mansas ovejas, devorada por una hiena – Tidal... Al oír ese nombre, le vino a la mente la figura de Dinah, hermosa y amorosa... La de la virgen. Los labios susurraron tentadoramente:

– No te vayas, te lo ruego... Olvídate de tu gente... Quédate conmigo... Tu llanura... Y la voz de Dinah: Quédate, Javán, quédate... Tu gente... Tu madre... Débora... Sara... ¿Y los niños? ¿Qué sería de los hijos de Seth bajo el control de esos bárbaros? Necesitaba irse... Ir a encontrarme con Matusala.

Con voz ronca, preguntó, aturdido por la avalancha de pensamientos que golpeaban su cerebro:

– ¿Cuándo murió Rehú?

– Hace cuatro Lunas llenas, antes de llegar a Enoch...

–¿Así de largo? Y estoy lejos de mi tribu... ¡Maldita sea!

– Cálmate, hijo. Siéntate. La exaltación no es una buena consejera...

Javán se dejó caer sobre un trípode y ocultó el rostro entre las manos. Se sintió desesperado. Rehú vivo, garantizó la paz a la tribu de Matusala; muerto, era la guerra con todos sus horrores y miserias... Y sabiendo esto solo ahora, cuando tal vez su pueblo ya estaba destruido... Necesitaba partir para morir con su pueblo, o para vengarlos...

Levantó la cabeza, decidido. Los ojos de Javán brillaron, reflejando fuerza y coraje. Todo fue decisión. La imagen de Dinah se desvaneció ante la responsabilidad y el deber.

Levantándose de nuevo, preguntó de manera extraña, pero libre de sospechas. Fue el arquero jefe de Matusala quien habló ahora:

– ¿Por qué recién hoy me revelaste la muerte de Rehú? ¿No sabías que esta muerte pondría fin a la tregua que reinaba entre mi pueblo y el tuyo? ¿Por qué me lo ocultaste?

Sintiendo su desaprobación, el patriarca respondió sin apartar la mirada de él:

– Estabas muy enfermo. Enfermo, no podrías hacer nada por tu gente. Perdóname si cometí un error... – Y levantándose, continuó en tono solemne:

– No quería hacer daño a tu tribu. No albergo sentimientos fratricidas en mi viejo corazón. Todos son mi pueblo, cada hombre, mi hermano. Así me enseñó la ciencia de Enoch, la cual me fue transmitida de generación en generación. Aborrezco la guerra tanto como el patriarca Matusala. Hace mucho tiempo, él, Rehú y yo nos encontramos en cierto punto, cerca del lugar donde se realiza la gran feria anual. Luego establecimos allí la paz entre tu pueblo y el nuestro. Sin embargo, nosotros, los de Enoch, no supimos cumplir nuestra palabra. Tidal, poco a poco, invadió los llanos.

Muchas tribus han sido diezmadas. Simplemente no se atrevió a atacar a tu gente, por respeto a Rehú... Sé que lo has rechazado muchas veces, yendo en defensa de tus hermanos de raza. Tu nombre, como guerrero, es temido por las huestes de los hijos de los hombres. Pensé que eras igual que Tidal y mi hijo... Me equivoqué. No se mata por placer, sino en defensa de los suyos y de los más débiles. Eres un hombre noble y valiente... Te admiro, Javán, hijo de Jafet. Tu brazo fuerte se arma contra la arrogancia y en nombre de la justicia. Eres un soldado de Dios. El Señor de los ejércitos protege tu existencia. Fue Él quien te salvó de Baal, ahora lo entiendo. Es una pena para mi pueblo luchar contra ti... Porque eres un justiciero, no un exterminador.

Javán escuchó sus palabras que resonaron proféticamente. Conmovido y respetuoso, cuando el anciano concluyó, le dijo:

– ¡Feliz el hombre que te tuvo por padre! Felices las personas que saben escuchar tus sabios consejos. Me voy, venerable Matusael, pero salgo casi contento, porque tuve la suerte de encontrarte.

– ¿Irse sin volver a ver a Dinah? ¿Sin decirle adiós? – El anciano se sorprendió.

– Sí. Dile que la amo, pero el deber me aleja de sus ojos. Si sobrevivo, volveré... Decir adiós sería doloroso... me quitaría las fuerzas. Necesito irme sin verla, sin despedirme.

– – Entiendo, hijo, Dinah también lo entenderá. Ella esperará tu regreso, amándote siempre; la conozco bien... Pero si no vuelves, ¿cómo lo sabremos?

– ¿Ves este anillo? Ya lo conoces... Quien lo lleve, deberá escuchar lo que venga a decirle. Él será el mensajero de mi vida o de mi muerte. Ahora necesito irme... es un largo camino por superar.

– No te retendré más. ¡Parte! En el patio encontrarás caballos a tu disposición. Elige los que necesitas...

– Con dos me basta...

Después de prepararse rápidamente para continuar el camino, Javán, guiado por Matusael, se dirigió al patio, donde encontró dos caballos equipados con todo lo necesario para el viaje.

Antes de montar, mi hermano saludó al patriarca, despidiéndose:

– Eres el mejor de los hombres. Te recordaré hasta mi último momento. Tú y tu descendencia serán santos para mí. ¡Vive en el Señor por mucho tiempo! Adiós...

Y Javán montó y se alejó. Matusael siguió su figura hasta verlo desaparecer a lo lejos. El anciano, emocionado, tenía los ojos llenos de lágrimas.

– Adonay lo proteja... – murmuró para sus adentros.

Luego fue a ver a Dinah, a quien le transmitió las palabras de Javán.

Sumergida en el dolor, la hija de Rehú sintió que caía en un vacío de desesperanza... Ella pensó que los dioses la habían abandonado nuevamente. Atrás quedó su coraje, toda su alegría. La felicidad le parecía lejana e inaccesible... Lloró, llena de incertidumbre y anhelo.

– ¿Se fue? – Preguntó con tristeza –, ¿cuándo?

✳ ✳ ✳

En el camino, distanciándose de Enoch, Javán también preguntó:

– ¿Cuándo te veré, Dinah, cuándo?

Mientras mi hermano estaba en Enoch, las pacíficas tribus de Seth sufrieron los horrores de los días oscuros.

Las hordas de Tidal, lideradas por guerrilleros inhumanos, impregnaban las llanuras con olor a muerte.

De los escombros de las aldeas quemadas se elevaba humo, mezclado con la fétida carroña de los cadáveres de hombres y animales.

La tierra, donde antes se respiraba el aliento de los verdes pastos, apestaba a sangre y putrefacción.

Por las "restingas" [19], niños, mujeres y ancianos huían asustados, llevando en sus brazos demacrados a los restos de las ruinas de sus viviendas.

---

[19] Restinga: bosque estrecho y largo que separa dos campos de pasto. Los arenales mencionados por Josepho estaban formados por cipreses, planta abundante en aquellas regiones que memorizó. Restinga = arrecife, banco de arena, terreno costero, etc. – Nota de Alfredo.

Sobre las rocas y los dólmenes[20], sobre las hojas de las palmeras, buitres y cuervos estiraban sus cuellos, regocijados y llenos, mientras entre los restos de los corrales, los chacales aullaban saciados.

Los guerreros de Tidal, todos convergiendo en las codiciadas tierras a orillas del Éufrates, transformaron la opulencia de las llanuras en un desierto desolado y árido; llanuras que alguna vez estuvieron tan llenas de alegría, gente que vivía su existencia pacífica tan pacífica y serena como una canción de cuna. En nuestra tribu, la desolación había hecho su hogar...

Los malos vientos de la guerra que, ayer y hoy, nacen de las almas unidas a la ambición y al egoísmo desmedidos, barrieron la sonrisa de los labios setitas, ahora siempre silenciosos, contraídas por el desánimo y el miedo.

Desde el interior de las tiendas ya no se oía la melodía musical de los cantos de las mujeres; había sido reemplazado por los gritos y lamentos de huérfanos y viudas.

Matusala, después de consultar a los sabios ancianos, confió el mando de los guerreros de nuestra tribu a Togarma, un hombre fuerte y valiente, hijo de Harán, uno de los doce ancianos del Consejo.

Togarma, si bien no era tan diestro y valiente como Javán, fue considerado, después de él, el más hábil de nuestros guerreros.

Unidos a los valientes de otras tribus descendientes de Seth, los comandados por Togarma, armados de hondas, lanzas, arcos y flechas, lucharon contra las indomables milicias de Tidal, que empuñaban, además de las armas citadas, hachas y gladius, fundidos en innumerables números en las fraguas de Enoch. Estas terribles hachas y gladius debilitaron a nuestras huestes, día tras día, inexorablemente. Fueron utilizados por manos experimentadas, acostumbradas a la rudeza de la lucha, desde que

---

[20] Dólmenes: monumentos megalíticos prehistóricos, formados a partir de una gran piedra horizontal sobre otras más pequeñas y verticales. – Nota de Alfredo.

eran aun bebés... Todo lo contrario de nuestro pueblo, los hijos de Dios, pacíficos por naturaleza y costumbres, acostumbrados a la paz de los llanos y al respeto por las demás tierras del pueblo.

Nuestros enemigos parecían tan numerosos como hormigas en el campo. Estaban por todas partes, disociando las reservas defensivas de los setitas, causándoles muerte y desesperación, desorientando así a los hombres que ocupaban puestos de liderazgo. Sintieron la superioridad numérica y técnica de los Cainitas.

De nuestros hombres, muy pocos merecían el título de valientes; no estaban orientados hacia guerras y conquistas. Y no olvidemos señalar que, en aquella época, ya se dejaban sentir sensiblemente en los llamados hijos de Dios los efectos naturales de la degradación ética, degradación que los iba desvirilizando poco a poco, viniendo – dice el Génesis – de contacto con los hijos de los hombres, sino – en verdad –, por el abuso del libre albedrío para ser buenos o malos.

Porque nadie se equivoca por tal o cual. Solo algunos cometen errores por inexperiencia y debilidad del alma – estos errores son casi inofensivos para la comunidad, que sufre las consecuencias resultantes de estos errores, mínimamente, perjudicando solo a los propios infractores, al retrasar su evolución; otros, orgullosos, crueles y rebeldes, yerran voluntariamente, conscientes del mal: estos son los espíritus criminales que se empeñan en ser piedras en los caminos evolutivos de la Humanidad terrenal, a pesar de la voz divina que los viene iluminando e invitando a los banquetes del Señor, desde que el primer hombre habló en nombre de Dios, basando sus palabras inspiradas en ejemplos sólidos y desinteresados de amor sencillo y puro.

* * *

De naturaleza pacífica de nacimiento, y algunos ya prematuramente envejecidos y desgastados por los vicios, combatimos en marcada desventaja con los Hijos de los hombres que, a pesar de su corrupción innata, eran; sin embargo, de un temperamento guerrero, moldeado desde el nacimiento hasta el combate y la conquista. Su propia degradación no suavizó el carácter, así como el barro de los pantanos no roba la ferocidad de los reptiles hidrosaurios[21], pero puede intoxicar, con su pestilencia, a quienes se acercan a él. Por lo tanto, casi siempre fuimos derrotados en cada batalla que libramos.

¡La matanza en nuestras huestes y en las tribus unidas a nosotros fue sistemática y terrible! Angustiados, los ancianos setitas ofrecieron holocaustos al Señor de los ejércitos, suplicándole misericordia.

Sin embargo, parecía que el Dios de Seth nos había abandonado a la ferocidad destructiva de Tidal... Cada día nuestras pérdidas eran mayores.

Matusala sufrió más que nadie las desgracias que sufrieron nuestra tribu. Sus hombros, antes erguidos, estaban encorvados bajo el peso de la angustia y las responsabilidades. Apenas comía, a pesar de la insistencia de su esposa e hijos. Él vivió en

Vigilias constantes, poco sueño. No se lo reveló a nadie, pero la ausencia de Javán aumentó su sufrimiento.

Lamec, por orden de su padre, había enviado nuevos mensajeros en busca de su amigo. Estos mensajeros tampoco llegaron a Javán.... Denunciados por mí, fueron asesinados, como Jared, por los exploradores de Tidal, con quienes estaba en contacto, acudiendo a ellos en secreto, en la oscuridad de la noche, como un animal rapaz.

Mi alforja ya no contenía en sus bolsillos el oro fino y las piedras preciosas de Havila, frutos de mi traición. Los guardé con avidez, para poder regalárselos a Débora cuando fuera mía. Sí, porque conseguirla era mi deseo constante. Por esta posesión me había vendido al enemigo, había traicionado a mi pueblo y, cuando fuera posible, mataría a Javán.

---

[21] Cocodrilos. – Nota de Alfredo.

Había elaborado un plan hace mucho tiempo y lo ejecutaría con frialdad. Entrelazada con este plan estaba la firme intención de tomar posesión del misterioso anillo que mi hermano siempre llevaba en su dedo anular.

Cuando me tocó escuchar a escondidas, una noche sorprendí a Lamec hablando con su esposa sobre las extrañas propiedades del anillo que Javán le había comprado al comerciante Ruta en la última feria anual.

Fui todo oídos cuando le dijo a Ruth, que lo escuchaba en silencio como correspondía a su dignidad de esposa de un futuro jefe de tribu, el primogénito de Matusala:

– Sospecho, Ruth, que el otro anillo está en el dedo de aquel a quien Javán ama tanto...

Así, por la fuerza del azar, el secreto de mi hermano, poco a poco, fue apoderándose de mí. Pensé en apoderarme de ambos anillos, porque uno sin el otro no tenía poder. Soñé con verlos brillar en la hermosa mano mía y de Débora. Entonces, atrapada por la magia que rodeaba la joya, Débora me amaría... Yo sería su señor y dueño.

En ese momento, si creía en algo, sería en el poder de la magia y los hechizos. En posesión de los anillos, dio por sentado el corazón de Débora.

* * *

Creía tanto en la brujería que, una vez, fui a consultar, con propósitos ocultos, a un hechicero macrobeano que vivía en una cueva, cerca de las tierras de Kush, donde vivían los hombres negros, en sus grandes bosques.

Este sirviente de Marduk, como lo llamaba la gente, presagió el destino al mirar las entrañas aun calientes de una rana, muerta frente al interrogador.

La apariencia del brujo aterrorizaría a cualquiera, excepto a mí, ya acostumbrado a la asquerosa y rudeza de mi propio ser.

Cuando entré en su guarida llena de telarañas y de los grandes murciélagos que colgaban del techo carcomido de la cueva, me miró fijamente con sus ojillos que aparecían, legañosos, bajo unas espesas cejas de pelo espeso, como el resto del pelo que casi lo cubría. Todo su rostro arrugado y oscuro, contrastando con la cabeza completamente desnuda, sin un solo cabello. La nariz, curva y larga, colgaba sobre la boca con los labios partidos, donde, atravesándolos, solo se veía un gran diente negro. La carne de los miembros huesudos, delgada y fláccida, estaba afectada por la esclerodermia[22] propia de la edad. Cobijé mi miserable cuerpo en una piel de oveja mal curtida, de la que emanaba un fétido que impregnaba toda la cueva, provocando náuseas en mi estómago.

Después de examinar mi persona durante mucho tiempo, extendió su mano descarnada, cuyas venas parecían enredaderas gruesas, exigiendo que pagara los augurios por adelantado.

Mi apariencia ciertamente no le inspiraba confianza, o, quién sabe, si no supo ver, a través de la carne, la oscuridad que ensombrecía mi corazón... Pagué la consulta con dos pequeñas pepitas de oro, tal como estaba estipulado.

Al sacrificar la rana, ante mis ojos, después de examinar atentamente las entrañas del animal, me dijo de manera sombría devolviéndome las pepitas, y señalándome, con gesto de horror, la salida:

– ¡La maldición de Caín pesa sobre tu cabeza! ¡Mantente alejado...!

No me atreví a desobedecerle y salí de la cueva, respetando aun más a los brujos, juzgándolos de acuerdo con toda clase de demonios, en "sábados" satánicos[23].

---

[22] Enfermedad caracterizada por esclerosis difusa o circunscrita de la piel.

[23] En hebreo "shabbat." Era el día de descanso religioso que, según la Ley de Moisés, debían observar los judíos. En sentido popular, como lo usa Josepho: una asamblea de magos y brujas que se lleva a cabo – dice la gente –, el sábado a medianoche. – Notas de Alfredo.

* * *

Cuando la noticia de la muerte de Rehú se extendió por la llanura, de Este a Oeste, nuestros mayores se preocuparon aun más por el destino futuro de nuestra tribu.

Matusala comprendió entonces por qué Tidal se había atrevido a invadir sus pastos, rompiendo la tregua que había reinado entre su pueblo y suyo durante tantos años. Rehú, el poder que había ostentado hasta entonces, había muerto, entorpeciendo sus conocidos propósitos de conquistar las tierras fecundadas por el Éufrates.

Nuestro patriarca; sin embargo, no se desanimó y confió en el Dios de sus antepasados, no dudó de la victoria.

Leah, su esposa, continuó decidiendo si unir a Javán con su hija o deshonrarlo si ella no lo hacía. Siempre acudía a Milcah, nuestra madre, con la esperanza que ella le dijera dónde estaba su hijo.

Rota por las preocupaciones que la guerra había traído a toda la tribu y, más aun, agobiada por el peso de su propia angustia que le causaba la ausencia de Javán, mi madre había perdido peso y se había consumido como si la hubiera golpeado una enfermedad grave. Las constantes visitas de su hermana la ponía nerviosa, porque Milcah no lograba convencerla que tanto o más que Leah quería saber el destino de su hijo.

Débora también parecía un pájaro que hubiera perdido su nido... Desde que Javán se fue, la flor de la sonrisa en sus labios carnosos se había marchitado. Entristecida, ayudó a las demás mujeres en los trabajos de tejido que realizaban noche y día, para que no les faltara ropa a nuestros guerreros, desamparados por los llanos.

Débora no contuvo las lágrimas de añoranza ni siquiera frente a sus compañeros, que las tomaron como derramadas por los muertos en la guerra. Entonces ellas también lloraron, y las lágrimas humedecieron los hilos textiles y parecieron suavizarlos aun más en sus manos... Haciéndonos pensar que incluso las cosas inanimadas son tocadas por las lágrimas de los corazones puros femeninos.

Mientras tanto, el llanto de Débora me enfureció y mi odio contra Javán aumentó.

Siempre estuve en contacto con la tribu, porque mi posición, en la lucha, era la de enlace entre los mayores y Togarma, transmitiéndole orientación y trayendo al Consejo las noticias, siempre tristes, de los campamentos de batalla.

La guerra es el mayor mal causado por el hombre al propio hombre. Después siempre vienen la pestilencia, el hambre, la locura y otros innumerables y terribles flagelos que asolan la Tierra, como la prostitución, la cocaína, la embriaguez, el robo, la mendicidad... Miserias y miserias que destruyen o degradan a los humanos federados de guerra.

Y lo sabemos, cuando la Ciencia siempre marcha exigiendo mayores logros en los campos de la investigación, mostrándonos que el progreso del hombre no se estanca, es continuo; cuando los sabios, descubriendo las leyes de la Naturaleza, se topan con la grandeza divina, sintiendo en esas leyes la mente del magistrado universal; cuando, estudiando la constitución íntima del átomo, llegan incluso a su desintegración; cuando se revela al mundo la revelación científica más extraordinaria de todos los tiempos: el uso de la energía atómica; cuando espíritus sabios como Ernest Rutherford, después de persistentes investigaciones, desintegran el átomo de nitrógeno; Otto Hahn demuestra la división del átomo de uranio, lo que resulta en bario, y Lisa Meitner interpreta el logro de Hahn como el rompimiento del núcleo de uranio en un núcleo de criptón y otro de bario; cuando Pierre y Marie Curie enseñan al hombre a dar el primer paso hacia el uso beneficioso de la fuerza atómica, descubriendo el radio que serviría para curar el cáncer; y Juliot y su esposa Irene Curie radioactivan artificialmente aluminio, boro y magnesio; cuando Cockcroft y Walter dividen el átomo de litio en dos átomos de helio, y James Chadwick revela la existencia del neutrón; y Lawrence, el inventor del ciclotrón, realiza trabajos experimentales con el método electromagnético para acelerar artificialmente partículas utilizadas en reacciones nucleares; y cuando, además, Albert Einstein recorre la Tierra con la teoría de la Relatividad, afirmando que la masa se puede convertir en energía, resumiendo su idea en esta ecuación: $E=mc^2$, que leemos: la energía es igual a la masa multiplicada por la constante velocidad de la luz – unos 300.000 kilómetros por segundo –, al cuadrado; y finalmente, cuando el más sabio de los sabios, Jesús, enseñó hace casi dos mil años, en la cátedra del Sermón de la Montaña y en todas Sus palabras y obras, dónde estaba la felicidad, mostrándola, no en complicadas ecuaciones, sino en una sencilla frase en la que aconsejaba *"amaos como a nosotros mismos"* – incluso hoy, en este maravilloso siglo XX, en el que el hombre domina el aire, la tierra y el mar, alcanzando velocidades supersónicas nunca antes concebidas y que tienden siempre a mayores avances; cuando la mecánica inventiva supera todos los dispositivos imaginados en tiempos pasados, y el Radar[24], penetrando la ionosfera, trae a la Tierra el eco radial de los cuerpos en el espacio; y el continuo desarrollo de las ciencias biológicas siempre trae nuevos beneficios para la salud; y métodos antisépticos y vacunas; y complejos vitamínicos y sustancias como sulfas, penicilina; y los "milagros" de la Cirugía; y cuando todos los inventos y descubrimientos humanos demuestran el deseo de bienestar y de prolongación de la vida, se puede decir – repetimos –, que aun hoy, en este siglo único, los hombres se destruyen en los campos de combate, con igual o mayor intensidad y ferocidad que la demostrada por el hombre prediluviano...[25]

Continuemos.

Como dijimos, ocupé el puesto de enlace con la tribu y los campos de combate.

---

[24] RA-D-AR: Radiogoniometría y determinación de distancia. – Nota de Alfredo.
[25] Estos comentarios de Josepho se resumen a petición nuestra. – Nota de Alfredo.

Tuve un placer satánico en transmitir la triste noticia a quienes vinieron ansiosamente a mi encuentro, tan pronto como descargué mi alforja, cuando regresé de la campaña. Me vengué así, malhumoradamente, de aquellos que me despreciaban, prefiriendo a Javán.

Con frases crueles, frías, sonriendo irónicamente, lancé los dardos de mi maldad:

– Jacob – dije –, vi morir a tu hijo primogénito bajo los golpes de un hacha cainita. Labán está muerto, elige otro novio, Rebeca. Y a tu hermano, Raquel, lo dejé sangrando como un cordero en el matadero... Tamar, eres viuda: vi, mezclados con el polvo, los restos de Rubén... Nochar, Basemat, Carah, ve y cuenta, sus madres, hijos, que sus padres murieron...

Gritos de lamentos hicieron eco de mis palabras. ¡Fui inhumano, cruel! Milcah me regañó, entristecido:

– Josepho, sé piadoso, hijo... Solo traes mensajes lúgubres a la tribu... Frena tus palabras. Pareces feliz con las noticias que traes... Ya me da miedo verte llegar, hijo...

– Sí, lo sé... No estás feliz de verme... Sin embargo, estarías feliz si llegara Javán en mi lugar...

– Tu hermano, Josepho nunca hizo llorar a nadie intencionadamente.

– ¡No soy culpable de la muerte de los setitas y mi hermano es un cobarde! – Respondí con odio, añadiendo:

– ¿Dónde está tu valiente y buen hijo, mientras luchamos? Sospecho que en los brazos de alguna Cainita... ¡El castrado!

– ¡Cállate! ¡Sabes que todo lo que dices no es verdad! Javán ignora la pelea... Él regresará, lo sé, y nos llevará a la victoria. Es el más valiente de nuestros hombres, lo sabes, todos lo sabemos...

Milcah habló como si intentara convencerse a sí misma, como si respondiera a sus pensamientos más íntimos.

Al comprender esto, sonreí irónicamente, me encogí de hombros y me alejé.

Sin embargo, continué esparciendo mi maldad en los corazones de la tribu. Las lágrimas se intensificaban cada vez que me acercaba y eso me hacía feliz...

Y los días pasaban, sombríos y largos, como noches polares, pareciendo no tener fin.

Los Cainitas, como mensajeros de la muerte, nos quitaron la vida. Aparecían todo el tiempo por la llanura, siempre sorprendiéndonos. Solían atacar en grandes grupos, en varios sectores al mismo tiempo, en peligrosas emboscadas.

Tidal nunca fue visto al frente de estos grupos; parecía estar con el grueso de sus tropas, esperando el momento en que vendría a darnos el golpe de gracia.

Togarma y los demás jefes vivían desorientados, confundidos, por el sistema guerrillero adoptado por el astuto enemigo, que les parecía tan numeroso como langostas en la plaga...

Una mañana, vencido por el cansancio de las constantes vigilias, Matusala se quedó dormido en su tienda. El patriarca se había retirado cuando la luz del alba despertaba a los rebaños, dispersándolos por los campos cercanos, ahora siempre vigilados a causa del enemigo.

La Luna, ahuyentada por el Sol, se desvaneció en la luz, lívida, como un gran ojo de pez muerto, flotando en la placa del espacio.

Dormido, Matusala soñó... Un guerrero, envuelto en luz, le dijo:

– Si la serpiente es aplastada en la cabeza, tu pueblo vencerá.

Al despertar, el patriarca se dio cuenta que el sueño había sido una misteriosa advertencia desde Arriba. Intentó interpretarlo, pero se le escapó el significado de la visión. Confundido, consultó a Lamec, pero él tampoco entendió la verdad.

Matusala consultó a los ancianos de la tribu, pero ninguno de ellos pudo aclarar las palabras del guerrero dorado. Intrigado, el patriarca no olvidó las palabras que había oído en un sueño...

¿Cómo aplastar a la serpiente en la cabeza? – Él se preguntó. ¿Tendré que ir a Enoch...? Allí vive la serpiente del pecado... Pero no es eso... No entiendo lo que quiso decir el guerrero... ¡Oh! Si Javán estuviera aquí, tal vez podría iluminarme. Es puro, bueno y valiente. Siento que de él depende la solución a este misterio... ¡Señor! Guíanos a Javán.

Y Matusala se sumergió en cismas. Un día Débora le dijo:

– Papá, Javán no llegará tarde. Lo siento acercarse a nosotros... Lo vi, en un sueño, anoche, cruzando la llanura. Pero un peligro terrible lo amenaza, porque también vi a Jafet... Es la segunda vez que lo veo. Y me angustié aun más en este sueño que en el otro que tuve. Señalé a Josepho y lloré... No entendí, padre... ¿Por qué Josepho y no Javán, si me siento amenazado por un peligro oculto...?

– Los sueños son, a veces, manifestaciones de lo Alto... Siempre tienen un significado que se nos escapa al despertar – dijo Matusala, pensando en el sueño que él mismo había tenido –. Dijo:

– Parece que están relacionados con la vida eterna de los espíritus. Son como puertas que nos conducen al otro lado de la existencia, que la carne esconde. Al dormir sentimos que estamos inmersos en otras vidas, donde todo nos parece claro y familiar. La mente, en ciertos sueños, parece iluminarse y comprenderlo todo. Cuando despertamos, nuestro espíritu se confunde y todo se vuelve vago e impreciso... ¿Por qué? No lo sé.

– Eso es lo que me pasa, papá... Ojalá pudiera entender los sueños...

– A veces es fácil interpretarlos. Este tuyo, por ejemplo, lo tiene claro. Japhet siente que Josepho es obstinado en el mal y llora por él. Este hijo también me preocupa... ¡Tan diferente a su hermano...!

Sospecho que el peligro que sientes en relación con Javán proviene de Josepho; ¡Éste lo envidia tanto...!

– ¡Ay de él si daña a Javán! – Y los ojos de Débora brillaron amenazadoramente. Matusala la reprendió dulcemente:

– No hables así. La venganza es como la hiedra: el alma que la cobija pierde su savia. ¿Quieres mucho a Javán, hija?

– Sí, padre. Suya es mi vida...

– Pobre persona que pone su vida en la fragilidad de un amor terrenal, Débora... No olvides, hija, que solo nosotros pertenecemos al Señor del cielo y de la Tierra. Si quieres ser feliz algún día, busca ese estado a través de la virtud y lo encontrarás en la eternidad. Nuestra existencia actual no es nada frente al todo siempre. Huye del pecado y ama piadosamente a todos. Un amor como el que sientes por Javán te lleva a mucha angustia... El regreso del hijo de Milcah puede traerte dolor, hija...

– Ningún desamor puede traerme Javán... Lo amo tanto que estoy feliz de tenerlo cerca. Verlo es mi alegría.

Matusala apoyó la cabeza de su hija sobre su pecho y murmuró como si rezara:

– Que tus pensamientos traigan de vuelta a Javán... Solo él puede matar a la serpiente. La visión del sueño había resultado inesperada en la mente del patriarca.

– ¿Qué serpiente, padre? – Preguntó la virgen, que había olvidado el sueño de Matusala.

– La serpiente Cainita de la cual Tidal es la cabeza. Solo un guerrero puede derribarlo...

– ¿Javán?

– Sí, Javán. Que la fuerza de tus pensamientos lo traiga hacia nosotros.

En ese momento, más allá, en la llanura que separaba las tierras orientales de Nod, de las habitadas por el pueblo de Seth, Javán, superando diversos obstáculos y peligros, cabalgaba, incansablemente, en su camino de regreso a su tribu.

Poco después de la mitad del camino, se vio obligado a abandonar uno de los caballos proporcionados por Matusael, porque éste obstaculizaba su retirada cuando, con prisas, necesitaba esconderse al presentir algún peligro; al otro, un león hambriento lo había matado, mientras Javán, sediento, bebía agua de un manantial cercano en cierta extensión donde abundaban estas bestias.

Sin desanimarse, mi hermano continuó el viaje a pie, con la esperanza de conseguir otro caballo en algún pueblo conocido, y así sucedió, pero de una manera diferente a la que imaginaba, como contaremos más adelante.

Javán se escondió prudentemente durante la luz del Sol y marchó de noche, como lo había hecho en su fallido viaje a Enoch. En dos ocasiones estuvo a punto de ser sorprendido por grupos enemigos, y solo escapó gracias a su agudo sentido del oído, su extraordinaria agilidad y su sangre fría.

Javán, incluso desde una distancia singular, notaba cualquier ruido sospechoso, extraño a la llanura que conocía, como todo nómada, en todas sus más pequeñas particularidades, siendo sus sonidos, ruidos, árboles y bestias familiares desde que era niño.

Las señales del saqueo Cainita llenaron su alma de revuelta y aprensión. Una noche vio a lo lejos, cuando estaba seguro de encontrar alguna montura, el fuego de un pueblo que antes había conocido floreciente y feliz... A la mañana siguiente, se encontró con un grupo de chacales devorando cuerpos podridos.

Raro era el día que no encontraba las fatídicas marcas del paso de algún grupo Cainita; con huellas de horror, marcaron el suelo con saqueos, incendios y muertes...

Más de una vez, Javán se había enfrentado a ancianos pobres y mujeres desaliñadas, con niños en brazos, que huían, locos de miedo, lejos de la devastación de sus campos en llamas. Era uno de esos grupos miserables que le dieron un caballo, cuando Javán explicó, a sus miembros sospechosos, sin identificarse en absoluto, que era un arquero de Matusala, que observaba a través de la llanura. Contó cómo había perdido su caballo, asesinado por el león.

Sin embargo, más que sus palabras, convenció a los fugitivos con su aspecto noble y franco que, a pesar del cansancio y maltrato de los caminos, sus ropas sucias y rotas, inspiraba respeto en todos los que lo miraban.

Por las palabras que había oído de estos desgraciados, Javán comprendió, conmovido, que ponían sus últimas esperanzas en Matusala.

Aquellas imágenes desoladoras minaron su energía, obligándole a cabalgar casi sin descanso, y el poco descanso que se permitía era más para el animal que para él mismo.

Y la llanura le pareció entonces, sin fin, una distancia interminable que lo separaba de su tribu. Sintió la necesidad de tener alas, de volar para encontrarse con los suyos, quizá también fugitivos, como los restos humanos que dejaba atrás...

Matusala, tras comprender el simbolismo del sueño que había tenido, se sintió más seguro en el futuro, aunque las noticias enviadas por Togarma no eran halagüeñas.

Los ataques Cainitas continuaron siendo traicioneros y mortales. Empeorando aun más la situación que ya era tan precaria para ellos en los campos de batalla, los caudillos de Seth, además de los reveses sufridos, tuvieron que superar el desánimo y la incredulidad que día a día se infiltraba más en los corazones de sus tropas, provocando, este estado de desánimo, graves pérdidas e indisciplinas que solo beneficiaron a los hijos de los hombres.

Revelados por las innumerables pérdidas y la victoria sistemática del enemigo, los setitas gritaron imprecaciones contra el Señor, llamándolo un dios débil e impotente.

Muchos de ellos, acobardados, abandonaron sus puestos en la lucha y huyeron a las lejanas tierras de Kush, prefiriendo afrontar la travesía del gran desierto y, más allá, los peligros de los terribles bosques, antes que seguir luchando contra un enemigo que les parecía inmortal. Y los demás que no huyeron, en gran número, se entregaron a las más rudimentarias prácticas fetichistas, sacrificando a diversos ídolos e incluso a Baal y Moloch, dioses enemigos, ofrecían sacrificios con la intención de apaciguar sus furias.

Bajo la influencia del sufrimiento, sus espíritus vacilantes olvidaron las adquisiciones fortuitas en los campos de la religiosidad, y regresaron a la barbarie de los tiempos primitivos, cuando vivían en lucha con el instinto por las conquistas de la racionalidad.

En ese momento, en la séptima generación de Seth, los pueblos terrestres en contacto anímico con los Capelinos exiliados, penetraron, en un porcentaje prometedor, ya conscientes de su origen divino, en las llanuras doradas de la espiritualidad. Estaban relativamente avanzados en conocimientos religiosos, seguros que el Señor era uno y eterno.[26]

Sin embargo, predominaban los instintos naturales de la carne, haciéndolos caer casi siempre en la idolatría, olvidando las manifestaciones divinas ya previstas por sus almas; así, como les ocurre a los niños que, aunque aun no se mantienen firmes sobre sus pies, resbalan, tropiezan y caen ante el menor obstáculo que se les presenta, hiriéndose muchas veces gravemente.

Los instintos carnales dominan hasta hoy, obstruyendo los caminos evolutivos de tantos seres que siempre sucumben en la lucha entre el espíritu, ávido de elevación, y la carne, ávida de sensaciones materiales y burdas.

---

[26] Como testimonio de este sentimiento religioso que, aunque en un estado rudimentario, ya se notaba mucho antes de la época que recordamos, estaban los dólmenes de La Pérote, Kervagat, la piedra giratoria de Uchon, la cueva de Menga en Málaga, y otros muchos monumentos megalíticos que los hombres trogloditas del Cuaternario legaron a la posteridad, revelando la inteligencia y la voluntad humanas y, sobre todo, el espíritu de colectividad, ya que estas obras prehistóricas son hercúleas, y un solo hombre no podría llevarlas fuera de ellos. Y estos monumentos también revelan un principio religioso y artístico, además del social. – Nota de Josepho.

Muchos son ricos en perlas de intelectualidad, poseen valores en los dominios de la inteligencia, pero permanecen, gracias al imperio de la carne, carentes de virtud y moral, pobres en bienes del alma.

El espíritu, generalmente, para establecerse en el camino del Señor, necesita no solo un siglo, sino milenios, vividos en perfección, a través de luchas, dolores y trabajos.

* * *

Pero volvamos a nuestra historia....

Cierta tarde, cuando el Sol, indiferente a las disensiones y disputas humanas que se desarrollaban sobre la faz de la Tierra, se dirigía hacia el Oeste, cumpliendo con su deber impuesto por el verbo, de darle calor y luz, vitalizando a los seres y cosas sin distinción, Matusala, apartando la mirada de los coloridos "duendes" que rodeaban el atardecer de esa tarde, se dirigió a Lamec quien, sentado junto a su padre, en la puerta de la tienda patriarcal, escuchando sus sabias y orientadoras palabras, preguntó: .

- ¿No crees, hijo, que el retraso de Javán es singular? Tan pronto como se fue, le enviamos mensajeros, y ni ellos ni él regresaron a nosotros. Extraño...

- Sí... Y he estado pensando que tal vez nuestros hombres no hayan llegado a Javán...

- ¿Crees que murieron?

- Supongo. Deben haber caído en manos del enemigo...

- Me temo que tienes razón... ¿Y Javán habría corrido la misma suerte? - Y los ojos del anciano se posaron temerosos en el rostro de su hijo, como si temiera leer en él la confirmación del pensamiento que de repente había surgido en su mente.

- ¡Oh, no! Jehová no permitiría que Javán llegara a un final tan vulgar...

- No importa cómo mueres, lo esencial es cómo vives. Perece como perece Aván el Señor el espíritu correcto debe darle la bienvenida. Sin embargo, Javán no murió – prosiguió –, porque siento que su pensamiento envuelve mi ser... Solo temo que regrese demasiado tarde... La presencia de Javán animaría a nuestros hombres, ya desanimados por las innumerables pérdidas. El hijo de Jafet está predestinado a grandes hazañas. Le introduje temprano, como a ti, en el conocimiento sagrado que me confió mi padre. Pero el alma de Javán ya parecía conocerlas, pues las interpretaba mejor que yo.

- Así fue. Tiene una mente vivaz y fácil de entender. Muy diferente a nosotros... No sé dónde encontró su inteligencia.

- En el corazón del Señor, de quien vive siempre cerca, gracias a las virtudes de su alma. Todo hombre puede beber de esta fuente, si es puro y bueno.

Y tras un breve silencio, el anciano preguntó intrigado:

- ¿Por qué habría estado ausente Javán?

- Mi madre dice que fue víctima de la magia Cainita... Pero yo no lo creo, a pesar de tener ese extraño anillo en el dedo, aunque sé, como tú, que la magia existe. ¿De dónde viene el poder maligno de los hechizos, padre?

- De las almas de quienes los fabrican. Sin embargo, los hechizos no tienen poder sobre quienes caminan por los caminos del Señor. Solo los malvados, los que vegetan en el pecado, deben temerles. Las almas son como las flores: las hay inofensivas y venenosas... Las malas exudan emanaciones nocivas; sin embargo, estas emanaciones solo llegan a los incautos que no utilizan contra ellas el antídoto de las virtudes. El mal de la magia actúa sobre aquellos que por alguna carencia espiritual están sujetos a su contagio. Los buenos y sanos no corren peligro. El hechizo está impregnado de vibraciones venenosas que provienen de los pensamientos y corazones perversos de quien lo concibe... Solo afecta a los espíritus que están en sintonía con estas vibraciones y sentimientos. Creo que Javán, hijo, no tiene nada que temer de la magia.

– ¿Qué pasa con las mujeres Cainitas, padre? Recuerdo tus palabras sobre ellas, después de las grandes esquilaciones.

– Repito: ¡son áspides! Su belleza ha sido causa de la degradación que envenena al hombre. A través de sus cuerpos la corrupción se esparce por la Tierra... Pero, ¿por qué, hijo, hablas de ellas?

– Me temo que Javán ama a un Cainita – dijo Lamec en voz baja.

– ¿Tienes certeza?

– Casi...

Después de reflexionar un rato, mirando distraídamente el Sol que poco a poco iba desapareciendo en el horizonte, Matusala volvió a hablar, pero en voz baja, como temiendo que alguien más escuchara lo que le susurraba a su hijo:

– Si la mujer que ama Javán es Cainita, debe serlo solo en origen, no en sentimientos... Lo sé, porque la experiencia de los años me ha enseñado que incluso en el pantano pueden surgir lirios... Como en el en medio de las flores más bellas a menudo acechan víboras peligrosas... A pesar de todo, si Javán se une a una Cainita, me veré obligado a aplicarle las penas de nuestra Ley...

– Sí... Javán será repudiado.

– Para todos nosotros, Lamec.

– Inflexible es nuestra Ley, padre...

– Lo sé, pero no podemos juzgarla, no sea que seamos juzgados por ella.

Un silencio lleno de reflexiones cayó sobre los dos. Ambos tenían el ánimo perturbado por sus propios pensamientos. Distraídamente miraban al suelo, como si tuvieran miedo de mirar al cielo mientras las sombras de la noche se oscurecían gradualmente. En voz baja, Lamec preguntó:

– ¿Jehová, entonces, no perdona el pecado, padre?

– No es Jehová quien no perdona, es el hombre que no se perdona a sí mismo por haber pecado... Y mientras no deshaga todo el mal que ha esparcido sobre la faz de la Tierra, no lo logrará la paz que sueña.

– Entiendo... La inflexibilidad de nuestra Ley se originó en nuestro comportamiento pecaminoso...

– Sí. Cada pueblo tiene la ley que merece. Habrá un tiempo en que ella no será inflexible sino que será todo amor, porque el hombre también será todo bondad. Mientras esté cargada de maldades y errores, sufrirá los golpes de las Leyes de la justicia en relación a su propio proceder. Solo sufriendo en la carne y en el espíritu todo el mal que ha sembrado, sentirá la magnitud de la falta cometida, anhelando, después de sentirla, actuar bien. Nuestra Ley, hijo, es para el hombre como un martillo para la piedra: solo bajo sus golpes despertará al beneficio y la utilidad, dejando de ser obstáculo para la evolución general.

Padre e hijo volvieron a guardar silencio. Ambos pensaron en Javán. Las primeras estrellas ya iluminaban las sombras de la noche.

Se escuchó la voz profunda de Lamec:

– Padre, ¿todos los Cainitas son pervertidos?

– No, hijo... Pero es la mayoría la que habla por un pueblo. Y la mayoría Cainita es todo perversión, pecado y vicio... El Señor, efectivamente, hará justicia a quien entre ellos sea sincero, porque, ante Dios, el inocente no sufrirá por el culpable.

– ¿Y no podemos actuar como el Señor y usar la fraternidad con los Cainitas virtuosos?

– Sí; pero no traspasar los límites de la fraternidad, uniéndonos a ellos por la sangre. Porque no sabemos leer los corazones como el Señor. Contentémonos de seguir la Ley que Él nos dio.

– No entiendo, papá...

– El Cainita, Lamec, puede ser bueno, pero uniéndonos a él por los lazos del matrimonio, debemos estar en contacto, no solo con los buenos, sino con todos los suyos... Y este contacto con todos los hijos de los hombres, bien lo sabemos, traería grandes peligros a nuestra gente sencilla, amante de las tradiciones y costumbres patriarcales, y del culto al Señor, cosas consideradas, por los Cainitas rebeldes, despreciables y contrarias al progreso de los tiempos. Solo el Señor podría saber si mañana no vendría ningún daño de una unión entre nosotros y ellos...

- ¿Y ha habido alguna vez uniones así, padre?

- Sí, muchos... Y todos estaban descontentos. Yo mismo tuve una sobrina que se casó con un Cainita, hace mucho tiempo...

- Ignoraba ese hecho... ¿Quién era ella? - Preguntó Lamec, curioso.

- No podías saberlo, porque este evento ocurrió lejos de nuestra tribu... Solo yo me di cuenta de ello.

- ¿Tan lejos?

- Muy lejos... Mi hermana Judith se casó temprano y se fue a vivir a la tienda de su marido, que era jefe de una tribu setita que vivía a muchos soles de la nuestra. Entre los hijos de mi hermana, había una joven muy hermosa... Un poderoso jefe Cainita la vio y se enamoró de ella, lo cual fue correspondido. Al no tener otra manera de tenerla como esposa, la secuestró. Sus padres y todos sus familiares la repudiaron... yo también.

- ¿Y sigue viva?

- No...

- Y el Cainita, ¿sabías su nombre?

- Juré no repetírselo a nadie, ni siquiera a ti. Un día lo conocí, pero obligado por el deber hacia mi pueblo. Me reconfortó saber que era uno de esos raros Cainitas virtuosos.

- ¿Y el secuestrador te conocía como pariente de su esposa setita?

- No. No le hizo caso y creo que murió sin saberlo. El renegado, cuando respeta la tribu a la que pertenecía, nunca habla de la familia a la que ultrajó. Y Miriam amaba a su tribu, a pesar de todo.

– ¿Se llamaba Miriam entonces?

– Sí... Olvida este nombre y no reveles esta triste historia a nadie.

– Lo prometo, papá.

Ambos guardaron silencio, mirando con tristeza los senderos lejanos que se perdían más allá de la noche, que ya había extendido su manto negro sobre el paisaje.

Matusala, levantándose, entró en la tienda. Lamec se dirigió lentamente hacia el camino que conducía al Éufrates. Quería ver el lugar donde había hablado por última vez con su amigo ausente. Mientras caminaba murmuraba como si mi hermano pudiera oírlo:

– Javán, en mi corazón, nunca te lo negarán...

Y la figura de Lamec, alejándose, se confundió en la oscuridad de la noche.

En ese momento, en la llanura, mirando las estrellas que brillaban en la noche azul, Javán, cabalgando, recordó a Dinah...

– ¿Por qué – monologó –, es tan difícil tener lo que soñamos...? La felicidad en esta Tierra, siento, es como esa estrella que veo más allá, en el cielo... Parece estar cerca, no importa lo lejos que caminamos, siempre está lejos de nosotros...

Controlando el pensamiento que insistía en llevarlo hasta Dinah, Javán azotó al caballo, ansioso por ir hacia su pueblo.

A la mañana siguiente de esa noche, la tribu se emocionó con la llegada de un pastor que, luciendo cansado porque había estado trabajando durante mucho tiempo, insistió en hablar personalmente con Matusala, a pesar que Lamec le dijo que su padre estaba en meditación. No fue su apariencia de zagal, tan común en aquellos lugares, lo que causó el revuelo, sino la noticia que había transmitido a nuestro patriarca.

El pescadero dijo que había visto a Tidal acampado con muchos hombres, cerca de las tierras de Surripat[27]. Sin ser notado por el enemigo, enfrentándose a fieras y, peor aun, al hambre y la sed, había logrado llegar a nuestra tribu. Le dio fuerza – dijo –, el deseo de vengar a los suyos, todos los cuales habían sido asesinados por los Cainitas... El pobre parecía exhausto y hambriento. Uno de los nuestros lo había encontrado, casi inconsciente. Y era triste con qué avidez bebía un poco de leche que le había traído una de las mujeres.

Después de escucharlo, de mirar sus ojos donde hablaban de angustia y dolor, pero no de mentiras y falsedades, Matusala, sintiendo la verdad en sus palabras, preguntó con una luz de esperanza brillando en unos ojos marcados por innumerables vigilias:

– ¿A qué distancia viste a Tidal?

– Ocho soles, antes de llegar a la gran llanura.

Matusala ordenó que se proporcionara comida y descanso al pobre, reunió al Consejo y les explicó un plan que se les había ocurrido al escuchar las palabras del pescadero, añadiendo:

– Ancianos sabios, si el Señor nos ayuda, esta vez derrotaremos al enemigo.

– Sí – dijeron todos.

Después de escuchar la palabra de los ancianos, Matusala se preparó para ir a encontrarse con Togarma, para ejecutar el plan que él había explicado y aprobado por los ancianos.

Esperaba que el patriarca sorprendiera al enemigo y lanzara ataques por todos lados, sin darle tiempo a Tidal para defenderse.

Sería la primera vez que los setitas lucharían a la ofensiva, porque hasta entonces no habían hecho más que defenderse, siendo los Cainitas tomando la iniciativa en todos los encuentros. Siempre habían estado a la defensiva, ahora iban a atacar...

---

[27] Surripat: nombre que los sumerios–babilonios daban a sus tierras, en la época prediluvial. – Nota de Josepho.

Matusala parecía rejuvenecido por las nuevas perspectivas de la lucha. Incluso los signos de las noches de insomnio habían desaparecido de su rostro, ahuyentados por la esperanza que animaba su alma.

Había confiado la dirección de la tribu a Melquisedec, el anciano más anciano del Consejo, y lo había seguido, después de pronunciar palabras de aliento a los que quedaban, con Natán, Lamec y Harán, el padre de Togarma, hasta los campos de batalla. Hasta entonces, había dejado el mando de los ejércitos setitas en manos jóvenes de los señores de la guerra; pero ahora quería dirigir él mismo la ejecución de su plan. Tenía miedo que alguna eventualidad pudiera abortarlo... ¡Ah! ¡Si tan solo Javán regresara a tiempo para ayudarlo! La victoria sería más que segura – pensó Matusala.

En la tribu solo permanecían ancianos, mujeres y niños, ofreciendo holocaustos y oraciones constantes al Señor, por la victoria de su pueblo.

Y ninguna oración fue más ferviente que esa, la de mi madre y Débora, ahora siempre juntas. Milcah intentó reanimar a la joven y ésta se sintió menos sola con la madre de quien tanto amaba. Sara, en ocasiones, también acudía para unir sus oraciones a las de Milcah y Débora. La hija de Nathan sufrió la ausencia de su prometido, el valiente Togarma, a quien amaba profundamente.

Pero, ¿quién, entonces, en nuestra pobre tribu, no lloró por algún ser querido? Se fue la paz, trayendo sonrisas y alegrías... Había llegado la guerra, y la guerra es un barco macabro flotando en un océano de sangre y lágrimas, que esconde en su vientre todas las tristezas, dejando en cualquier puerto donde fondea, muertes y desgracias....

Yo, el único que sonreía, bestializado, en medio del dolor de todos, pretextando ir a Togarma para avisarle de la llegada de Matusala, desviándome del camino, fui al encuentro del espía Tidal que vivía escondido en nuestros pastos, disfrazado de vendedor ambulante setita, y le advertimos de los planes de nuestro patriarca...

Después de llevar a cabo mi más abyecta insidiosa sin la menor vacilación, fui a Togarma quien, consciente de la llegada de Matusala, había ordenado la convocatoria.

Unos momentos después se escuchó el sonido de cuernos de buey convocando a todos los jefes. Los sonidos se repitieron de comando en comando, a lo largo de todos los sectores setitas que estaban ubicados a distancias preestablecidas. Incluso antes de la llegada de Matusala y sus compañeros, los señores de la guerra de Seth estaban reunidos en la gran tienda de campaña de Togarma, que era demasiado pequeña para albergarlos a todos.

El Sol se dirigía hacia el oeste cuando los tres ancianos y Lamec llegaron al campamento. Togarma abrazó a Haran, quien estaba conmovido por la delgadez y el aspecto cansado de su hijo. De hecho, esta era la apariencia de los otros guerreros reunidos allí. La delgadez y la debilidad física eran comunes a todos ellos... Parecían ancianos, muy diferentes de los jóvenes que salían de sus tiendas.

- ¿Está bien Sara, padre mío? - Preguntó Togarma, extrañando a su novia.

- Sí, siempre esperándote.

- ¿Alguna noticia de Javán? - Volvió a preguntar, esta vez a Matusala.

- Ninguna, hijo, pero volverá pronto, lo presiento...

Matusala también sufrió al ver a sus valientes sin el aspecto saludable de otras épocas. Sin embargo, no queriendo hacerles saber la tristeza que sentía al verlos debilitados, temiendo apagar su entusiasmo, saludó a todos con frases alentadoras, alabando su gracia y prediciendo victorias futuras. Los dos ancianos y Lamec comprendieron su intención y, siguiendo su ejemplo, también animaron a los luchadores.

En privado, ahora tenían menos confianza en el éxito del plan de Matusala, ya que sentían la precariedad física de los guerreros setitas, agotados por la guerra. El patriarca, entre tanto es así que confió, no en la fuerza de los hombres, sino en el Señor, dando por sentada la victoria. Sin perder tiempo, después de reunir a todos, trazó planes para un ataque contra el enemigo, planes que parecieron infalibles a los líderes setitas.

La idea de sorprender a Tidal, siempre distante y oculto, más la presencia de Matusala al mando general, reavivó las esperanzas de aquellas almas debilitadas, mermadas por constantes fracasos y privaciones de las necesidades naturales de todo organismo joven.

Incluso los muchos setitas que cayeron en la idolatría sintieron animosidad y, arrepentidos de sus imprecaciones contra el Señor, le ofrecieron sacrificios, ahora en reparación por sus propias ofensas cometidas al Dios de Seth. Jehová no los había abandonado – decían –, y ciertamente el pescadero había sido guiado por Él hasta Tidal. Sí, era el Dios de Seth quien había localizado al terrible enemigo... ¡Jehová era todo fuerza y poder! Solo Él vencería a Baal y a Moloch, porque Él era el Dios de los dioses, el Señor del cielo y de la Tierra...

Así eran la mayoría de los hombres de la época: dispuestos a cometer errores y dispuestos a arrepentirse, y aun más dispuestos a volver a cometer los mismos errores... Todos estaban formados por criaturas apasionadas, dudosas, inseguras del camino a seguir, siempre ansioso y desear sin saber qué. Muchas de estas almas vivirían así, enfrentadas consigo mismas, por mucho tiempo aun, hasta que el Cristo de Dios viniera a reajustarlas a sus funciones evolutivas.

Durante toda la noche y la mañana siguiente – tras la llegada de Matusala –, los guerreros setitas prepararon sus armas bajo la supervisión de sus líderes, quienes no descuidaron ningún detalle. Las cuerdas del arco fueron sustituidas por otras y éstas fueron cuidadosamente enderezadas. Todos los caparazones se llenaban de flechas y, encima de las bestias de carga, ataban un gran número de ellas en haces, a modo de reserva. Las alforjas parecían contener todos los guijarros del Éufrates, que deberían haber sido utilizados por los certeros tiradores de honda, la terrible arma pastoril, tan simple y peligrosa.

Gran entusiasmo y movimiento dominaron a los setitas, dispersos en grupos, cerca del campamento de Togarma, donde, sabemos, convergían todos los demás líderes de Seth.

Matusala, sentado a la puerta de la tienda de Togarma, seguía meditativo los esfuerzos de los combatientes. El patriarca recordó el sueño que había tenido con el ser iluminado... Sintió que había llegado el momento de masacrar a la serpiente Cainita. Sería ahora o nunca... – meditó, siguiendo con la mirada la agitación en el campamento.

Su amado pueblo no era una nación guerrera... Sabía, con tristeza, que los vicios y los pecados ya habían victimizado a muchos de sus valientes. Sin embargo, Matusala confiaba en el Dios de Seth... Jehová era el Señor de la guerra y la paz, de Él dependía la victoria... ¿Por qué peleó, Matusala? ¿Fue solo para pelear? No... Luchó por preservar la virtud, la tradición de las buenas costumbres, para liberar a su pueblo de la violencia y degradación de los hijos de los hombres. Quería darles felicidad a los setitas... Y la felicidad estaba simplemente en la vida natural y en la adoración al Señor.

Los Cainitas se alejaron de la naturaleza y, despreciando la sencillez de la existencia campesina, cayeron en la degeneración de todo aquel que se rebela contra las leyes del Creador. En sus ciudades, antros de pecado, adoraban a diversos dioses concebidos por vanidades necias, prefiriendo idolatrar seres inanimados al Señor de todas las cosas. Despreciaban el régimen patriarcal en el que vivían los hijos de Dios, considerándolos criaturas elementales, atrasadas y ociosas... Acapararon tierras y obligaron a sus dueños, que estaban esclavizados por ellos, a cultivarlas... pero en época de cosecha, solo los Cainitas probaban las pepitas...

Matusala consideraba libre a todo hombre y la esclavitud no existía, en ese momento, en su tribu, a pesar que ya se había infiltrado en otras comunidades setitas. Podrías tener sirvientes, no esclavos. El siervo y el amo tenían obligaciones recíprocas: el primero trabajaba, el segundo pagaba. Pero todos eran iguales ante Dios, siervos y amos. Como hermanos debían amarse unos a otros.

La diferencia de bienes no debería separarlos... Porque solo el Creador es dueño de todos los bienes y riquezas. El producto de la Tierra no era de nadie en particular, sino de todos.

Matusala sentía que en cualquier nación donde los poderosos y los ricos no estuvieran limitados, abundaban el saqueo y la pobreza... Los ricos podían ser ricos, siempre y cuando no empobrecieran a los pobres. Cada amo debe dar una parte de sus ganancias al sirviente, según lo determina la ley de Seth. Y el Cainita, solo él era señor, solo él se beneficiaba, sacrificando y oprimiendo al pueblo débil y amante de la paz...

¡No! El Señor de los ejércitos no permitiría que la arrogancia dominara, para que el pueblo de Seth pereciera y con él la adoración al único Dios justo y verdadero. Así reflexionó el patriarca...

En la Tierra – le enseñó la tradición –, ya habían pasado muchas personas... [28] Nacieron y crecieron, pero cuando se consideraron superiores, dioses, estas personas fueron exterminadas, desaparecieron en el torbellino del tiempo, sin dejar siquiera signos de su grandeza en los escenarios de la Tierra... Eran personas que vivían dominadas por sus sentidos corporales, criaturas crueles y vengativas, egoístas que cultivaban los placeres de la carne con idolatría. Sordos a los llamados del Señor, perecieron víctimas de sus propios excesos...

Y a estas personas les siguieron otras y más. Sin embargo, cuando se dejaron dominar por el mal, fueron purgados en reparación de los crímenes y pecados que clamaban al cielo. Y vinieron cataclismos que cambiaron la faz de la Tierra y fueron tragados y hasta sus huesos se desmoronaron en el barro, en el caos... Siempre había sido así...

Todo orgullo y soberbia humana tenía como epílogo el barro... La Tierra ya había sido testigo del imperio de muchas

---

[28] Uno de ellos fue el Lemuriano o Ruta.

razas [29], que se destacaron, en su tiempo, por el desarrollo de elevadas facultades mentales y grandes progresos en el campo de las adquisiciones humanas.

Razas que alcanzaron tal avance en el tiempo, que parecían indestructibles, tal era la idea que daban de estabilidad y poder.

Pero los bienes temporales, la inteligencia, el dinamismo, las virtudes telepáticas y mentales no valían nada para ellos; porque, pigmeos de espíritu, no podían dominar a los gigantes de la soberbia, de la ambición, de los excesos y abusos, de la anarquía gubernamental, de la desarmonía y de tantas malicias y pecados humanos... Y así estas razas tenían el fin común para los que hacen ley del despotismo. y religión: la nada...

Sí, los Cainitas también marchaban hacia la destrucción y, con ellos, todos aquellos que copiaban sus costumbres y usos degenerados. El Señor solo preservaría a los virtuosos y buenos... meditó Matusala.

* * *

Yo, Josepho, me apoyaba en el tronco erizado de una palmera datilera y también meditaba, como siempre lejos de todos, jugando distraídamente con unas piedritas que había sacado de mi alforja. En el suelo, a mi lado, había colocado mi aljaba llena de flechas y mi arco.

El Sol, casi en su apogeo, jugaba al escondite con las nubes, ora aparecían en plena luz, ora desaparecían detrás de ellas.

Sobre el campamento, un ave de rapiña, lentamente, volaba como buscando alguna presa descuidada... De vez en cuando se oía a los caballos relinchar, excitados por la aproximación de una hembra.

---

[29] Una de estas razas fueron los atlantes. Cuando se desviaron del recto camino evolutivo, Dios, queriendo llamarlos a la razón, les envió a los mesías Amfión y Antúlio, como antes había enviado a Numú y Juno a Lemuria; sin embargo, tanto los atlantes como los Rutas permanecieron sordos a la voz de Dios. – Notas de Josepho.

Dos guerreros se enzarzaban en peleas físicas entre los gritos de emoción de sus compañeros que los abucheaban o aplaudían. Otros se ejercitaban disparando a una diana sujeta al tronco de una palmera. Algunos, indiferentes al calor, dormitaban en el suelo, envueltos en mantas de piel de oveja.

Los enfermos, resguardados bajo un toldo, gemían, alejando las moscas de sus heridas expuestas, refrescándolas con jugos verdes de tancbage o plantago.

Desde el lado donde se asaban los animales sacrificados para alimentar a los guerreros, llegaba un olor a grasa y carne carbonizada, traído por la brisa, abriendo mi apetito.

En la tienda de Togarma, líderes setitas serios entraban y salían, en movimiento casi continuo.

Cerca de mí, pero lejos de todos, atados al tronco de una palmera, atrapados por el exceso de mosto, dos guerreros destruyeron a todos los dioses enemigos, en términos tales que harían sonrojar al mayor libertino de las tabernas de Enoch. Con la lengua enredada, cantaban y lloraban, gritaban sobre sus propias miserias, y solo permanecían en silencio cuando las náuseas provocadas por el alcohol los obligaban.

A intervalos se oían sonar los cuernos que transmitían órdenes; y, a lo lejos, los centinelas vigilaban, atentos al menor ruido sospechoso.

Yo, apoyado en la palmera datilera, pensé en cómo saldría de los campos de combate cuando Tidal atacara... No era bueno para mí luchar, porque sabía que las hachas y espadas Cainitas eran mortales...

Miré a mi gente como el verdugo mira a la víctima en el patíbulo... Ciertamente había llegado el fin de los setitas. Me pareció, entonces, que mi pueblo allí reunido eran pobres gacelas que soñaban con derrotar al león de las llanuras... El presuntuoso Matusala... Esa lucha sería el fin de su largo patriarcado...

Tenía tanta confianza en la victoria Cainita que tracé planes para ubicarme en Enoch, viéndome ya unido a Débora y agraciado con los favores de Tidal... Sí... Me compensaría por la información proporcionada. Me imaginé rodeado de gloria y poder, disfrutando de los deleites y alegrías de Enoch, el mundo de mis sueños... ¡Enoch! Este nombre me recordó a Javán. ¿Dónde estaría? Todavía no entendía por qué Jared, el mensajero al que había matado, se había dirigido al Este. ¿Mi hermano estaba cerca de las tierras de Nod? ¿O quizás más allá, en el propio Enoch?

¡Qué daría yo por saber su paradero! ¿Y si ya estuviera muerto, sorprendido por el enemigo o alguna fiera salvaje...? ¡No! Marduk y todos los demonios que se revuelcan en la Tierra no lo permitirían... Javán muerto, significaría nunca poseer el anillo encantado que me daría el corazón de Débora.

Deseé la muerte de mi hermano, cuando tuve las joyas mágicas en mi poder. Primero tenía que ganarme su confianza y, a través de ella, llegaría a la mujer que amaba y que, tenía la sensación, estaría en posesión del otro anillo.

Con las dos joyas en mi poder, la vida de Javán valdría para mí tanto como la de aquella paloma que el ave de rapiña acababa de aprisionar entre sus terribles garras... Un día lo sorprendería sin siquiera darle tiempo a defenderse... Miré mis manos ásperas con dedos nudosos y parecían garras rapaces.

Me miré las manos, apretándolas con fuerza, cuando una voz familiar sonó a mi lado:

– ¿Qué tienes en esas manos? Parece que quieres estrangular a alguien con ellos...

Levanté la cabeza y miré el rostro de Lamec, porque era él quien parecía preocupado. Respondí sonriendo siniestramente:

– Lo has adivinado, Lamec. Mis manos anhelan matar...

– Triste anhelo... La sangre que derramamos nunca se seca en nuestra alma. ¿Quieres matar "solo" a los Cainitas, Josepho? – Preguntó mirándome con una mezcla de desprecio y lástima.

Continué sonriendo siniestramente.

- Tal vez... ¿Quién sabe? - Y cambiando de tema, pregunté con malevolencia:

- ¿Cuándo saldremos en busca de la "caza", heredero "feliz" de Matusala? - Lamec frunció el ceño y preguntó:

- ¿"Feliz"? - Pronuncias esta palabra de forma extraña... ¿Qué quieres decir?

Seguí sonriendo.

- ¿Entonces no es casualidad que seas el "feliz" que siempre marcha a la retaguardia en momentos de peligro...? ¿No eres tú el "tesoro" custodiado por todos?

Mirándome con aun más desprecio, Lamec respondió:

- Ahora entiendo tu maldad, Josepho... Como siempre, no mereces una respuesta. ¿Por qué te deleitas en hacer daño y envenenar como un escorpión?

Sonreí...

- ¡Pobre Josepho! Parece que no tienes la sangre de Jafet y Milcah en tus venas.

Grité ferozmente y levantándome y abriendo los brazos para ser mejor vista por él, respondí enojado:

- La sangre de Jafet y Milcah me hizo tal como me ves... Un mono pensante, como dice tu hermosa hermana Débora.

Apartando la mirada de la mía, Lamec dijo:

- Antes eras solo un mono. Pensar en ti te perjudica más que ese aspecto que te regaló la naturaleza. Lo feo puede parecer bello, Josepho, porque la belleza viene del interior del alma, recuerda.

Escupí a un lado, con desprecio,

- ¿Alma? ¿Crees eso? ¡Pobre Lamec, qué ingenuo! Alma... ¡Bah!

El hijo de Matusala no me respondió. Sus pensamientos parecían estar lejos de mí.

Apoyándome en el tallo de la palmera datilera, lo miré con rencor. ¡Qué hermoso era Lamec...! ¿Por qué yo no había nacido tan hermoso? Y todavía se dice que Jehová era justo. ¡Mentira! ¿Es justo el Creador que nos hizo a Lamec y a mí? Uno, tan lleno de dones físicos, el otro, ¡tan pobre de ellos...! ¡Imposible! Imposible... Si existió, no fue bueno ni justo. No creo en Él.

Lamec, mirándome, preguntó, entendiendo por qué había venido a mí:

- ¿Sabes, Josepho, a dónde fue Javán?

- No.

Lentamente me preguntó:

- No te gusta Javán, ¿verdad, Josepho?

- ¿Qué te importan mis sentimientos? - Respondí bruscamente.

- Si pudieras, harías desaparecer a Javán del número de los vivos; ¿No, mi primo?

- ¿Qué quieres decir con eso? - Pregunté con recelo. Lamec habló como si alguien ocultara sus verdaderas intenciones.

Parecía estar sondeándome, queriendo determinar algo que yo solo sospechaba. Yo estaba en guardia.

- No me respondiste, Josepho; ¿por qué?

- Preguntas tontas y locas...

- ¿Crees eso? Menos mal. Porque, Josepho, si algún daño le hiciste a Javán, así como el Señor descubrió a Caín, también te descubrirá a ti... No podrás ocultar tu crimen por mucho tiempo...

Me quedé allí, temeroso, al ver que había descubierto en cierta medida mis intenciones... ¿Sabía la verdad de todos mis planes o simplemente sospechaba?

Le dije fingiendo indiferencia:

- Estás lleno de deber, si piensas eso. Yo no maté a Javán. Sabes mejor que yo a dónde fue. ¿No eres el gran amigo de mi hermano? Bueno, no estuve con Javán en la última feria anual, pero sé que allí vio a alguien de quien se enamoró perdidamente... ¿Lo ignoras? ¿Por qué no buscas a Javán en las tierras malditas de Nod, o incluso en Enoch, en la cama de alguna Cainita?

- Ahora eres tú quien dice locuras. Sabes que tu hermano no es un lascivo. Estuvo ausente por una razón mayor, desconocida para nosotros. Pero si está "vivo" - y Lamec enfatizó la palabra, mirándome a los ojos -, regresará.

Él sonrió con desdén y respondió:

- No te imaginas cuánto deseo el regreso de Javán, cuánto la espero.

- ¿Sí...?

Y Lamec seguía mirándome con recelo.

- Asegúrate de eso. Deseo el regreso de Javán, mucho más intensamente que cualquier otra persona.

- ¿Por qué? Por supuesto, no es por anhelo o amor...

- ¿Qué importan mis sentimientos? - Lo repetí.

- Me importa siempre y cuando no dañen a Javán; no olvides esto Josepho...

Y Lamec se alejó sin darme tiempo a responder.

Ella le había dicho la verdad cuando dijo que quería recuperar a Javán. Ahora no impediría que nos lo trajeran... Como estaba lejos, no sabía dónde estaba, ¿cómo podría llevar a cabo mi plan? ¿Cómo podría matarlo? Débora y mis intereses en servir a Tidal me hicieron imposible ir tras Javán, como lo había planeado. No confiaba en la promesa que me hicieron los Cainitas con quienes me comuniqué... Me garantizaron darme el extraño anillo que había descrito, si mataban a Javán. Solo confié en mí mismo, en nadie más. E incluso me pareció ver cierto brillo de codicia en los ojos de los Cainitas cuando les hablé del anillo... ¡No...! Solo yo debería matarlo, solo yo - pensé.

Tan pronto como llegó la noche, marchamos hacia el sur, hacia las tierras de Surripat, al mando de nuestro patriarca quien, antes de iniciar nuestra partida, había ofrecido un gran holocausto al Dios de los ejércitos. Junto a él estaban Nathan, Lamec y Harán, todos montados, al igual que Matusala, en hermosos caballos, siguiéndolos imponentemente, en primera línea.

El grueso de las tropas marchó a pie. Caminé entre ellos, inquieto, mirando temeroso en todas direcciones, temiendo en cualquier momento ver aparecer a Tidal y sus terribles guerrilleros, como hienas feroces.

En cierto momento fingí caer y solo me levanté cuando pude posicionarme en la retaguardia, casi al lado de las bestias que llevaban los suministros de armas y otros utensilios necesarios para las tropas. Allí me quedé, fingiendo cojear, al acecho, dispuesto a huir al menor signo de la temida presencia.

La noche parecía una viuda, despojada de los adornos de la Luna y las estrellas, envuelta en el velo negro de las nubes.

Al frente de nosotros estaba el pastor que había descubierto el lugar donde acampaba Tidal. ¿Seguiría allí? – Preguntaron todos.

Si el hombre supiera desentrañar los misterios del día de San Valentín, eh, tal vez sus destinos fueran diferentes... – pensé, penetrando con los demás en el silencio nocturno de la llanura.

Al anochecer de ese mismo día, Tidal y Mehujael, al frente de sus guerreros, montados por ellos y el grueso de sus tropas en fieros corceles, se detuvieron en una pequeña elevación del terreno, desde donde podían ver mucho más allá, bordeando el horizonte, la gran llanura bañada por la tenue luz del atardecer.

Los dos temibles Cainitas, en silencio, miraban con ojos rasgados las tierras que parecían azules desde aquella distancia. Eran las tierras codiciadas de Seth, que eran del color del Sol, decían.

Detrás de los dos comandantes, los corpulentos guerrilleros, en una fila de cinco hombres, parecían el cuerpo sinuoso de una serpiente, cuya cola estaba clavada en algún tronco escondido al sur, más allá de las tierras de Surripat, y cuya cabeza era Tidal.

Llevaban espadas y hachas pequeñas con mangos largos en sus cinturones, así como cuchillos. Todos llevaban cascos con forma de cabezas de animales, lo que los hacía aun más terribles en apariencia.

En sus fuertes manos sostenían lanzas afiladas, cuyas puntas de hierro pulido reflejaban los últimos rayos del Sol.

De sus fuertes y anchos hombros colgaban arcos y sobre sus espaldas llevaban carcasas llenas de flechas. Así armados, parecían los propios genios de la guerra, beligerantes y terribles.

Parados, Tidal y Mehujael esperaron algo... Entrecerraron los ojos, atentamente, escudriñando todo el espacio, como si esperaran a alguien o alguna señal acordada.

Impaciente, Tidal, mirando al Sol, ya envuelto en sombras, le habló a Mahujael:

- Nos adelantamos un poco al aviso, pero no debería pasar mucho tiempo...

Y como si tal advertencia hubiera estado esperando esas palabras, una flecha, atravesando rápidamente el espacio, se detuvo a poca distancia de los dos líderes Cainitas.

- Vámonos... - ordenaba Tidal, cuando otra flecha casi se une a la primera. Haciendo un gesto de espera a los que estaban bajo mando, él, intrigado, comentó a Mehujael:

- Entonces... - pero interrumpió la frase, mirando meditativamente las dos flechas.

- Sí - concluyó Mehujael por él -. Fuimos descubiertos. Alguien advirtió a los repugnantes pastores de nuestra presencia.

- Sí - confirmó Tidal. * Esta segunda flecha nos dice eso. Tenemos que atacarlos ahora, en lugar de esperar al amanecer, como habíamos planeado. Vienen a nuestro encuentro, nos dice el lenguaje de las flechas... Bueno, vamos a encontrarnos con ellos a mitad de camino... ¡Marchemos!

Y la inmensa serpiente humana, bañada en la penumbra del crepúsculo, avanzó hacia el norte. En cierto punto, ya en la llanura, sus fauces parecieron abrirse dividiéndola en dos partes, y estas dos se separaron, cada una en dirección opuesta, pero ambas convergiendo hacia un solo punto: las tierras de Seth.

* * *

Permítanos, paciente lector, adentrarnos en esta pequeña digresión en nuestra historia, sin la menor pretensión de hecho histórico:

En términos románticos, ubicamos los dominios de Seth en medio de la orilla occidental del Tigris y el Éufrates, cubriendo las futuras tierras de Armenia – al norte –, Mesopotamia – al centro – y Caldea – al sur.

Matusala extendió todo su patriarcado desde Mitanni hasta una gran extensión al oeste de Caldea, donde, más tarde, en tiempos históricos, se levantaría Babilonia – que significa "Ciudad de Dios", el imperio de Nemrod.

Los Cainitas vivían en Oriente, más allá del Tigris, en aquellas tierras donde, tras el diluvio bíblico, surgirían Asiria[30], Media, Susiana, Persia, Caramânia, etc.

Situamos a Enoch más allá de Ecbatana, entre Patria y Ariana. Atravesando toda Susiana, Tidal descendió al sur de Caldea y, pasando por las futuras tierras de Elam, llegó a Surripat – Sumeria. De allí se dirigió a las tierras de Ur, ya cercanas a Uruk, y de allí fue al encuentro de Matusala que marchaba hacia el sur, atravesando las tierras de Nippur, justo en el centro de la gran llanura de Caldea, limitada por los dos grandes ríos, el Tigris y el Éufrates, que, naciendo juntos en las dulces tierras de Armenia, al norte, vinieron a morir al Golfo Pérsico, al sur.

---

[30] En Asiria dominaría un día Sardanápalo, cuyo nombre significa: "hombre lleno de toda clase de vicios y de voluptuosa impiedad." Aconsejaría a la posteridad, a través de su epitafio: "Viajero, escucha el consejo de Sardanápalo, fundador de las ciudades: Come, bebe y disfruta: todo lo demás es nada..." Hoy, a través de estas líneas, aconseja: Viajero, sé frugal, sobrio y virtuoso. La eternidad existe, y es todo: Dios. – Nota de Josepho.

Esta digresión pretende facilitar la tarea del lector que desee seguir mentalmente la ruta seguida por los ejércitos de Matusala y Tidal.

* * *

Sin embargo, mientras sucedían estos acontecimientos que narramos, Javán, dando un largo rodeo para no ser sorprendido por el enemigo, que parecía estar por todas partes en la llanura, evitándolo, llegó al amanecer a su tribu.

Este extraño silencio nos pesaba... Parecía que todos dormían todavía, a pesar que el Sol ya doraba los campos e iluminaba los toldos de las tiendas, tan grande era el silencio que lo rodeaba todo. No se vio a nadie... solo unas pocas ovejas pastaban cerca del redil sagrado, donde se reservaban los hermosos corderos para los holocaustos al Señor.

Sobre el altar, erigido frente a la Tienda de la Congregación, se desprendía un ligero hilo de humo de las cenizas aun calientes del último sacrificio...

Aquella calma, tan distinta del bullicio natural que siempre alegraba las mañanas en el campamento, había asustado a Javán, haciéndole, nada más saltar de su cansado corcel, correr hacia la tienda de Matusala, antes incluso de ir a encontrarse con Milcah.

El silencio que lo rodeaba todo presagiaba desgracias...

Javán no podía saber que todos – mujeres, ancianos e incluso niños, los únicos que no habían partido a los campos de batalla – por orden de Melquisedec, se retiraron a sus hogares, olvidándose incluso de la comida, oraron al Señor de los ejércitos, rogándole por la victoria setita.

Quitando la lona que servía de puerta a la tienda patriarcal, Javán entró en la espaciosa habitación donde, en el suelo, se alineaban hermosas pieles de animales y, decorándola, plumas de los más variados colores.

Ansiosamente, el joven aplaudió. Pero el silencio seguía angustiando su alma. Ni siquiera los sirvientes le respondieron...

¿Dónde estaban todos? – Se preguntó intrigado. Alzando la voz, gritó con angustia:

– ¡Matusala! ¡Leah! ¡Débora...! ¡Por Adonay![31] ¡Respondan...!

Su voz había sonado ronca por la ansiedad.

Ahora, sin poder controlar su angustia, se disponía a dirigirse impaciente a los demás compartimentos de la gran tienda, cuando, a través de una cortina, apareció Leah.

Cuando miró a Javán, sus ojos brillaron con indignación y revuelta.

Al verla extendiendo las manos, lo cual Leah fingió no notar, mi hermano, sintiéndose y sorprendido por la mala acogida que recibió, dejando caer los brazos a los costados, preguntó con tristeza:

– ¿Qué tienes, tía mía? ¿Por qué me miras así?

– ¡Tú! – Exclamó como si no hubiera escuchado sus preguntas.

– Sí, Leah, soy yo. Pero, ¿por qué este asombro? ¿Por qué este terrible silencio que lo envuelve todo? ¿Dónde están los miembros de la tribu?

– Lucha... – y como si el odio, que comenzaba a fortalecerse en su alma, la dominara por completo, repitió con el rostro congestionado de ira: "¡Luchando! ¡Luchando, mientras te revolcabas en el barro de los placeres! ¡Tú, el valiente de los valientes... el jefe de nuestros arqueros, fuiste el culpable de todas las desgracias que nos sucedieron! Nuestra tribu está desierta de hombres... La llanura guarda sus cuerpos, asesinados cuando ibas en busca de aquella por quien olvidaste el honor y las leyes de Seth... ¡Maldito seas! ¡Maldito seas...! "

– No sigas, Leah; ¡para! La locura se ha apoderado de tu pobre cabeza; – dijo, apenado –. No te culpo por las palabras injustas que dices. Veo que sufres mucho... Te conozco, tía mía. Siempre has estado orgullosa, pero no mal... Estás herida, lo

---

[31] Adonay (Mi Señor): uno de los nombres que los israelitas dan a la Divinidad. – Nota de Alfredo.

entiendo, Leah. Pero domina este rencor que leo en tus venerables ojos y escúchame con calma. Regresé tan pronto como me enteré de la muerte de Rehú... Llegué tarde, obligado por las vicisitudes que me persiguieron a lo largo de mi funesto viaje... Pero olvidemos todo esto... El tiempo apremia... Dime: ¿dónde está Matusala? Quiero ir a verlo.

Leah permaneció en silencio, mirándolo con una mezcla de ira y sospecha. Entristecido, Javán continuó:

- ¿No hablas...? ¿Por qué? ¿Has perdido la cabeza?

- ¿Volviste solo, Javán? - Preguntó, como si su respuesta dependiera de la suya.

- Sí, he vuelto... ¿no lo ves? Pero no perdamos el tiempo. ¿Dónde está Matusala?

- Ve a Melquisedec; él te mantendrá al tanto de todo...

- Como quieras, tía mía...

Javán se iba cuando apareció Débora, obligándolo a detenerse. La hija de Leah, toda ella era felicidad...

Sus ojos, iluminados de alegría, contemplaban ávidamente el rostro manchado de polvo y barro de Javán.

- ¡Estás de vuelta! - Exclamó como en éxtasis -. Sabía que vendrías... Jehová escuchó mis oraciones.

- Débora... - dijo mi hermano moviéndose, extendiéndole sus manos, las cuales ella tomó entre las suyas. Débora - repitió -. Tendría que volver, aunque el deber no me obligara a hacerlo... Volvería por ti, Débora... Le di a mi madre mi palabra que lo haría...

Pareciendo hablar con la virgen, Javán miró intencionalmente a Leah, quien lo miraba con cierta incertidumbre, ahora casi avergonzada.

- ¿Volviste solo? - Preguntó también Débora.

- Sí, el deber me obligaba a hacerlo. Esta vez no traje ningún regalo; respondió, luciendo distraído. Es solo que, por un instante, la hermosa figura de Dinah apareció en su mente, haciéndole olvidar todo lo que lo rodeaba.

Sintiendo su repentino alejamiento, la hija de Leah lo llamó manso:

– Javán...

Suspirando, le sonrió con tristeza.

– Voy a ver a mi madre... ¿Quieres venir tú también, Débora? – Preguntó.

– Sí. He compartido los dolores de Milcah; ahora también quiero sentir su alegría cuando te vuelva a ver... ¡Javán! ¡Javán! ¡Cuánto te extrañamos! – Confesó ella, envolviéndolo en una mirada apasionada.

El joven, acariciando su cabello negro, respondió con ternura:

– Lo sé, Débora... El recuerdo de ambas siempre ha quedado conmigo.

Y volviéndose hacia Leah, dijo, antes de salir de la tienda:

– Voy a Melquisedec. Hasta pronto, tía mía... Deseo que me bendigas antes de ir a los campos de batalla...

Javán era todo comprensión y amor.

Su alma no conocía el resentimiento, el odio, la malicia. Todas las faltas y debilidades de los demás merecían lástima.

En nuestra familia él era como las rosas de Jericó, todo perfume y belleza; yo, la espina, siempre lastimando a quien se acercaba a mí. Era el yo superior, un pájaro liberado de la jaula de los sentimientos negativos, extendiendo sus alas hacia el infinito, en un deseo de mayor amplitud que la de la Tierra; yo, el yo inferior, siempre atado a la Tierra, sordo y ciego a las palabras y al ejemplo de la belleza extraterrestre, fortaleciéndome en el mal y el egoísmo, temeroso de ser destruido por la fuerza potencial del bien.

Javán, en todo, vio el reflejo del amor universal, impulsando la evolución de las cosas y los seres.

– Todo lo que existe se alimenta de ese amor que es la vida misma – me dijo –. Todo, desde la hiedra hasta las estrellas, vive de este amor universal... Amemos, pues, todas las cosas, por insignificantes que sean, porque vienen de Dios, Josepho.

Le respondí sonriendo con desprecio:

– Todo es barro, solo queda la Tierra, riéndose del tiempo y de las generaciones que pasan... La Tierra es ayer y hoy, pasado y futuro. Vivamos el momento presente, porque lo más no importa...

Javán no me respondió; me miró con pesar.

Después que los dos jóvenes se marcharon, Leah se quedó pensativa, sintiendo que la calma regresaba a su ser. La presencia y las palabras de Javán la habían calmado. A pesar del rencor y el resentimiento que aun persistían en su alma, reconoció que Javán todavía era bueno y noble.

Milcah al ver a su tan esperado hijo, lo abrazó en ese silencio que es más expresivo que cualquier palabra... Su alegría era tan grande que no necesitaba expresarse para ser vista y sentida...

Javán leyó en sus ojos la satisfacción que la dominaba.

– Madre... – murmuró, abrumado por la emoción.

– Ve a lavarte... – Respondió ella. Y con cariño le entregó el hábito de jefe de arqueros. Su hijo no pudo controlar las lágrimas al verla tan abatida.

– Madre... – repitió, mirándola con unción –. Perdóname...

Besándolo como solo las madres saben besar, ella respondió:

– Ve a lavarte... Tienes que demostrarles a los Cainitas que, además de valiente, eres hermoso y limpio... Nos llaman sucios, los malditos...

Javán se río. Sabía lo celoso que era Milcah por el orden y la limpieza. Fingiendo estar feliz porque estaba lejos de sentirlo, respondió con una sonrisa, tratando de calmar sus penas:

– No estés triste por eso. Voy a demostrarles que soy hijo de la madre más cuidadosa.

Y aun abrazándola, se volvió hacia Débora, que los miraba sonriendo, y le preguntó:

– Mientras me lavo, ¿quieres avisar a Melquisedec de mi llegada? Solo tengo tiempo para vestirme e irme...

– Sí... – respondió ella y, ya en la puerta de salida, recomendó:

– Aliméntalo bien, Milcah... Debe tener hambre.

La noticia del regreso de Javán fue como la llegada de la primavera: las energías de todos, debilitadas por las angustias de los últimos días, se recuperaron.

Corrieron a saludarlo. Y a nadie, ni por un momento, se le ocurrió reprocharle su ausencia, reprocharle su retraso. Todos sonrieron, contentos de verlo, sin desesperar más por la victoria setita.

Mi madre tampoco le había preguntado por la virgen que amaba, respetando su silencio, feliz con su presencia que lo era todo para ella.

Después de bañarse y alimentarse, casi completamente recuperado del largo viaje, Javán habló con Melquisedec quien le trazó el camino que lo llevaría a Matusala.

– Él pone en ti sus últimas esperanzas, Javán... Y nosotros también – dijo el anciano, bendiciéndolo.

Con aire despreocupado y sonriente, para consolar a los que quedaban, hermoso como un dios pagano, Javán, mientras preparaba su caballo, pronunció palabras de aliento y esperanza a quienes lo rodeaban:

– Sara, ¡estoy orgullosa de los logros de Togarma! Mantente siempre bella así, para recompensarlo cuando regrese... ¡Feliz Togarma! Tienes la novia más hermosa de la llanura... Judith, ¿a dónde se fue la alegría en esos hermosos ojos tuyos? Sonríe... Tu valiente marido, en el cielo, se alegra de ver que eres valiente... ¡así!

¡Qué bonita es tu sonrisa, Judith! Más brillante que el amanecer... Y tú, mi venerado Jacob, perdiste un hijo, pero Jehová ganó otro ángel en sus huestes celestiales. Jair, los valientes no lloran... Voy a traerte un hacha Cainita de los campos de batalla para que puedas jugar al guerrero. Corah, crece un poco más y, en primavera, me casaré contigo...

Al oírlo, las mujeres sonrieron, los niños enjugaron las lágrimas de la orfandad y la esperanza renació en el corazón de los ancianos.

Así era Javán: todo amor y piedad.

Ya a caballo, señalando hacia arriba como diciendo: "¡Ten fe!", se dirigió hacia el sur. Leah, arrepentida, lo bendijo, viéndolo desaparecer en la distancia.

Débora, abrazada a Milcah, murmuró mirando al Cielo:

– Volverá, otra vez...

– Sí, si Adonay lo permite – respondió Milcah, intuyendo que no lo volvería a ver. Y dos lágrimas, largas y tristes, corrieron por su pobre rostro envejecido. Todos se fueron, incluso Débora, pero Milcah, sola, se quedó mirando el lugar donde había desaparecido su hijo.

¡Bendito, oh corazón de madres! Solo tú sabes amar hasta el sacrificio, hasta la renuncia... Corazón de madre, simbolizas el corazón mismo de Dios, difundido en ti.

¡Bendita Milcah! Perdonaste a Josepho incluso antes que buscara el perdón de Dios, mediante un arrepentimiento sincero... Dulce alma de mi madre, hermosa y pura como el loto azul, levantándose... ¡Bendita Milcah!

La llanura, en aquella época, fue escenario de terribles combates.

Desde lejos, refugiándome detrás de los primeros cadáveres, observé el encuentro de los dos ejércitos.

Sorprendiéndonos en medio del camino, rodeándonos por todos lados, los Cainitas cayeron sobre nosotros como lobos rapaces.

Ellos parecían un océano en una resaca furiosa, y nosotros, un frágil barco a punto de hundirse...

Esto no fue una pelea: fue una masacre.

Como aguas embravecidas, nos azotaron implacablemente, destruyendo toda nuestra resistencia y defensa.... ¡Si retrocedieron, por casualidad, fue solo para regresar, como olas en reflujo, más terribles y violentas!

El temor se estaba arraigando en los corazones setitas... Algunos de los nuestros ya huían, aterrorizados, por la llanura... Lamec y Togarma luchaban como dos leones furiosos...

Pero también había muchos leones Cainitas, y nos devoraron como a ovejas indefensas.

Matusala, con los brazos levantados al cielo, oró acompañado de Nathan y Harán.

- Señor - rogaron -, no permitas que tu pueblo sea destruido... ¡Piedad, Señor, piedad...!

Pero las espadas y hachas Cainitas continuaron cobrándonos la vida. La llanura parecía una inmensa morgue[32], cubierta de cadáveres... El aire estaba cargado de sangre y muerte.

Los gritos de guerra setitas fueron seguidos por gemidos y jadeos.

Sufriendo hasta el punto de la desesperación y el sufrimiento, Matusala vio cómo su ejército era destruido por los bárbaros cainitas quienes, además de ser más numerosos, tenían supremacía en armas, fuerza física y destreza en el combate.

Solo el Todopoderoso podría evitar la destrucción total... - pensó el patriarca de Seth, en el colmo de su angustia.

Apenas peleamos; golpeados por todos lados, simplemente resistimos con el deseo de sobrevivir.

---

[32] Morgue: término propuesto por el vizconde de Taunay para sustituir el término francés morgue; hoy en día está muy extendido y aceptado por todos. - Nota de Josepho.

Cuando, ya devastados, intentamos escapar, rompiendo el cerco que nos comprimía desde hacía horas en un círculo de muerte, se escuchó un grito de guerra que nos dejó a todos suspendidos, porque lo sabíamos:

– ¡Por Jehová y Seth! ¡A mí, Cainitas! – Fue el grito que resonó por toda la llanura.

Y con ese grito, otro más fuerte, porque había brotado de cientos de bocas, sacudió el aire, a mí y hasta al enemigo feroz...

– ¡Javán! ¡Javán! – Gritaron los hijos de Dios, revividos, como si mi hermano fuera el mensajero mismo de la victoria.

Sí, era Javán quien había penetrado en las filas de Tidal, indiferente al enemigo, como un bólido, trazando círculos a su alrededor con una guja Cainita, postrando a quienes se le acercaban con golpes practicados...

Por un momento, el enemigo permaneció estático, vencido por lo imprevisto.

Javán, aprovechando este ligero respiro, el repentino enfriamiento que había enfriado durante unos segundos el calor de la lucha, se acercó rápidamente a Tidal y, frenando su caballo delante del aturdido guerrero, exclamó en voz alta:

– ¡Te desafío a un combate cuerpo a cuerpo! Si ganas, nos convertiremos en tus esclavos; ¡Si gano, abandonarás la llanura para siempre!

A estas palabras siguió un gran silencio de expectación. Todos los combatientes, de ambos bandos, apoyando sus armas, miraron al líder Cainita.

Un desafío así era común entonces y si no se aceptaba, el desafiado sería visto como un cobarde, merecedor del desprecio de todos los valientes.

Tidal lo sabía, como también conocía la reputación de valor, fuerza y destreza de Javán.

Con los ojos entrecerrados, que parecían dos líneas horizontales, contemplaba, sin ocultar su admiración, la magnífica apariencia de su valiente oponente. Luego, lentamente, volvió su mirada hacia Mehujael, que miraba a mi hermano con odio asesino, y solo entonces respondió al desafío:

- Acepto, con una condición: primero lucharás contra Mehujael, a quien ofendiste mortalmente...

- ¿Como? - Exclamó Javán palideciendo.

- Myra, la sirvienta de Dinah, nos reveló tus amores con mi hermana, la prometida de Mehujael... ¿Aceptas la condición? - Preguntó Tidal en voz lo suficientemente alta como para ser escuchada por todos.

Lo que propuso era justo, porque ningún guerrero podía "robarle" venganza a otro, si era amigo. Un murmullo de asombro e indignación se escuchó entre los Cainitas; mientras una "Oh" de angustiosa sorpresa huía de lo más íntimo de los corazones de los hijos de Dios.

Las palabras de Tidal llegaron a oídos de Matusala y Lamec quienes, palideciendo ambos, intercambiaron una mirada de repentina comprensión.

Javán pareció vacilar... Sentimientos extraños hablaron en su mente. Al ver el aspecto rudo del hombre que decía estar comprometido con la virgen que amaba, una rebelión incontenida sacudió toda su alma... Sin embargo, venciendo la repulsión que sentía, vino a su mente la venerable figura de Matusael...

- Sagrado serás tú y los tuyos para mí... - escuchó decir su propia voz...

¡No! no podía arriesgarse a matar al hijo del patriarca de Enoch... ¿Qué hacer, Señor, qué hacer? Miró más allá, donde su gente lo miraba expectante...

- ¡¿Entonces?! ¿No respondes? - Sonó la malvada voz de Tidal. ¿Tienes miedo, setita?

- ¡Aceptado! - Respondió Javán, como si de repente tomara una decisión. ¿Y el arma...?

- Elegiremos; tal como se cuestiona, este derecho nos pertenece. Yo elijo la guja, ¿y tú, Mehujael?

- - El cuchillo con el que matamos a los animales - respondió con desdén el interrogado, saltando del caballo. Javán también había desmontado...

Mientras tanto, se acercaron a los dos contendientes, salvando en un galope impetuoso la distancia que los separaba del enemigo, Lamec y Togarma, quienes llegaron a situarse junto a Javán, como era costumbre en duelos similares. Vinieron para presenciar la ferocidad de la lucha, o para defender a su hermano, si había traición del otro lado.

Javán los saludó a ambos con una sonrisa tranquila. Luego, mirando libre de altivez u orgullo, pero lleno de serenidad, a Mehujael que, deshaciéndose de sus otras armas, con sus musculosas piernas abiertas y su espalda medio curvada, empuñaba el cuchillo, mirándolo con odio, Javán, confiando en su armas a Lamec, se acercó a su oponente llevando el cuchillo en su cinturón. Sin embargo, a unos pasos de distancia, tomando el cuchillo, lo arrojó a lo lejos, provocando en todos los presentes una exclamación de sorpresa y perplejidad de los setitas que estaban desorientados por aquel extraño gesto, incapaces de comprenderlo...

Mehujael no se deshizo de su cuchillo, sino que lo apretó aun más. Y, con un salto felino, atacó a Javán. Se defendió rápidamente. Así comenzó la lucha mortal... Javán más ingenioso, Mehujael más lento, pero más poderoso.

Fue una pelea terrible, porque ambos contendientes desconocían el miedo. Y Javán desarmado aumentó el interés de la lucha, agudizando el entusiasmo de los presentes que, sobre todo, admiraban el coraje y la valentía, sin importar raza, credo o situación. El valiente, en aquella época, viniera de donde viniera, era un ser merecedor de toda gloria y honor, ganándose todo respeto y simpatía, fuera Cainita o hijo de Seth. No importaba el origen: el valiente era siempre un héroe, un semidiós, si no un dios. Allí no había dos pueblos peleando entre sí, dos razas peleando por la arrogancia de los suyos; Eran, para el entendimiento general, dos hombres valientes que medían fuerzas, y, cuanto más fuertes y valientes serían los aplausos y elogios de la victoria.

El combate continuó incierto, lleno de hábiles movimientos por parte de Javán y furia por parte de Mehujael. Él contrarrestó todos los golpes con maestría y sangre fría; este último, desesperado por no haber podido golpear todavía a su oponente, desorientado por el odio que lo dominaba, golpeó a ciegas. Javán no atacó, solo se defendió, y todos sintieron que su objetivo era desarmar al enemigo enfurecido.

De repente, con un golpe titánico, el Cainita arroja al contendiente al suelo... Cae, aturdido. Creyéndolo derrotado, el hijo de los hombres se lanza sobre él para darle el golpe final... Sin embargo, reaccionando con agilidad de pantera, Javán, levantándose, salta hacia un lado, haciendo que el enemigo pierda el equilibrio y caiga a su vez, pero con tanta torpeza que, al caer sobre la mano que sostenía el cuchillo, éste se hundió hasta la empuñadura en su propio pecho, atravesándole el corazón.

Mehujael estaba muerto y no fue Javán quien lo había matado...

¡Un grito de triunfo resonó por toda la llanura! Vino de los hijos de Dios, regocijándose por el resultado inesperado de la lucha.

Pero pronto siguió el silencio. Tidal había salido al campo y se enfrentó a Javán quien, en ese momento, recibió la guja de manos de Lamec.

Además, Matusala, Nathan y Harán agradecieron al Señor misericordioso y justo.

Ante los espectadores suspendidos, los dos señores de la guerra se enfrentaron; Javán, jadeando por la lucha que enfrentó; Tidal, seguro de la victoria, tan grande era la desventaja momentánea de su rival...

Los Cainitas tenían primacía en el ataque; Javán, huyendo con el cuerpo, evitó el primer ataque del enemigo.

Con meticulosa precisión, mi hermano intentó cansar a su oponente, deteniendo todos sus golpes... Y cuando Tidal ya estaba jadeando, ¡Javán atacó! El Cainita se defendió, sorprendido...

Ambos eran fuertes y ágiles, ambos invencibles en cualquier combate.

Javán fue uno de los pocos setitas que luchó con la guja, usándola como un auténtico guerrillero Cainita. Estaba entrenado y era experto en el manejo de cualquier arma conocida en la época. Y Tidal no se quedó atrás.

Después de una lucha en la que los contendientes, por más de veinte veces, estuvieron iguales en coraje, astucia, fuerza e inteligencia; Cuando la victoria, indecisa, no sabía a quién elegir, Javán, de un único golpe, derribó al enemigo, postrándolo muerto a sus pies. El ejército de los hijos de Dios había ganado. La paz había regresado a la llanura.

Me puse de pie entre los muertos. El ejército Cainita, derrotado, se retiró de la llanura, llevando a sus espaldas los cadáveres de Mehujael y Tidal...

Al recordar ahora este fabuloso acontecimiento, siento que mi espíritu se hunde en un océano de meditaciones... Los recuerdos del pasado, como olas turbulentas, azotan mi mente, obligándome a reflexiones complejas y extrañas que, en ese momento, no habría podido sondear ni concebir.

Hoy comprendo el simbolismo de aquel momento: todas las personas que tienen el egoísmo como ley, después de sus luchas, lo único que les queda como trofeo es el cadáver de sus locos ideales... Así todos los sueños y deseos terminan en restos pútridos. de opresión, tiranía y crueldad. Sí... porque si el libre albedrío no limita el alcance de nuestras acciones, la justicia superior nos obliga a sufrir las consecuencias y limitaciones de todas nuestras acciones.

Aprendí de la vida que casi toda acción en sí misma no es nada; pero lo que viene después lo es todo. La piedra que lanzamos sin querer puede provocar una avalancha de efectos lamentables...

También entendí que hay, en determinadas acciones, una cadena de hechos previos que a veces nos llevan a ser, simplemente, el cierre de un drama que escapa a nuestro control. Servimos, entonces, como "instrumentos" de la Justicia Divina.

Por eso, si queremos analizar con equidad cualquier hazaña que se relacione con los destinos de la Humanidad terrenal, debemos diseccionarla en el tiempo y el espacio, para que podamos sentirla en esencia, estructura, verdad y simbolismo.

En todo siempre hay un poco de misterio, de esotérico.

Para alcanzar la verdad pura, necesitamos superar los hechos "ocultos."

Sin embargo, sin herir la conciencia de los sabios y justos, y sin escandalizar ni confundir a quienes aun no saben "ver" ni "oír" y, mucho menos, "comprender."

En cada era y en su tiempo, la Humanidad en general revela un poco del conocimiento del cual el Cosmos es guardián. La verdad tiene que ser medida racionalmente, para que la ignorancia y la inexperiencia no la conviertan en error.

La evolución avanza, no da saltos en el tiempo, ni se detiene en el espacio; continúa su marcha ascensional por esta Tierra y por todo el universo, hacia el infinito, en busca de la perfección que reposa en Dios.

La prudencia nos inspira siempre: cuando sea posible, escribamos los hechos con espíritu y claridad; si no, resignémonos a narrarlos con palabras, solo que... Quien sepa leerlos, que los lea. El resto se contenta con repetirlos en forma.

Sepamos también "leer" las verdades que se esconden en el esoterismo de la vida. Y no limitarse a disfrutarlo animalísticamente, sin descubrir su significado y utilidad. En cada lágrima y en cada sonrisa se esconden motivos misteriosos... Así como en el odio y el amor, en los afectos y las antipatías. Hay una mirada que nos habla de un mundo soñado de dicha edénica; otro, de la desesperación y el infierno... Ambos nos invitan a levantar el velo del pasado, donde encontraremos el "por qué" del cielo y el horror que alguna vez fijamos en esas retinas espirituales.

En la Ciencia, en la Religión, como en la vida, siempre hay una Piedra Rosetta esperando que un Champollion revele sus secretos...

Si queremos conocer la evolución de un pueblo, tenemos que estudiarlo analizándolo con claridad y justicia, sin detenernos ante las cacareadas maravillas que se levantan en los campos del progreso, como majestuosos robles, haciéndonos desestimar los pequeños hechos. que, al igual que la hierba que pisamos, nos muestran mejor que aquellas la virtud de la tierra.

Para evaluar la felicidad de un pueblo hay que penetrar en los campos, las fábricas y los talleres y no en sus palacios. Porque al comunicarnos con la gente común y no con los Creso, los Sócrates y los Temístocles, evaluamos el bienestar y el avance de cualquier nación. Y no será mediante sus sabias leyes como aseguraremos la paz y la felicidad de una comunidad, sino mediante la forma en que se apliquen en beneficio de todos.

A veces coronamos a alguien con laureles por hechos accidentales; otros, condenamos, de por vida, a víctimas inocentes de nuestros errores. ¡Cuántas veces hemos cavado, sin saberlo, la tumba donde serán enterradas nuestras más preciadas ilusiones...!

Busquemos el testimonio de la Historia: ¿Quién ignora que el ánfora de acontecimientos que precedieron a las Cruzadas estaba llena de innumerables causas y que la voz del ermitaño era solo la gota que debía desbordarla? ¿Fueron las razones de la Reforma simplemente las disputas entre los frailes agustinos y franciscanos? ¿Habría Napoleón firmado la paz en Tilsit si hubiera sabido que también estaba firmando su propia destrucción?

¡Por encima de todas las Leyes, prevalece la de la Justicia Divina!

Libres dirigimos nuestros destinos, pero como conductores de máquinas... Porque Dios es quien las construye y las confía a nuestras manos para demostrar nuestra capacidad de acción. Tenemos que saber gestionarlas con prudencia si no queremos caer en abismos... Si no queremos cargar, mañana, con los cadáveres de nuestros errores.

Pero ¿qué sabía yo entonces de Dios y de Su justicia? ¿Qué era la vida para mí, como para tantos todavía, sino un motivo de disfrute?

Recorrí caminos extraños hasta que sentí a Dios en todo, hasta que lo vi brillando en cada estrella, en las olas del mar, en las inmensas sierras y en las partículas de polvo que suavizan los caminos... ¡Cómo tuve que caminar para alcanzarlo! ¡Y Él siempre estuvo tan cerca…! Dentro de mí. Pero mi maldad me hizo imposible sentirlo.

A pesar de oír hablar de Elohim, el único Dios, no creía en Él: mi sentimiento espiritual estaba tan embrutecido que, como granito, no percibía las manifestaciones divinas.

Antes me inclinaba por el terrible culto a Moloch y Baal, la adoración de ídolos de piedra, porque podía "tocarlos" y "verlos." Vivía por los sentidos de la materia, no por los del espíritu.

Mis ojos, sumergidos en el culto a la carne, no vieron a Dios, no alcanzaron la verdad y pasaron, indiferentes, por los valles de la pura belleza y del bien celestial, que son conquistas del alma a través del amor y del dolor. Solo mucho más tarde, en medio del sinuoso curso de múltiples encarnaciones, surgió la fructífera idea de Dios que me dominó.

Antes le adoraba en Ormuzd, en Persia; en Amón, en Egipto; como Júpiter en Roma y Zeus en Grecia. Con Krishna, en la India, me fue revelada la idea de Dios como fuerza redentora, todo amor y perfección; y, siglos después, en Judea, con Cristo, aprendí la ejemplificación de este amor y de esta perfección. Pero hasta entonces, ¡cuánto error, cuánto mal, cuánto dolor y arrepentimiento...! ¡Y cuánta lucha y trabajo para deshacer, en la Tierra, todo el mal sembrado...!

Mi camino fue largo en busca de Dios. Sin embargo, volvamos al llano, a los hechos que recordábamos.

Matusala, acompañado por los demás ancianos, fue al encuentro de Javán, que estaba siendo abrazado por Togarma y Lamec, ante el aplauso de todos los guerreros.

Yo, dejando el refugio de los cadáveres, los seguí de cerca.

Mi hermano tenía una frente hermosa, ligeramente magullada y cabello desordenado. Sin embargo, sonríe...

Nuestro patriarca, radiante, besó su mejilla como un hijo muy amado. Nathan y Harán hicieron lo mismo.

Más allá, los Cainitas, derrotados, se alejaron en dirección Este. Ya no parecían una serpiente, sino un hormiguero en dispersión, con hormigas asustadas, huyendo a toda prisa. Tras ellos dejaron destrucción y muertos...

En el horizonte, el Sol muy rojo parecía una herida en el cuerpo del cielo.

Matusala, ante el silencio respetuoso de todos los combatientes, extendiendo sus manos sobre la cabeza de Javán, lo bendijo diciendo:

– ¡Gloria a Sebaoth – el Señor de los ejércitos –, que armó el brazo de Javán con Su guja vengadora! Que las generaciones venideras canten Tu gloria, ¡oh! ¡Elohim, único y poderoso Dios! ¡Honra a Javán que aplastó a la serpiente del mal! Los jóvenes repetirán mañana a sus hijos lo que presenciaron hoy. ¡Bendito seas, Javán, valiente de los valientes! ¡Santo eres tú, guerrero de Jehová! ¡Que tu valiente descendencia beba de ti fuerza y coraje! Solo hay un Dios: ¡Elohim! ¡Y su guerrero eres tú, Javán! ¡Bendito seas! ¡Eres el hijo más fuerte y valiente de Seth! Ven... ¡Celebremos la victoria con un gran sacrificio a Sebaoth, el Dios de los ejércitos! Él viene...

– Perdóname, Matusala, pero debo irme. Si el guerrero que cumplió con su deber tiene algún mérito, permítele irse...

El patriarca se sorprendió:

- ¡¿Qué dices?! ¡¿Quieres irte?! ¡¿Ya?!- Sí... La misma fuerza que me trajo hasta ti, me impulsa - respondió serenamente el joven.

- ¿Qué fuerza es ésta? - Preguntó el anciano con la voz alterada por la emoción. Impasible, Javán respondió:

- La del deber.

Me acerqué sintiendo la gravedad de la situación. Alrededor de ellos dos el silencio era completo. Lo único que se podía oír, de un momento a otro, era el gemido de los heridos más cercanos.

Sobre el campo, donde los muertos de ojos vidriosos parecían inmersos en la inmensidad del espacio, volaban los cuervos, atraídos por la sangre y el olor a muerte.

Matusala, sombrío, miró fijamente la clara mirada de Javán. Fríamente preguntó:

- ¿Y hacia dónde te lleva ahora esa fuerza?

Sin dudarlo, el joven respondió:

- Para Enoch.

El patriarca Seth palideció. Sus ojos, ansiosos, buscaron los de su hijo. Lamec también estaba tan blanco como un cuerpo sin vida. Amaba a Javán como a un hermano.

Los guerreros, suspendidos y ansiosos, siguieron el extraño diálogo.

La tensión era desconcertante... Incluso los heridos contuvieron sus gemidos para poder oír mejor. No me perdí ni una sola palabra de lo que dijeron. ¿Quién sabe si ese momento sería la perdición de Javán?

Ya se escuchaba un susurro amenazador de desaprobación. Sentí que la vida de mi hermano estaba en peligro. Unas palabras más parecidas a las anteriores, y olvidadas serían sus gloriosas hazañas... Las manos que antes lo aplaudían, lo apedrearían fríamente si confesara haber transgredido las leyes de Seth...

Mis ojos miraban rapazmente el codiciado anillo que vi brillar en la fuerte mano de Javán. ¿Quién sería el dueño del otro, quién?

Volviendo su mirada hacia mi hermano, Matusala preguntó con desenfrenada severidad; todo él era desaprobación y disgusto:

– ¿Qué vas a buscar en la maldita ciudad?

– A la que amo y deseo como esposa.

¡La calma de Javán era admirable! Parecía no sentir el peligro que lo rodeaba. ¿Por qué estaría tan seguro de sí mismo? - Me pregunté intrigado.

– ¿La hermana de Tidal? - Preguntó el anciano aun más severamente.

– Sí. Dinah, hermana de Tidal, hija de Rehú y la setita Miriam…

– ¡Jehová justo y misericordioso! - Exclamó Matusala con unción. Y tomando al joven en sus brazos, continuó:

– No hay nada malo en tu amor, Javán. Puedes irte, hijo. Te bendigo a ti y a la hija de Miriam.

Las lágrimas bañaron el venerable rostro del patriarca. Lamec también se conmovió, al igual que todos los presentes. Mi hermano sonrió, feliz.

Finalmente había comprendido la extraña calma de Javán: su amor era setita, no había pecado en él. ¡Maldito sea! ¡Cómo lo odié! Ningún poder tiene odio sobre las almas justas, porque de lo contrario mi mirada enojada habría matado a mi hermano en ese instante.

Matusala dijo:

– Estás herido y cansado, Javán… ¿Por qué no descansas unos días en la tribu, bajo el cuidado de Milcah? Te irías cuando ya te hayas curado y te hayas recuperado de la batalla…

– Lamento no poder cumplir tu deseo, venerable Matusala. Solo me quedaré unos instantes, a lo lejos me espera Dinah. Nuestra sangre corre por sus venas y por eso es odiada por los Cainitas…

Tengo que ir a encontrarla. Si los sacerdotes descubren el sentimiento que nos une, ella será enterrada viva, en honor a Baal... No podré descansar sabiendo que ella está en peligro. Myra, la sirvienta de Dinah, nos traicionó. Ya escuchaste a Tidal decir eso. Debe estar en manos de Zila, la malvada esposa de Rehú, quien la odia tanto como ella odiaba a su madre. Debo irme lo antes posible, Matusala.

- Tienes razón... No te detendré más. Lleva contigo una escolta de valientes guerreros.

- No sería aconsejable. Solo, será mejor que pase desapercibido por tierras enemigas. Una escolta llamaría la atención...

- Yo te acompañaré - dijo Lamec, dando un paso adelante.

- Sería una bendición tenerte conmigo. Sin embargo, no acepto su generosa oferta. Debes, como hijo de nuestro patriarca, asistir al sacrificio de la victoria... No puedes abandonar la tribu ahora, Lamec...

- Sí, hijo mío. Javán tiene razón. Como mi primogénito tienes que quedarte a mi lado. Pero ¿quién irá con Javán?

- ¡Yo! - Exclamé acercándome.

Todos me miraron con cierta incomodidad. Javán, con sorpresa.

- ¿Tú, Josepho? - Preguntó el patriarca mirándome con extrañeza.

- Sí, yo. Acompañaré a mi hermano, si me acepta.

- No creo que sea muy aconsejable tu compañía... - decía Lamec, cuando Javán lo interrumpió:

- Acepto tu oferta, hermano. Consíguenos buenos caballos, Josepho... El camino es largo.

Lamec, volviéndose hacia Matusala, preguntó:

- Deseo hablar a solas con Javán; ¿Estás de acuerdo, padre mío?

– Sí, hijo...

Los dos se alejaron hombro con hombro. De qué hablaron, lo supe más tarde. Pero ahora puedo transcribirlo.

Tan pronto como se distanciaron de nosotros, Lamec expresó lo que le preocupaba:

– No deberías ir con Josepho. No ignoras que te envidia... Tu hermano está enamorado de Débora y te culpa por el desprecio que ella le muestra...

– ¿Quién te dijo eso, él? – Preguntó mi hermano, visiblemente incómodo.

– No... Sabes que tengo oídos en todas las tiendas. Ha sido muy extraño el procedimiento de Josepho en estos días tan dolorosos que estamos pasando. Parecía alegrarse de nuestros reveses en el campo de batalla... No puedo asegurarlo... Pero Josepho, por desgracia, me ha parecido más un enemigo que un hermano nuestro. Muchas veces lo encontré solo, escondido en la noche, espiando nuestras conversaciones... Te enviamos mensajeros y ninguno regresó. Uno de ellos fue el valiente Jared... Cuando se fue, Josepho estuvo fuera toda la noche y solo regresó con el Sol... pero Jared nunca regresó...

Javán frunció el ceño, molesto.

– ¿Qué estás insinuando, Lamec? – Preguntó angustiado. ¿Crees que mi hermano ha caído tan bajo hasta el punto de traicionarnos? ¿Asesinando?

– No estoy insinuando, lo sospecho... Repito que el comportamiento de Josepho ha sido muy extraño... Pero no tenemos pruebas de su iniquidad. Por respeto a Milcah y a ti, no lo hemos interrogado, solo lo han vigilado. Sin embargo, es cauteloso como un zorro... Aun no lo hemos sorprendido.

Javán hablaba en serio. Se pasó las manos por el cabello desordenado, un gesto muy propio de él cuando estaba preocupado. Lentamente volvió sus ojos hacia el campo de batalla… Miraba de un muerto a otro, mirándolos con los rasgos contraídos... Luego miraba a los heridos, con angustia. Como en un sueño, las imágenes de devastación que había visto en su camino de regreso a la tribu pasaron por su mente, claras y terribles... También recordó el dolor que había leído en los ojos negros de Judith, llorando por la muerte de su marido, y la del viejo Jacob, que extraña a su hijo... Las caritas tristes de los huérfanos de la tribu le parecían desoladas, mojadas de lágrimas. Le pareció oír la voz infantil de Corah, que le decía:

– Nochor, Basemath y yo perdimos a papá...

Y su madre, Raquel, lo miró murmurando tristemente:

– Rehuel murió...

– Nuestro padre también murió... – le dijo Jair, haciendo un grito de "puchero."

¡No! Josepho no contribuiría a desgracias tan grandes... ¡Imposible! Todo eran solo conjeturas de Lamec. Pobre hermano... No inspiró amor ni simpatía, pero no estuvo nada mal. Incluso sería aconsejable llevarlo... Porque, tal vez, solo, podría, inconscientemente, cometer algún error o frivolidad que le perjudicaría, sería fatal... Y Milcah, su santa madre, moriría...

A su lado, en un silencio embarazoso, Lamec esperó a que hablara. Sintió que había herido a Javán con su franqueza y lealtad. No se arrepintió. Fue una pena que su amigo no escuchara sus consejos... Al menos habría estado protegido contra el veneno de Josepho... – meditó el primogénito de Matusala.

Yo, de lejos, elegí dos caballos entre los más ágiles y fuertes. Desde un ángulo, volví mi mirada irónica hacia el lado donde estaban Javán y mi primo. Sospechaba de Lamec. Sabía que hacía tiempo que había descubierto mis intenciones... Un día me vengaría de él... pensé, colocando las alforjas que se suponía debíamos llevar en los corceles.

Elí, uno de los guerreros, por orden de Matusala, nos preparó una bestia, cargándola con abundantes provisiones.

Mientras tanto, algunos de nuestros hombres musculosos cavaban fosas donde se enterraría a los muertos; otros prepararon camillas rudimentarias, hechas de hojas de palma, en las que serían transportados los heridos que no podían viajar a lomos de sus monturas. Los setitas se prepararon así para el regreso victorioso a la tribu.

* * *

Javán miró a su amigo y dijo:

– Lamec, perdóname, pero me llevaré a Josepho conmigo. Junto con nuestro pueblo, según tú, podría dañar a muchos; a mi lado solo yo puedo hacerlo... No dudo de ti, Lamec, aunque es difícil aceptar tus suposiciones. Josepho es mi único hermano... Sé que no es virtuoso, pero no quiero creer que sea un criminal frío y calculador... Jehová quiera que te equivoques, aunque temo que no.

Lamec extendió su mano, que su amigo tomó entre las suyas.

– Te entiendo, Javán. A mí también me gustaría equivocarme... Pero no confíes demasiado en Josepho, es todo lo que te pido. Mantenlo siempre en tu mira... ¿lo prometes?

Javán asintió, triste:

– Sí... ¡Qué triste es para mi alma saber que mi hermano es tan infeliz... y cuánto debe sufrir mi madre!

– Tus virtudes te compensan, en parte, los errores de mi primo. Tengan cuidado, entonces, con Milcah.

– Cálmate. Sé que eres un amigo. Te amo mucho, Lamec. Perdóname si guardé silencio sobre mi amor por Dinah. Tenía miedo que no te gustase, pensando en Débora...

– Entiendo... No tengo nada que perdonarte. El amor, lo sé, es como las estrellas: teme la luz indiscreta del Sol... Necesita esconderse en la oscuridad de los corazones, para brillar mejor... Todo corazón enamorado es como la noche: vive de misterios.... ¿No me dijiste un día, a orillas del Éufrates, que amabas a una estrella, Javán?

– Sí. Los ojos de Dinah brillan más que la estrella vespertina. Pero temo, Lamec, que no disfrutaré por mucho tiempo de la luz que brilla en ellos. Siento un peligro oculto esperándome en Enoch.

Esa ciudad es la guarida de la muerte... Parece estar acechando por todas partes. Con Tidal vivo, el peligro era menor, porque nadie sin su consentimiento se atrevería a tocar a Dinah... Hablo de Dinah, porque ella es mi vida. La existencia perdería todo su encanto sin ella... Los sacerdotes, que allí son los mensajeros de la muerte, temían a Tidal. Ahora son libres y seguramente recuperarán el poder que Rehú y su hijo les quitaron. No se puede saber de qué son capaces esos sacerdotes... Hacen de la crueldad un culto. Si no fuera por el patriarca Matusael, me habrían sacrificado a Baal, el monstruoso ídolo que tiene un dragón en sus brazos como símbolo de su ferocidad.

- Cuéntame cómo fue eso... - preguntó Lamec, más que un poco preocupado.

Javán, en resumen, le contó a su primo sus aventuras en la ciudad cainítica. En conclusión, dijo:

- Ahora sabes el peligro que corre Dinah en esa guarida. Si no vuelvo de allí, te lo ruego, cuida de mi madre, Lamec...

Mi primo meneó la cabeza, como si intentara disipar sus miedos. Fingió indiferencia cuando habló, aunque su voz temblaba ligeramente:

- Tendrás que volver. ¿Cuáles son estos presagios, Javán? No te conozco... Si tienes miedo de algo, ¿por qué no te acompañas? Al menos alguien más que pueda defenderte...

- No, Josepho me basta. Como en Enoch con Matusael. No estoy seguro que me condene porque causé la muerte de su hijo. Lo viste bien... No quería matar a Mehujael, solo dominarlo, dejarlo fuera de combate... Pero su propia furia lo mató... Yo no fui culpable.

- Nosotros y el enemigo testificamos: no fuiste tú quien lo mató. Si Matusael es justo como dices, lo entenderá.

- Es justo. Tan virtuoso como nuestro patriarca.

- Menos mal. Así que cálmate. Pero, volviendo a tu viaje a Enoch: preferiría que en lugar de Josepho, llevaras a uno de nuestros valientes. Cualquiera de ellos daría su vida por ti.

– No hablamos más de este tema, te lo ruego... Porque esto no me importa. Como sabes, tenemos un destino trazado... delineado de manera justa y gloriosa. Si tengo que morir a manos de Josepho, es que ya le habrán hecho algún daño para que así sea. La Ciencia de Seth dice que nadie es inocente en este mundo... También nos dice que la vida material no es más que una expresión inferior, inestable, efímera. ¿Qué es sino la dinámica del espíritu en el tiempo y el espacio? El espíritu es la única realidad pura. La gnosis me enseñó que Dios está en mí, como en ti y en todo... Pero Josepho desconoce este misticismo racional – la gnosis –, que es el don de encontrar a Dios en nosotros, a través de las facultades ocultas de la conciencia. Ignora que el alma humana es inmortal. Se guía únicamente por los instintos de la carne. Su desarrollo todavía tiene lugar en los planos terrestres. Josepho no se da cuenta que todos estamos sujetos a un progreso anímico alternativo, a veces descendente, a veces ascendente, en la existencia corporal y espiritual. Está atrapado en la oscuridad del inconsciente. El cielo juzga lo que es el infierno. Cuando alcance el estado de consciencia, comprenderá el desolado horizonte material en el que se estrecha su alma. La conciencia de humanidad me lleva por encima de la ley de la lucha por la vida... Tengo que intentar salvar a Josepho de las fuertes redes del mal tejidas por él, incluso sacrificando mi vida. ¿Qué es comparado con la salvación de cualquier alma? ¿Qué buscamos quienes conocemos la Ciencia latente de Seth? La perfección, ¿no es así, amigo mío? Soñamos con lograrlo, para que algún día podamos liberarnos de los yugos de la reencarnación, cuando, perfectos, retornemos a Dios, ya en la plenitud de nuestra consciencia, alcanzando así el conocimiento de la divinidad. Pero, ¿qué busca mi pobre Josepho? Simplemente estar en la Tierra, único estado que comprende... Lo amo porque es frágil, a pesar de pensar que es fuerte y terrible. Lo llevaré conmigo a Enoch... ¿Quién sabe si, cuando regrese, no añorará horizontes más amplios?

Javán hablaba con los ojos fijos en los de Lamec, pero parecía no verlos, absorto como estaba en la contemplación de su mundo interior.

– No quiero estar en desacuerdo contigo – respondió Lamec mirándolo con admiración –. Siempre fuiste mejor que yo y más sabio... ¡No! No protesto... Es la verdad. Continúa tu viaje en paz. Yo cuidaré de Milcah en tu ausencia. De hecho, Débora lo hará mejor que yo... ¡Ella te ama tanto a ti como a tu madre...!

– Y nosotros ella también... Aunque el mío es un amor diferente al que me impulsa hacia Dinah. Prometí casarme con ella cuando regresara de Enoch. Cumpliré mi promesa, si no muero... Sin embargo, preferiría verla en la tienda de alguien que la amara tanto como yo amo a Dinah... ¿No crees que me equivoco al decirlo? ¿Te estoy diciendo esto, Lamec?

– No... Pero Débora solo será feliz contigo... Puedes tener dos esposas y las harás felices.

Javán no respondió... Después de un breve silencio, dijo, mirando al Sol:

– Debo irme ahora, mi hermano Lamec... Ya no hay secretos entre nosotros.

Con pasos lentos, se acercaron a los demás...

Deteniéndose un momento y tomando la mano de Javán donde brillaba el extraño anillo de Ruta, Lamec preguntó curioso:

– Y el otro anillo gemelo de éste, ¿dónde está?

– En la hermosa mano de Dinah – respondió soñadoramente.

Cuando levantaron la vista, se encontraron con los míos, sonriendo demoníacamente... Había escuchado las últimas palabras de Javán.

* * *

Momentos después, partimos hacia la ciudad de los llamados hijos de los hombres.

Después de estos últimos acontecimientos, recordemos lo que ocurrió en Enoch, tras la llegada de las primeras tropas que precedieron al grueso del ejército derrotado.

* * *

El pueblo Cainita recibió la noticia de la muerte de Tidal y Mehujael con más asombro que dolor. Los dos jefes no eran amados, pero sí temidos por los hijos de los hombres.

La tensión del miedo bajo la que vivían los habitantes de la poderosa ciudad, se relajó… Respiraron sintiendo sus vidas más ligeras, libres de miedo. Y, regocijados, se sumergieron aun más en el atascal de las concupiscencias, de los vicios pecaminosos y lascivos...

Los cuerpos de los dos jefes habían sido enterrados tan pronto como los guerreros derrotados pasaron los dominios de Seth. Los dólmenes marcaron los lugares donde reposaron sus restos.

Sin embargo, los bonzos construyeron dos gigantescas tumbas de piedra y colocaron en su interior las pertenencias de Mehujael y Tidal, en un simulacro de enterramiento, y dijeron al pueblo indiferente que "allí vendría el aliento vital de los dos guerreros…" Por la noche, llevaron las riquezas acumuladas en la supuesta tumba a sus templos...

Los sacerdotes de Enoch, mediante sacrificios y exorcismos a favor de los dos guerreros muertos, ocultaron la alegría que había en sus almas con su desaparición. Y se prepararon para retomar el poder temporal de la ciudad.

Al recibir la noticia del funeral, Matusael se retiró a la casa, llorando a su hijo. No había tenido una sola palabra de censura contra Iaván. Entendió que el setita era simplemente un instrumento de la justicia divina.

Gracias a las facultades latentes de su alma, ya bastante desarrolladas en esta época de oscuridad y corrupción, había previsto ese "fin" del loco sueño de dominación y conquista que Tidal había acariciado en vida. Había sentido que las ambiciones desmesuradas del déspota hijo de Rehú tendrían como epílogo el aniquilamiento y la muerte...

En el silencio de su triste hogar, despojado de las posesiones de Mehujael que habían sido llevadas a la supuesta tumba, el patriarca de Enoch, indiferente a las ceremonias públicas llevadas a cabo por los sacerdotes en favor de los dos guerreros, sin oponerse siquiera al vandalismo perpetrado En casa, oró, ofreciendo las lágrimas de su padre, como sacrificio por la salvación de su hijo y de Tidal. En casa de este último, las lágrimas eran diferentes: tenían el color de la desesperación y la rebelión, matizadas por el odio...

Zila había enfermado de dolor. Atrapada en su lecho de enferma, medio loca, culpaba a Dinah de todas sus desgracias. Sus gritos dementes sacudieron las piedras de la casa, aturdiendo los oídos de los sirvientes que pensaban que era víctima de espíritus malignos. Al verla tan poseída, corrieron a los templos y pidieron a los sacerdotes que vinieran a esconderla... Pero estos, que antes habían sido tan serviles con la esposa de Rehú, increparon a los sirvientes, expulsándolos de los templos...

Furiosos, se vengaron de Dinah, imponiendo privaciones y malos tratos a la pobre hija de Miriam.

No salió de sus aposentos, vigilada día y noche por sirvientes y eunucos. Simplemente no la mataron, por miedo al dios setita, a quien consideraban poderoso y terrible.

Obstaculizado por el luto en su casa, Matusael ignoró las torturas que estaba viviendo Dinah, juzgándola, por el contrario, ahora libre del yugo de Tidal.

Myra, la sirvienta, también prisionera de la ira del hambre, trató de consolar a Dinah, lamentando la traición que le había hecho.

La mujer ignorante había actuado creyendo que esto beneficiaba a su ama, a quien consideraba encantada por las artes de Javán. Ella confesó su culpa a Dinah quien, compasivamente, la perdonó. De manera confusa, Myra sintió que no había ninguna "medicina" que pudiera combatir la "magia" de los setitas...

Y, ante el sufrimiento que le infligían a su querida señora, comprendió que no había hecho más que aumentar su sufrimiento, al descubrir los secretos de Talma.

Como dijimos antes, los sacerdotes de Enoch, desterrados de los templos por Tidal y Rehú durante toda una generación, volvieron a dominar. Designaron a un hombre débil llamado Ezequiel como jefe de la ciudad, unido a ellos y a sus ídolos de piedra.

Con el pretexto de purgar a los "genios" setitas, sacrificaban víctimas humanas, casi siempre elegidas entre las más fieles a la memoria de Tidal. Así, involucrando a los antiguos líderes en un clima de terror y amenaza constante, rápidamente lograron el dominio casi total de Enoch...

Casi total, afirmamos, porque a pesar de ellos, Matusael ejerció una poderosa influencia en el ánimo del pueblo, aunque permaneció alejado, recluido en su casa.

El silencio en el que se mantuvo ante los abusos del pueblo y de los sacerdotes estuvo lleno de elocuencia... Parecía decir en su silencio: "Gente, ustedes tienen la vida que se merecen. Y los sacerdotes no le perdonaron ese silencio que sonó en sus oídos como un grito de desaprobación, más fuerte y claro que cualquier advertencia expresada por un orador.

Sacrificados en verdaderas hecatombes, cayeron bajo el cuchillo de los buenos sanguinarios de Baal y Moloch, todos aquellos que podían poner a los Cainitas en su contra. Matusael, al enterarse de estas matanzas y de las orgías cada vez más demenciales a las que se entregaba el pueblo, pensó, mirando a lo lejos las columnas de los templos, donde los buitres extendían sus repugnantes cabezas:

– ¿Qué puedo hacer yo contra tanta iniquidad? Si extendiera mi mano tratando de detener esta avalancha de crímenes y vicios, sería lo mismo que soñar con oscurecer el Sol, secar el océano, contener los relámpagos... ¡Generación infeliz! ¡Desaparecerás de la faz de la Tierra de tal manera que mañana no quedará ni el más mínimo rastro de ti! Estarán confundidos en el polvo y el barro, y nadie se atreverá a decir a la posteridad: "Era grande y poderoso..." Porque ¿dónde estarán su fuerza y su conocimiento para dar testimonio de ustedes? ¡En nada, generación infeliz!

Hambrientos de poder, los sacerdotes derramaban la sangre de sus víctimas sobre los altares, al son de los cánticos siniestros y los gritos feroces de los adoradores de Baal y Moloch...

En los centinelas y lupanares, la lujuria sacrificaba almas en el altar de los placeres sensuales... Enoch exudaba sangre y lascivia.

Reinaba a través del terror una teocracia casi absoluta, aplastando a un pueblo ebrio de vicios y sexo, que se dejaba llevar como borrachos, impotentes y bestiales.

El terror ha sido siempre el arma favorita de los hombres cuando se dejan dominar fatalmente por supersticiones e intereses egoístas, sacrificando víctimas de sus pasiones al pérfido y cruel yo. Siempre actúan criminalmente si son presa de la perversión y de los malos instintos de la naturaleza humana, si un ideal puro y justo no los inspira y una conciencia superior no los domina y guía.

Estos hombres, ya sea en el campo de la política o la religión, o cuando son elevados a cualquier posición de mando o dirección, en lugar de conquistar a través del bien, utilizan el terror como instrumento de dominación...

Son los eternos verdugos de todos los tiempos.

¿Cuándo la flor de la verdad que Jesús, el divino jardinero, plantó en el mundo, brotará en la tierra agreste de estas almas, perfumándolas? ¿Cuándo el amor fraternal, como una rosa blanca, florecerá sus pétalos de luz en estos corazones "esteparios"?

¿Cuándo podrán entrar en el "Reino de Dios" anunciado por Cristo?[33] ¿Cuándo renacerán por el espíritu, lograrán una victoria completa sobre la materia? ¿Cuándo sus almas, bautizadas por el agua de la verdad y renacidas por el espíritu, dueñas de esa verdad que es vida, principio y fin de la existencia, entrarán en ese estado celestial y divino que Cristo llamó "Reino de Dios"?

Entrarán en este estado perfecto, cuando los potenciales de la inteligencia se unan en un todo; razón y voluntad; alma y materia renacidas por la verdad; cuando el hombre domina el cuerpo, a través del alma; el alma, por el espíritu; el espíritu, por Dios.

Siguiendo los caminos menos conocidos que condujeron a Enoch, Javán me dijo, rompiendo el silencio en el que casi siempre permanecía, ideando mis siniestros planes:

– Josepho, ¿no sientes que hay un alma eterna habitando en todas las cosas? ¿En las flores silvestres... en el canto de los pájaros... en el aire que respiramos? ¿Percibes un soplo divino animando a los seres?

– No, no entiendo nada... – Respondí secamente –. Algo simplemente me intriga: ¿Cómo puedes compartir tu amor entre dos mujeres? ¿Y casarte con ellas, teniendo tu corazón "noble" para dividir entre ellas? ¿Quieres explicármelo, hermano "virtuoso"? – Pregunté irónicamente, manteniendo mi caballo al lado del suyo. Javán me miró con su mirada profunda:

– Solo quiero a Dinah como esposa... – respondió con seriedad –. Ojalá "alguien digno" – y subrayó las dos últimas palabras – supiera conquistar a Débora hasta el punto que ella ya no pensara en mí... ¿Conoces a "alguien" capaz de esto, Josepho? – Preguntó, entre serio y juguetón.

Apartando la mirada de la suya, respondí con dureza:

– Sabes bien que solo a ti te ama Débora.

---

[33] **Jesús respondió:** "*De cierto, de cierto os digo, que el que no nace de la yegua y del espíritu, no puede entrar en el Reino de Dios.*" Juan, 3:5.

– Cree que me ama, sí; – él continuó –. Y tú, Josepho, ¿te gustaría sustituirme en el corazón de Débora?

– ¿Yo? – Pregunté, tomado por sorpresa.

– Sí, tú, hermano. ¿Por qué no intentas hacerte amar por ella?

– ¡Me irritas con estas palabras absurdas! – Exclamé con voz ronca –. ¿A quién le encantaría que me viera así? Sé que soy espeluznante… Solo bajo la acción de la magia podría una virgen amarme… – concluí con los ojos fijos en el anillo de Ruta.

Javán sostuvo las riendas de su caballo, obligándolo a detenerse. Yo también detuve el mío. Colocándome la mano en el hombro me dijo:

– Nadie es exactamente feo, Josepho, excepto cuando quiere… La belleza viene del alma y el cuerpo solo recibe su reflejo… ¡No hay mirada más bella que una llena de virtudes! Si quieres, hermano, puedes ser muy hermoso, irradiar simpatía, atraer, conquistar corazones, sin necesidad de hechizar a nadie… ¿Por qué no lo intentas, Josepho?

– ¡Tonterías! – Exclamé empujando mi montura hacia adelante –. No podría enamorarme de ninguna chica que se pareciera a mí… ¡La fealdad es repulsiva! No amaría a ninguna mujer que fuera fea, ni siquiera…

Me interrumpe…

– No quería traicionar mis sentimientos.

– ¿Ni siquiera Débora? ¿No es eso lo que quisiste decir? – dijo Javán completando mi frase.

– ¡No! Y no es asunto tuyo… Estoy aquí para "ayudarte…" – dije irónicamente –. Y no escuchar tus tonterías.

Javán, imperturbable, sonrió… lo que me irritó aun más. El desgraciado se burla de mí – pensé –. Ríete de mis sentimientos. ¡Cómo lo odié entonces! Y cuando miraba su hermosa apariencia, este odio crecía, casi se desbordaba en mi ser dominado por la envidia y los celos.

¿Hasta qué punto conocía mis sentimientos? – Me pregunté mirándolo con recelo. Y haciendo que el caballo acelerara el paso, me sumergí en mis oscuros proyectos...

Siguieron otros días.

Una tarde descansamos resguardados bajo un gran cedro, observando distraídamente una bandada de gacelas que jugaba en ágiles saltos a poca distancia de nosotros.

La brisa susurraba suavemente las hojas de los árboles, esparciendo el aroma del sándalo silvestre por el aire.

Fue al inicio de la temporada de calor, cuando las fuertes lluvias humedecieron el terreno cubriéndolo de vegetación baja. En aquel momento, cuando las cigüeñas voladoras parecían querer construir sus nidos en las nubes, y las "kokilas" chirriaban aun más suavemente; y las auroras eran siempre rosadas, los días cálidos, las tardes suaves y lentas... Cuando, dentro de la noche cálida, las estrellas parecían luciérnagas titilando en el campo del cielo.

La benéfica sombra del cedro refrescaba nuestras frentes soleadas. Nuestros corceles pastaban hasta saciarse de hierba verde.

El paisaje estaba lleno de sombras y luces. Javán, mirándome a los ojos, dijo:

– Fíjate, Josepho, cómo la sombra sigue nuestros cuerpos... Así debe acompañar a nuestras almas el mal que hacemos. El hombre bueno debe ser similar a este cedro que nos cobija: refresca y beneficia a todo aquel que busca sus virtudes. No necesitamos la ciencia para entender a Dios. Es visible en toda la Naturaleza, Josepho. Solo tenemos que hacernos amar por Él. Pero mira: ¡cuánta humildad en todo lo que nos rodea! Y la humildad es siempre agradable a los ojos de Dios. En la humildad de mente y de corazón reside la sabiduría necesaria para quienes desean conocerlo. Nadie necesita altos estudios para comprenderlo, sino amor para sentirlo. Porque "solo Dios puede entender a Dios." ¿Qué captan lo "limitado" y lo "finito" del "infinito" y el "espacio" infinito? Solo el "infinito" y el "espacio" pueden comprender el "infinito." Tenemos que olvidar nuestro dolor por el dolor de los demás. Las acciones que benefician a los demás son las únicas que se pesan en la balanza del cielo, no ese cielo azul que ves allí, donde vuelan las cigüeñas. Eso no es ni cielo ni azul, no es más que una ilusión de nuestros ojos, que juzgan siempre por la apariencia tan engañosa... Te hablo; sin embargo, del "estado" del cielo por el cual las almas justas, los buenos profetas, viven. El cielo en el que respiran los genios de Dios... – concluyó Javán, con los ojos iluminados por una extraña luz que brillaba como un pequeño Sol.

– ¿Cómo juzgas a Dios? – Pregunté, soñando con confundirlo.

– ¿Quién puede juzgarlo, Josepho? Todas las estrellas y soles juntos, brillando, no darían idea de la Luz del Creador que todo lo ilumina, constelaciones y nebulosas... ¡Tierra y cielo!

. – No entiendo a ese Dios tuyo... – murmuré, rascándome la cabeza. ¿Será como Moloch o Baal?

– No hace falta que lo entiendas, Josepho... Él es infinito en Sus formas; ¡Su cuerpo es ilimitado! Él ve todo y está en todo: en los dioses y en los hombres. ¿Ves esos pájaros, Josepho? también son porciones de Dios. Él vive en esa plantita de allá, como este cedro que nos da sombra. En cuanto a mí, en cuanto a ti, Josepho...

Me estiré, aburrido.

– Esta conversación me aburre. No te cansas de explicarme estas cosas. Solo creo en esta tierra – dije tomando un poco de arena en mis manos. Haciéndolo caer entre mis dedos, continué:

– ¡Sí, es poderoso! Nos alimenta en vida y, después de nuestra muerte, devora nuestros cuerpos. Todo pasa, solo ella se ríe del tiempo y de las generaciones. La tierra es más poderosa que Jehová, y más terrible que Baal y todos los dioses y elementos...

– No, Josepho... Solo hay un Dios, Jehová. ¡Y Él es eterno y está en nosotros! Y si todo contiene a Dios, si Él está en todo, no hay muerte. Nada se destruye, Josepho, ni siquiera la materia... Se transforma y renace en una nueva manifestación de la vida eterna. Quería hacerte entender, hermano...

– ¡No te molestes en este trabajo inútil! – Y vistiéndolo en voz de falsete, continué:

– Solo hay un Dios...

– Todo es Dios... No hay muerte...

– ¡Por Marduk y todos los demonios! Me haces reír...

Y realmente me reí a carcajadas, ahuyentando a las gacelas que huían despavoridas...

– ¡No hay muerte...!

– ¡Oh! ¡Vaya! – Me reí, y de un salto tomé en mis manos un pajarito que de repente había visto piar en un nido suspendido en una de las ramas del cedro. Y en menos de un segundo, lo estrangulé con mis dedos, sin darle tiempo a Javán de evitar el gesto.

– ¡Para! – Me gritó adivinando mi intención.

– ¡Oh! ¡Vaya! ¿Ves? ¿Es esto muerte o no? – Pregunté mostrándole el pajarito muerto. Javán me miró con inmensa tristeza. Angustiado me preguntó:

– ¿Eres humano, Josepho? No pareces...

Y se alejó lentamente, dirigiéndose hacia nuestros caballos. Yo, arrojando el pájaro muerto, seguí su ejemplo y, en silencio, continuamos el camino.

Cuatro soles después, cabalgábamos por tierras de Cainitas. Hasta el momento el viaje se había desarrollado sin grandes accidentes. Solo encontramos rastros de las tropas de los hijos de los hombres. Marcas de campamento, fuegos extinguidos, restos de comida. Y muchos dólmenes marcando tumbas. Vimos que no todos los heridos pudieron llegar hasta Enoch.

Javán me siguió, ahora siempre silencioso y triste.

Dos veces me había salvado de caer en trampas para bestias salvajes colocadas por cazadores. En otra ocasión, me había arrebatado de las garras de un tigre, matando al peligroso animal. Cuando se nos acabó el agua, me dio su parte, que acepté sin dudarlo. Ni siquiera le agradecí sus favores y su altruismo. Javán también parecía indiferente a mi ingratitud o reconocimiento...

Siempre actuó impulsado únicamente por el alto sentido de humanidad que guio todas sus acciones. Hacer el bien era algo común en él, tan natural, que lo practicaba sin pensamientos preconcebidos. Me ayudó como lo haría con cualquier otra criatura en dificultades. Era bueno por naturaleza, no porque quisiera parecerlo.

En Javán, cada sentimiento se manifestaba con sencillez y tal pureza que sus acciones tenían sabor a fruta madura. A él se le podrían aplicar aquellas palabras de Tennyson sobre Sir Galahad: era "sin mancha y sin reproche."

* * *

Los lectores preguntarán: ¿Cómo podía existir un espíritu tan puro y noble en aquellos tiempos anteriores al diluvio? - Responderemos: No es el tiempo el que crea a tales hombres, sino aquellos que se distinguen en el tiempo, diferenciándose de los demás por sus elevadas virtudes.

Por casualidad, espíritus como el de Rama, aquel primer legislador ario de "ojos de loto azules", el conquistador de la tierra que poseía el "Himavat", aquel que hizo del "cordero" el símbolo de su ideal, no tardarían siglos en aparecer y siglos más allá de aquella Humanidad que transformó los fragantes bosques de la antigua Escitia en terribles guaridas de magia y brujería que exhalaban sangre y muerte? ¿Y Krishna? ¿Pitágoras? Hermes y Moisés, Sócrates, Platón[34] y muchos otros espíritus evolucionados, ¿no se distinguieron todos en su tiempo como excepciones en medio de la barbarie general, la vulgaridad, la ignorancia y el atraso espiritual de su época?

---

[34] Platón predijo que si aparecía en la Tierra un Ser puro y justo, sería arrestado, azotado y crucificado por aquellos que, a pesar de estar llenos de iniquidades y vicios, tenían fama de buenos y justos. - Nota de Alfredo.

Podríamos comparar los espíritus angelicales de Francisco de Asís[35] y Antônio de Padua, ciertamente no. Sería lo mismo que querer equiparar el canto de una alondra con el graznido de los cuervos.... Los espíritus puros, aunque raros, siempre han existido como mensajeros de la palabra que, desde el principio, velan por la Tierra.

En ningún momento, por distante y oscuro que fuera, los seres carecieron de la Guía del Cristo. Esto presidió la génesis del orbe, y siempre fue sentido por el hombre, incluso cuando él, fugitivo de la nada, en embriogénesis en el útero de la Creación, transitó por los Reinos mineral, vegetal y animal, antes de emerger a la luz como pensamiento, ser, señor de la razón y la conciencia, ingreso al Reino de la racionalidad o humano.

Gracias a la Revelación, estos espíritus de élite supieron que la palabra los llamaba desde lo Alto, con la certeza de la integración en Dios. Por sumisión a este Ser Divino que los inspiró y guio en el silencio de los templos iniciáticos, creando así la sagrada Ciencia Esotérica, estos buenos espíritus se sacrificaron, casi siempre, en holocausto a la evolución humana, para cuyo fin descendieron a la Tierra. A esta Tierra que el verbo dirigió desde el principio, moldeándola para la vida, cuando, aun masa innoble, fue arrojada por el Sol al espacio a una distancia aproximada de 149.000.000 kilómetros.

---

[35] Una vez, arrodillado ante el hermoso crucifijo bizantino en la iglesia de San Damián, en Asís, Francisco oye, procedente de la cruz, una dulce voz – "Francisco, ¿no ves que mi Casa está cayendo en ruinas? Ve y reconstrúyela." Pensando "Poverello" que la voz se refería al templo de San Damián que estaba en ruinas, sale a mendigar ladrillos y lo restaura. Pero eso no fue lo que pidió la voz. En un sueño, el Señor lo ilumina ordenando a Francisco, a través de la palabra inspirada, reavivar la Fe en los hombres. – Nota de Alfredo.

Misa que Él – el Cristo– transformaría en cuna y escuela de espíritus y reformador de almas, después de someterla a los golpes de las fuerzas telúricas y electroquímico–físicas, y a las Leyes de rotación y traslación, de la procesión de los equinoccios, de la mutación y la variación de la oblicuidad de la eclíptica y la ley de la gravedad, las leyes combinadas de atracción y fuerza centrípeta, y muchas otras que impulsan continua y armoniosamente toda la mecánica del universo infinito.

Perdone, lector, estos muchos paréntesis que hemos abierto en nuestra narrativa. Los utilizamos como ciertos ríos que, soñando con construir sus valles risueños, describen sinuosidades en las profundas gargantas de las montañas...

Yo, Josepho, soy como el Sena y Mosa: recorro los meandros de la memoria, construyendo los contornos de una obra que sueña con proyectarse en las almas, no como algo nuevo, sino como un estímulo para quienes, desesperados o casi sumergidos por erosión de la vida, descreen en la misericordia divina... Que ayude a mis hermanos en la carne a construir, sobre la Tierra en erupción, los valles risueños de la bienaventuranza eterna.

* * *

Sí... Mi hermano ya era, en ese momento, similar a Sir Galahad.[36] Él, como él, debió haber tenido la "espléndida visión del divino ideal de Jesús." Javán debió haberlo visto, porque supo encaminar su vida inmaculada hacia un fin noble. Pero sigamos...

En nuestro viaje, los días fueron largos y agotadores. Mi hermano, ahora siempre silencioso, permanecía alerta, escudriñando los caminos, como si intuyera algún peligro inminente.

---

[36] Sir Galahad buscaba la Copa con la que el Señor ofreció vino en la Última Cena, el Santo Grial que solo los justos y puros podían ver. Bayard, de todos los caballeros que lo buscaban, era el único que podía contemplarlo. El Santo Grial era el símbolo del ideal de Cristo.

Una madrugada, cuando la Luna, que había aparecido junto con el Sol[37], parecía esconderse entre las nubes como avergonzada de la mirada ardiente del rey, me despertó Javán quien, cautelosamente, me señaló algunos grupos de líquenes gigantes que estaban plantados más allá. Al principio no vi nada sospechoso; sin embargo, cuando miré más de cerca, noté que algunas figuras, a lo lejos, se arrastraban hacia nosotros, refugiándose detrás de los líquenes.

El día anterior, al caer la noche, habíamos acampado, cerca de Enoch, a la sombra de una especie de plátano [38] que nos refrescaba con sus hojas extendidas, tocados por la brisa que refrescaba el calor. Me quedé dormido pronto... Pero la presencia de los Cainitas no fue una sorpresa para mí. Desde el inicio del viaje lo había estado esperando, deseándolo con ansias. Mientras Javán era todo precaución, yo, en medio del viaje, secretamente intentaba dejar señales de nuestro paso en los senderos. ¡Grande fue mi iniquidad...!

Fingí tal horror cuando vi a los Cainitas abalanzarse sobre nosotros que Javán, tranquilizándose, dijo, ya rodeado y retenido por más de treinta hombres:

– ¡No tengas miedo, Josepho! Es a mí a quien buscan.

De hecho, los Cainitas reconocieron a Javán como el asesino de Tidal. Los que nos sorprendieron eran parte del ejército que había sido derrotado en el llano. Abrumados por el impacto del inesperado epílogo de la lucha, ellos, en aquella ocasión, tras la muerte del gran líder que los llevó a luchar, se sintieron aniquilados; pero, pasado el momento de sorpresa, se armaron de valor y,

---

[37] La Luna debió haber estado en la noche de Luna. – Nota de Josepho.

[38] El plátano –*musa paradisíaca, musa sapientum*–, la Kandali de los brahmanes, la "pacova" de los aborígenes, ya existía en aquella época. Según el profesor Kuntze, notable botánico alemán, el hecho que ya no tenga semillas indica que estuvo sometido a un cultivo muy largo, "siendo legítimo suponer que se remonta al período antediluviano." – Nota de Alfredo.

sometidos por el primitivismo de sus instintos, idearon planes de venganza.

Cuando ahora se enfrentaron a quien había causado su desgracia y vergüenza, comprendieron con alegría que Moloch y Baal no los habían abandonado, como temían. Estaban exultantes y terribles...

Los jefes, separados en grupo, discutían entre ellos el destino que le darían a mi hermano.

Javán, siempre juzgado por los Cainitas, miraba a sus exaltados enemigos, con aparente calma, sin miedo. ¡No pude evitar admirarlo! Como siempre, envidié su coraje y valentía. En ese momento que fue quizás el preludio de su martirio, no se dejó abatir. Tranquilo y confiado, miró fijamente al enemigo, sin expresar ira ni resentimiento. Viviendo solo para el bien y para Él, supe que la muerte de quien siempre ha vivido en la verdad es la acción suprema que conduce a la vida eterna. Su coraje residía en desdeñar las apariencias, temeroso solo de los principios inmutables y divinos. Tenía miedo de carecer de estos principios que eran la síntesis de las verdades esotéricas entonces conocidas, de los santos misterios enseñados por Seth, de los cuales era conocedor.

Después de una prolongada discusión, uno que parecía de mayor rango se destacó del grupo de jefes Cainitas y, acercándose solemnemente a Javán, mirándolo, le dijo:

– No te mataremos. Serás conducido con todo el honor y respeto debido a un hombre valiente, a Enoch, donde te sacrificaremos a nuestros dioses.

– Al hacerlo, respondió Javán, te burlas de la palabra de tu valiente líder, el valiente Tidal. Luché y gané lealmente y, lealmente, tú y los tuyos deben respetar el pacto que hicimos en el llano. Si me encarcelan, demostrarán que el honor de los Cainitas pereció con Tidal.

Ante esas valientes palabras, el Cainita sonrió felinamente, colocando su mano en el mango del cuchillo. Por un momento pensé que iba a matar a mi hermano, tal era el odio salvaje que vi brillar en sus pequeños ojos rasgados. Sin embargo, Javán no lo ignoró.

Relajando sus músculos, tensos por la repentina furia, el Cainita, ampliando aun más su sonrisa, respondió:

– Tu coraje es digno de nuestros dioses...

Y, sin esperar respuesta, se alejó al encuentro de sus compañeros.

Mi hermano fue subido a lomos de un animal y, debidamente escoltado, continuaría de este modo hasta Enoch.

Antes me dio una larga mirada donde leí angustia y súplica... Desvié la mía, temiendo traicionar mis sentimientos íntimos.

También fui llevado ante la presencia de los jefes. Fue fácil conseguir que me reconocieran como espía Cainita gracias a una contraseña común. No revelé que el prisionero era mi hermano. Le expliqué que lo acompañaba con la esperanza de entregárselo a los vengadores de Tidal. Si creyeron mis palabras, no lo sé. Lo cierto es que no me molestaron, permitiéndome acompañarlos a Enoch. Javán desconocía mi destino, porque estaba estrictamente prohibido que nos acercáramos al prisionero, y yo no tenía intención de hacerlo...

Alejado de Javán, permanecí solo durante el resto del viaje.

Con alegría satánica vi abrirse las puertas de la poderosa ciudad para recibirnos.

Javán fue llevado a la prisión del templo de Baal; mientras yo, aceptado por todos – me dijo Cainita.

Caminé indignado por los lupanares de la ciudad, emborrachándome de mosto y mujeres, tratando de ganar tiempo para llevar a cabo mis sórdidos propósitos.

Me acerqué, haciéndome amigo de algunos guardias y acólitos de los templos. Íbamos juntos a tabernas, donde yo cubría todos los gastos, alimentando sus vicios y miseria. Los esclavicé así a mí, satisfaciendo sus deseos insaciables, para que mañana no pudieran decir "no" a ninguna petición o exigencia que les impusiera.

Es de esta manera triste que nos convertimos, ante la justicia divina, en asesinos de almas, cuando deliberadamente proporcionamos a las criaturas el veneno de los pecados. Cada vez que utilizamos las debilidades y los vicios de los demás en nuestro beneficio, si no matamos, nos convertimos en cómplices del suicidio de estas conciencias. Y es un crimen tan nefasto como asesinar sus cuerpos.[39] Procedamos...

* * *

El encarcelamiento de Javán permaneció secreto, por orden estricta de los jefes, asesorados por el Sumo Sacerdote de los templos de Enoch, temeroso – dijo –, que los enemigos de Tidal no estuvieran de acuerdo con él. Yo, por mi parte, también tenía todo el interés en no romper esta confidencialidad...

Enoch respiraba un terrible aire de desconfianza y muerte. Los sacerdotes, día a día, volvieron a dominar cruelmente. Los sacrificios humanos, como ya hemos dicho, se realizaban en todos los templos. Los sacerdotes sembraron el terror y una teocracia casi absoluta pronto asfixió a los habitantes de la ciudad pecadora.

---

[39] Estas almas, cuando nos volvemos a encontrar con ellas en el espacio o en nuevas encarnaciones en los planos físicos, quedan magnetizadas hacia los espíritus. En el primer caso, en la ilusión que podemos proporcionarles goce y satisfacción periespiritual; en el segundo, empujándonos, estando en la carne, al mismo abismo de vicios y errores en el que una vez los hicimos caer. En este caso casi siempre se disfrazan presentándose como nuestros mejores amigos y compañeros. Solo cuando hayamos deshecho en sus corazones todo el mal del que fuimos agentes, nos darán la paz, vencidos por la luz clarificadora del Evangelio de Jesús. - Nota de Alfredo.

* * *

Una tarde, dos guardias del templo de Baal, desconocidos para mí, tomándome de los brazos, me ordenaron que los acompañara. Sentí que me desmayaba... Pusilánime, ante la perspectiva del peligro, temblaba como si las fiebres del pantano me quemaran la sangre.

Mirando aterrorizado a los guardias, pregunté con voz temblorosa:

– ¿Por qué me arrestan?

– Pronto lo sabrás... – dijo uno de ellos, lacónicamente, haciendo crecer aun más el sentimiento de miedo que se había apoderado de mí.

¿Qué daño había hecho? – Me pregunté a mí mismo. ¿Javán me había dicho que yo era su cómplice? Pero, ¿cómplice de qué? No... Javán era incapaz de traicionar a nadie. ¡Oh! ¡Jehová! ¡Baal! ¡Moloc! ¡Oh! ¡Dioses del cielo y de la tierra, vengan en mi ayuda...! ¡Sálvenme, dioses todos poderosos! ¡No me dejen morir...! – supliqué para mis adentros.

Caminé, o mejor dicho, fui arrastrado por los guardias, porque mis piernas se negaban a moverse... Miré, exhausto, sin ver el paisaje rubio como el Sol.

Los transeúntes se detuvieron, algunos riendo, otros disgustados, pensando que estaba borracho. Mi cara debió verse horrible, porque escuché voces de niños gritando, asustados, al pasar. La gente, tal vez las madres, decían tratando de calmarlos:

– ¡No tengas miedo! Él es solo un hombre...

Un hombre... Ya no me sentía un hombre, sino una sombra, un espectro de un hombre. Todo me parecía lejano, apartado. Un pensamiento había aniquilado mi pasado y mi presente: ¡iba a morir...! ¡Oh! ¡Moloc...! ¡Moloc! ¡Piedad...!

El miedo me volvió loco, confundiendo mi razonamiento y mi razón. Una angustia mortal me oprimió.

* * *

Me impactó el miedo de aquellos que no sabían vivir, que siempre despreciaron las manifestaciones de la belleza, de amor y verdad espiritual. De aquellos que pasaron sus encarnaciones cayendo siempre más bajo, más profundo, presa voluntaria de la bestialidad de la materia.

Este miedo alucinante del espíritu a punto de dar cuenta a la justicia de Dios, de cómo usó su libertad...

El miedo de la conciencia que despierta, recordando... que no supo encontrar la luz en el mundo de las tinieblas, la verdad en medio de la mentira, el amor en el océano del odio, la paz en las luchas de la Tierra.

Miedo que todo lo deforma y confunde, que hace de la muerte una sangría de bienes, un aniquilamiento de todo, en lugar de la eterna resurrección. De aquellos que hicieron de los goces y placeres de la carne el único objetivo de la existencia.

Miedo a esta incógnita de las almas que ya limpiaron el camino evolutivo de las piedras del mal. Almas que saben que el Más Allá es la plenitud de la vida. Que la Tierra es casi siempre una pesadilla... Almas que no temen a la muerte, porque realmente creen que después de la muerte un delicioso desvanecimiento las impregnará, descansándolas, haciéndolas olvidar las imágenes y recuerdos burdos del mundo físico, donde viven, donde fueron exiliados; que están seguros que serán envueltos, en el espacio, por la paz como por una suave caricia; que cuando despojen el capullo de la carne crearán alas, dominarán el infinito; al regresar al hogar espiritual, encontrarán esperándolos seres humanos, hombres y mujeres, que los conducirán a la gloria de una vida nueva... Vida donde los pensamientos son claros como la luz misma, y brillan el amor y la ternura ¡a través de cuerpos translúcidos en una maravillosa gama de espléndidos colores!

Allí amarán en comunión espiritual, perfecta y pura, desconocida en la Tierra. Comunión que es un canto vivo, del que cada alma será un verso, viviendo cada una según la vida de todo.

Allí captarán la verdadera sabiduría, encontrarán una extraña y deslumbrante felicidad, en unión con todas las criaturas, unidas por profundas afinidades, confundiendo sus luces en la luz cósmica, que es el alma del universo; luz que oscurece los soles como si fueran luciérnagas sin fuego, faros apagados...

Solo aquellas almas que saben aprender, a través de él, el poema de la palabra, sienten la armonía de la teoría sinfónica del universo y graban en sus inteligencias el preludio y epílogo de las enseñanzas del amor divino, no temen a la muerte.

Me detuve, de repente... En el horizonte, dominando las otras casas, se alzaba la silueta del templo de Baal. Del gran altar de piedra, erigido a la entrada, el aire llevaba un olor a sangre mezclado con carne quemada y escombros.

Sobre el templo, cuervos y buitres extienden sus alas, como cruces negras.

Atónito, me quedé mirando al coloso de piedra... Debí pasar segundos en esa contemplación; pero parecieron horas... Uno de los guardias me empujó exclamando impaciente:

– ¿Qué tienes? ¿Estás borracho? Pareces un muerto viviente...

– ¿Muerto? ¿Yo? – Oh hombres buenos, no me maten... Tómenme como esclavo, pero déjenme vivir... ¡Por Baal! ¡Por Moloch! Déjenme vivir... – supliqué gimiendo.

– ¡Para con eso! ¡Dices locuras! Vamos... – gritó el mismo guardia que había hablado antes.

Como en una pesadilla macabra, me empujaron al templo. Pasamos por pasillos que me parecieron laberintos sin fin. Ya a punto de desmayarme del miedo, vi que me conducían a una gran sala, donde un anciano de piel oscura, de mirada dura y fría como la de un tigre, estaba sentado en una especie de trono labrado en piedra. Llevaba un vestido largo de rayas blancas y negras, sostenido por un cinturón tachonado de piedras; y, sobre su cabeza rapada, un tricornio en el que brillaba una enorme piedra color sangre. De sus fuertes hombros colgaba un manto púrpura. Sostenía un bastón con la figura de un dragón, símbolo de Baal, entrelazados.

Me retiré, en el colmo de mi terror...

Ante mis ojos muy abiertos, tenía al sumo sacerdote de Enoch.

A la entrada de la puerta, los dos guardias se inclinaron, en actitud de respeto.

Mis piernas se relajaron e hice una genuflexión, encogido como un pobre ratón ante un león.

– ¡Acércate! – Ordenó el pontífice tocándome con la punta de su bastón. Me arrastré hacia él, de rodillas, sin el valor de mirarlo.

– Escúchame y no me hagas preguntas inútiles. Lo sé todo, lo escucho todo. Los oídos y los ojos de Baal están por todas partes. Es el señor de la vida y la muerte de las criaturas.

Hizo una pausa y continuó lentamente:

– Tú eres Josepho, hijo de Jafet, de la tribu de Matusala, de los descendientes de Enoch.

Me sentí desmoronándome, cayendo en un abismo... Mi visión se oscureció... Mi lengua, entumecida, estaba inerte, sofocando mi voz. Se me escapaba la conciencia de las cosas... Era un dragón, no era un hombre, no. Y el dragón habló, y su voz era como un látigo mágico, golpeaba sin golpear, y venía de muy lejos, a través de la noche inmensa:

– Eres el hermano de Javán, el valiente asesino de Tidal.

El dragón me iba a devorar... Sentí, cerca de mi carne, su boca pastosa y negra... .

– Javán, a quien odias, como todos los de tu tribu...

El dragón retrocedió... Salí lentamente del abismo, como un "carrusel" que se detiene poco a poco, cansado de girar.

– Eras el más eficiente de nuestros espías. Quiero que sigas, no en tu tribu, sino aquí, haciendo nuestros ojos y oídos...

Como quien despierta de una horrible pesadilla, levanté la cabeza y miré atónito al sumo sacerdote. Respiré hondo y la sangre circuló por mi cuerpo, que parecía momificado.

– ¿Qué respondes?

– ¡Mi vida te pertenece, poderoso hijo de Baal! – Dije exclamativo, inclinando la cabeza, sintiéndome revivido.

Entregándome un anillo que se había quitado de uno de sus dedos, el pontífice continuó:

– Sujétalo. Simplemente muestra este anillo que tiene, verás, el símbolo de Baal, y todas las puertas se abrirán para ti. Si lo necesitas, puedes entrar, presentano este anillo, en cualquier casa, templo y prisión, aunque escucha todo, ve todo... Pero no lo olvides: tus oídos y tus ojos nos pertenecen... y tu vida.

¿Lo entiendes? – la amenaza que velaba sus palabras me dio escalofríos.

¿Escuchaste? – Preguntó, ante mi silencio.

– Sí, poderoso dios viviente...

– Puedes irte... ¡Llévenselo! – Ordenó a los guardias.

Me alejé libre de todo miedo. Los guardias me dejaron en la puerta del templo.

Afuera miré el paisaje como si lo viera por primera vez... ¡La alegría satánica invadió mi ser! ¡Estaba vivo y tenía una contraseña que me abriría todas las puertas...! ¡Sí! Yo iría a Javán. Necesitaba conseguir el anillo de Ruta. Marduk y todos los genios malvados deberían protegerme...

Miré el Sol que ahogaba el ocaso... ¡Cómo debían abrasar sus rayos los besos de Débora!

Levanté la cabeza desafiante, hundiendo la mirada en la extensión y, como hablando con alguien, exclamé con arrogancia:

– ¡No morí! ¡La vida lo es todo! ¡Vida y tierra! ¡Esta tierra! – Casi grité, tomando un poco de arena y tirándola al aire.

Los buitres y los cuervos, asustados, se alejaron revoloteando y se posaron en las frondas de un palmeral. Inflando mi pecho, dilatando mis fosas nasales, caminé. Anhelaba vino y mujeres.

– Huye de las mujeres Cainitas... Sean puros y buenos, hijos míos...

¡Tonta Milcah...! ¿Por qué ahora me vienen a la mente tus palabras? ¿Por qué? ¡Disparates! Apresuré mis pasos. Todos los recuerdos desaparecieron. Solo yo existía. Yo, dentro de la vida. Fui a las tabernas de Enoch, donde me esperaba el placer.

La Tierra, esa parte, se había retirado al silencio, esperando que emergieran las estrellas. Estaba oscureciendo.

Yo era verdaderamente el oído y el ojo de Baal. Contribuí así, traicionando las palabras y gestos sospechosos de los Cainitas, a mantener rojos y húmedos los altares de los templos de la terrible ciudad. ¡A cuántas víctimas inocentes de los crímenes acusados he llevado al sacrificio!

Sin embargo, no olvidé mis propósitos. A través de los acólitos y guardias con los que bebí, descubrí todo lo relacionado con Javán. De esta manera supe que se esperaban las grandes fiestas dedicadas a Baal, cuando los sacerdotes las cerrarían sacrificando a mi hermano, como el oblato más digno y mayor hecho al ídolo. El final de las fiestas debía coincidir con la luna llena.

Logré obtener esta y otras revelaciones de mis infortunados compañeros de adicciones, a costa de mucho beber.

Los emborraché para que sus lenguas contaran todo lo que oían en el secreto de los templos.

De sus informaciones deduje las razones por las que los sacerdotes pospusieron la muerte de Javán. En primer lugar, querían ganar tiempo: todavía no estaban seguros del poder usurpado. Segundo: temían a "alguien" con quien ni siquiera el sumo sacerdote se atrevía a cruzar: Matusael. El secreto mantenido en el encarcelamiento de mi hermano se debió más al miedo al patriarca de Enoch que incluso a los enemigos de Tidal, quienes no tendrían ningún interés en evitar la muerte de Javán. Todo lo demás era un pretexto... Si los bonzos odiaban a Tidal ¿cómo iban a vengarlo? La verdad es que quisieron sacrificarlo por miedo, convencidos que Javán había venido a Enoch para unirse al patriarca. Una vez lo había arrancado del altar del holocausto; Ahora, notoriamente, pretextarían que la muerte del setita sería un indulto para el dios profanado por Matusael.

Los sacerdotes veían a Javán como un enemigo peligroso, al que habrían eliminado hace mucho tiempo si no fuera por su vano deseo de hacerlo público, como testimonio de su fuerza y, sobre todo, de su victoria sobre el patriarca de Enoch. ¡Que todos sean testigos de lo terrible que era Baal! El jefe setita había sido robado una vez del altar del sacrificio; pero el "brazo" de Baal lo había buscado muy lejos... ¡Nadie, que todos lo vean, podría escapar de Baal!

Éstos eran, en efecto, los planes de los astutos bonzos de Enoch.

* * *

Ezequiel, el jefe sagrado para el sumo sacerdote como reemplazo de Tidal, era una marioneta en manos de los sacerdotes.

Solo para satisfacerlos, él, débil y tímido, aunque ambicioso, cazaba como fieras a cualquiera que se rebelara contra la peligrosa teocracia que se estaba instaurando.

Solo una voz se levantó contra esa ola de crímenes y abusos: la de Matusael. Sin embargo, era como si el patriarca de Enoch estuviera predicando en medio de la furia de un vendaval: su poderosa voz no fue escuchada, ahogada por el rugido de la tormenta que, desastrosa, había azotado al pueblo Cainita.

Si no fuera por algunos restos de miedo que los bonzos sentían por la gente común, hace tiempo que lo habrían silenciado para siempre.

* * *

Toda esta sangre y horror que involucraba a hombres ebrios de placer, preludió el ocaso de una era.

Una época que había conocido la grandeza y el esplendor de la inteligencia, pero utilizaba el fruto de la "imaginación de los pensamientos" [40] únicamente para el Mal. Estos hombres se convirtieron entonces en gigantes [41] en sus creaciones ciclópeas, pero los enanos de los vicios y los pecados dominaban, sorprendiéndolos dormidos. sobre el suave lecho de las concupiscencias.

Debilitados, subyugados por la corriente fundida por las manos del egoísmo más feroz e inhumano, aquellos gigantes parecían ahora autómatas movidos por una energía malévola. Y, mecanizados por el mal, destruyeron de generación en generación sus propias obras, indiferentes a lo que hacían como cuerpos sin alma.

* * *

Además, hace milenios, en el vasto continente de Lemuria – "hábitat" de la raza Ruta – el fin de un ciclo había descendido sobre un pueblo rudo, egoísta y vengativo, haciéndolo desaparecer de los escenarios terrenales. Más tarde – en un espacio de milenios – la misma oscuridad que había envuelto a la pétrea Lemuria, oscurecería las soleadas tierras de la Atlántida, el inmenso continente que tenía el océano como tumba... En una tumba líquida se sumergió la Humanidad que la habitaba, compuesta por hombres de color brasa, fuertes y poderosos, desarrollados psíquicamente, dueños de maravillosos progresos materiales, conocedores de las leyes cósmicas y dominadores de los elementos telúricos – tierra, agua y aire – dueños de tal poder inventivo que, si el cataclismo que abismó si no hubieran destruido toda la

---

[40] Génesis, 6: 5.
[41] *Había en aquellos días gigantes en la Tierra...* Génesis, 6: 4.

documentación almacenada en sus templos dorados, los inventores de los siglos históricos no patentarían este inmenso número de inventos, muchos de los cuales pertenecían al ingenio atlante y eran de uso común en aquella época. Los icaros modernos tuvieron sus precursores en aquellos atlantes que dominaban el aire en sus máquinas muy similares a las diseñadas por los hermanos Montgolfier y Santos Dumont, milenios y milenios después.

Además, al igual que los científicos del siglo XX, los sabios de aquella época fabulosa revelaron el secreto de la desintegración atómica, confiándolo en manos de los poderes fácticos de sus naciones.

Sin embargo, en lugar de utilizarla para las necesidades de la paz – industrializar la fuerza atómica – la convirtieron en armas terribles, provocando el cataclismo que sumergiría a toda la portentosa civilización.

Como hoy, aquella Humanidad ignoraba que el descubrimiento que había hecho era el más peligroso de todos; lo que podría llevarlo a la ruina, a la destrucción total, si no se utilizara concienzudamente.

Tanto en la prehistoria como en la historia, el hombre siempre ha preferido, cuando estaba en juego, dominación mundial, medios destructivos más que pacíficos. Por eso la guerra sobrevive como un mal crónico, incurable, que enferma permanentemente el organismo de la Humanidad. Gracias a ella – basándonos en tiempos históricos –, ¡cuántas civilizaciones se extinguieron sin legar al futuro el fruto de sus múltiples conocimientos![42]

Los atlantes, desvelando el secreto de los átomos, realizaron la más fatídica de las conquistas, un logro que los llevaría a la ruina de tal manera que el futuro preguntaría, incrédulo:

– ¿Existieron? ¿O eran estos atlantes nada más que creaciones de cerebros visionarios? Si existieron, ¿por qué no dejaron huellas en el tiempo y el espacio?

---

[42] Teca e Inca, por ejemplo.

Existieron, pero estos cerebros privilegiados no dejaron mensaje al futuro, porque revirtieron las conquistas de la inteligencia hacia el mal. Y el mal es como el óxido: destruye cualquier trabajo, por grande que sea, cuando se expone al egoísmo: el óxido corrosivo de las civilizaciones.

El progreso material e intelectual de un pueblo está fijado en el tiempo si se ve agravado por la fuerza altruista; de lo contrario, no podrá resistir la acción de milenios.

Progreso, se entiende: es una marcha en busca de la perfección.

Las calles de Enoch fueron decoradas para las festividades de Baal, cuando fui a Javán, en la prisión del templo.

Precisamente pasaron dos ciclos de Luna y dos soles [43] después de aquel amanecer en el que fuimos sorprendidos por los soldados Cainitas.

La noche anterior, la noche fuera de *novilunion*...

Había llegado el momento de tomar posesión del anillo de Ruta. Esto debe ocurrir todavía con Javán, porque las víctimas consagradas a Baal no eran despojadas de sus bienes hasta el día del sacrificio, cuando se vestían la túnica para la inmolación al dios. En aquella ocasión, todo lo que llevaran sobre sus cuerpos sería sorteado entre los acólitos, como ordenaba la ley de Baal.

Mi plan era ir a Javán y obligarlo, con astucia, a darme el anillo. Con esto en la mano buscaría a la hermana de Tidal y la obligaría a darme el otro. Todo es fácil y muy sencillo, pensé.

En la prisión del templo, el carcelero, ante el anillo que el sumo sacerdote me había confiado, no resistió mi deseo de visitar al prisionero. No le di ninguna excusa, porque sería herir la dignidad que me otorgaba la contraseña pontificia. Esto, como solía hacer, lo guardé cuidadosamente en mi bolsillo.

---

[43] Dos meses y dos días. – Nota de Alfredo.

Tomando una antorcha, el corpulento guardián me condujo a través de pasillos separados por puertas escondidas en las paredes de piedra.

A pesar que afuera era plena mañana, allí reinaba una completa oscuridad; y el poco aire que se respiraba en aquellos pasillos estaba impregnado de un desagradable olor a moho y humedad:

Después de un largo viaje, el carcelero, abriendo una puerta, me condujo a una celda estrecha donde, en el suelo, estaba sentado un hombre en quien reconocí a Javán. Éste parecía dormido.

Antes de abrir la puerta, el guardián dijo:

– Te esperaré afuera, portador del sello de Baal. El carcelero colocó la antorcha en un soporte y nos dejó en paz.

Mi hermano, con la frente levantada, apoyó la cabeza contra la pared, verdaderamente en un sueño profundo. Vi, con alegría satánica, el anillo de ruta brillando en su dedo. Me acerqué a Javán y, agachándome ante él,

Sostuve con cuidado su mano que contenía el objeto de mi lujuria... Pero, ante mi contacto, él despertó, quitando rápidamente su mano de la mía; y parpadeando, deslumbrado por la luz, me miró asombrado.

– ¡Tú! – Exclamó sorprendido, enderezándose –. ¿Qué estás haciendo aquí? ¿Cómo entraste en esta celda? ¿Eres un prisionero?

– ¡No! Escúchame... – le dije hablando en voz baja –. ¿Sabes que quieren sacrificarte a Baal cuando la Luna ilumine por completo el altar frente al templo?

– Sí lo sé. Pero, ¿qué significa tu presencia? ¿Por qué viniste? – Me preguntó ansioso, bajando también la voz. Estaba pálido y demacrado.

– Vine porque quiero salvarte – mentí –. Gracias al oro de nuestras alforjas compré a tu carcelero, así pude venir a verte... Pero él no se atreve a facilitar tu evasión, por miedo a que lo maten. Vine a consultar contigo. ¿Qué debo hacer para salvarte? Habla rápido, porque nuestro tiempo es escaso...

Javán frunció el ceño, intrigado.

– No entiendo... – murmuró –. ¿Compraste al carcelero, dices? ¿Sabe que eres mi hermano? ¿No te traicionará?

. – ¡Por Marduk! ¡Cuántas preguntas inútiles! – Exclamé con impaciencia.

– Contéstame – insistió Javán –. ¿Sabe que eres mi hermano?

.– ¡No! Le conté una historia que no es relevante...

–¿Que historia? – Y ante mi gesto de irritación, continuó:

– ¿No ves que necesito saberlo? No quiero combinar el tuyo con mi destino, Josepho. Por Milcah, nuestra venerable madre, debes vivir. No permitiré que te sacrifiques por mí. Así que dime toda la verdad, te lo ruego...

– ¿Qué verdad, si lo que le dije al hombre era solo mentira? Le dije que soy tu sirviente... que si te salvaba, me recompensarías regiamente, y yo a él. Le prometí que no sabrías de su complicidad... Que te diría que vine por orden del sumo pontífice. Así que no le hables de eso... Pero no perdamos el tiempo... ¿Qué debo hacer para salvarte? Sin ti me siento perdido, no sé cómo pensar... Cuando te arrestaron, me hice pasar por un Cainita, pensando que te era útil. Engañé a los que te encarcelaron de esta manera y me dejaron en paz. Muéstrame, Javán, el camino para salvarte... – Representé la aflicción más sentida, la tristeza inmensa.

Mi hermano, mirándome, pareció escudriñar mi alma... Después de una ligera vacilación, me dijo:

– Quiero creer en ti, Josepho... Por eso te voy a mostrar la única manera de salvarme. ¿Conoce al patriarca de Enoch?

– Sí... – Respondí con cautela.

– ¿Ya sabe de mi arresto?

– No; porque toda la ciudad no sabe que estuviste preso. Los sacerdotes han ordenado el secreto y nadie se atreve a oponerse a ellos. Y yo... – tartamudeé, confundido –. Yo...

- Lo sé... no había nada que pudieras hacer, hermano. Conozco a los Cainitas... ¿Quieres ir a Matusael? - Él me preguntó.

- Sí... pero no sé cómo te voy a ayudar. Los sacerdotes lo odian; ¿No lo sabes?

- Lo sé, pero ellos también le temen.

- Ya no es así. Los sacerdotes ya no le temen... El propio pueblo, por miedo a los buenos, ya no le escucha como antes... - dije apresuradamente.

Matusael no entraba en mis planes... - Sin embargo, Javán insistió:

- Solo el patriarca, Josepho, puede sacarme de aquí. Ve con él.

- Sí... - Respondí indeciso, tratando de ganar tiempo.

- Cuéntale todo. Dile que yo no maté a su hijo y que lo necesito. ¿Harías eso por mí, Josepho?

- Lo haré... pero no tengo muchas esperanzas que crea mis palabras...

- Lo hará, Josepho.

Y Javán, para mi alegría y sorpresa, se arrancó el anillo de Ruta de su dedo y me lo entregó.

- Muéstrale al patriarca este anillo: él te creerá. ¡Casi grité de victoria! ¡El anillo! ¡El anillo se rompe en mi poder! El talismán que me traería el amor de Débora... ¡Era mío, por fin mío!

Olvidé todo, incluso dónde estaba: solo vi el anillo... De repente me di cuenta, volviendo en mí, mirando los ojos inquietos de Javán... ¿Había traicionado la alegría lo que la mente ocultaba? ¿Javán aceptaría mi anillo? Lo mataría si quisiera...

- ¿Qué sientes? - Me preguntó angustiado. Te ves extraño... Parece que tienes fuego en los ojos.

- No es nada... Lamento dejarte en esta guarida infectada. Necesito irme... - mentí.

– Tranquilo... No me tratan mal. El ídolo tiene celos de sus víctimas: no permite que las maltraten... – dijo Javán, fingiendo indiferencia para animarme.

Él se puso de pie y yo seguí su ejemplo. Tomando mi mano derecha, me dijo a modo de despedida:

– Si muero, Josepho, le rogaré a Jehová que embellezca tu existencia. No te olvidaré, hermano.

Sin responderle, salí de la celda.

Al salir le dije al carcelero:

– Si valoras tu miserable vida, no le digas a nadie que estuve con tu prisionero.

– Soy mudo, sordo y ciego, oh portador del sello de Baal...

– Sigue así, si no quieres ser un cadáver...

Le aconsejé, alejándome.

Afuera, quemando la tierra, el sol abrasaba. Las golondrinas revoloteaban ruidosamente jugando sobre las aguas de un pozo. El viento sacudía el polvo de los caminos, lo extendía por las casas y empañaba las hojas de las acacias, de los plátanos que embellecían el barrio pobre de la ciudad, que se extendía un poco más allá del templo.

Frente a él, se reunió una pequeña multitud observando los servicios matutinos que los sacerdotes ofrecían a Baal, sacrificando aves y animales. La carne de los holocaustos, con el pan y el vino, la distribuían entre el pueblo, invocando al dios en alta voz, prometiendo vida y prosperidad a los que en ella crecieran.

Los pobres, unos sentados, otros tumbados sobre la hierba, lucharon entre ellos por los restos de los sacrificios que los acólitos tiraron como sobras inútiles. Me había detenido un momento para observar los holocaustos, esperando poder conseguir también algo de carne, ya que tenía hambre.

Desde algún lugar del interior del templo surgieron gritos terribles y angustiados… Inquieto, le pregunté a uno de los hombres reunidos el motivo de aquellos gritos tan tremendos que parecían salir de las mismas rocas.

Indiferente, esperando su ración de carne, respondió:

– Es el "Ojo de Baal" que, por traición del dios, está siendo enterrado vivo…

– ¿Qué quieres decir con este "Ojo de Baal"? – Pregunté intrigado.

– Él es quien puso sus ojos al servicio del dios. Este que oyes, en lugar de trabajar para Baal, solo se ocupaba de sus propios intereses… El dios lo castigó.

Los gritos, ahora ahogados, se fueron debilitando poco a poco…

Me alejé rápidamente, ya sin hambre, con un repentino temblor en todo mi cuerpo. A pesar del calor ambiental, sentí frío. Mi garganta reseca ardía. Necesitaba beber. Aquellos terribles gritos resucitaron el miedo en mi alma; tuve que ahogarlo en vino.

Sintiéndome incapaz de coordinar mis pensamientos, dirigí mis pasos hacia una taberna que se encontraba no muy lejos.

Pusilánime, atemorizado ante la menor señal de peligro.

La taberna dominaba el barrio empobrecido, con sus gruesos muros construidos con ladrillos cocidos al sol.

En el interior el calor no irradiaba tanto como en los edificios de piedra.

Cuando entré, los clientes, quizá desconfiados de mi feo aspecto, mirándome desde el otro lado de la calle, bajaron el tono de sus conversaciones.

Me hundí en un asiento acolchado con piel de felpa.

Una joven semidesnuda, habitual en las tabernas de aquella época, se acercó a mí sirviéndome vino. Ni siquiera la miré. De un trago bebí todo el contenido que me había ofrecido.

– Tienes sed, ¿eh? – Bromeó la mujer, llenando nuevamente mi vaso.

– Deja caer la botella de tu terrible vino al suelo y déjame en paz.

Ella, escupiendo con desprecio, se alejó balanceando las caderas, atrayendo, con sus gestos descarados, las miradas y los sentidos de los demás clientes.

Me sumergí en pensamientos. El miedo y la pasión, como dos buitres, luchaban dentro de mí. Los rostros del sumo sacerdote y de Débora aparecieron en mi memoria, confusamente.

El anillo de Ruta, brillando en mi mano, desvió mis pensamientos hacia la otra... ¿Cómo puedo conseguirlo? ¿Iría con Dinah? Tenía miedo... ¿Y si descubrían que había utilizado la contraseña pontificia para mi beneficio...? Seguramente me enterrarían vivo. Pero, sin el otro anillo, Débora no me ofrecería su corazón... ¡Necesitaba adquirirlo y alejarme de Enoch lo más rápido posible! Huir muy lejos, donde el brazo de Baal no pudiera alcanzarme... Sin embargo, primero tendría que ir con la hermana de Tidal... ¿Y si me descubrieran? Tidal todavía tenía muchos amigos que eran fieles a su memoria. ¿No sería lo mismo irrumpir en su casa que entrar en la cueva de un oso? ¿Y si me descubren usando la contraseña incorrectamente? Los gritos de los enterrados vivos resonaban en mis oídos como un eco entre montañas...

Bebí otra copa de vino. El alcohol revivió gradualmente mi coraje. Las ideas me quedaron claras. Y el recuerdo de Débora creció, dominándome por completo. Le pareció verla, como un cisne blanco, llevada por las aguas del Éufrates, desnuda y hermosa...

Iría a la amada de Javán. Luego partiría junto con Débora, quizás hacia la tierra abrasadora de Kush, donde los dioses y los hombres son diferentes.

Levantándome, pateé el cilindro vacío. La chica que me había atendido, saltando del regazo de uno de los clientes, gritó, agitando sus brazos adornados con las pulseras más extrañas y exóticas:

– ¿Pagarás o no el vino, gorila?

Maldiciendo, arrojé algo de plata que llevaba a sus pies y me alejé tambaleándome hacia la casa de Tidal.

* * *

No es necesario describir en detalle mi visita a la casa de la amada de Javán.

No encontré a Dinah. Me enteré por los sirvientes que el patriarca de Enoch la había llevado hacía mucho tiempo a su casa.

Impaciente por el fracaso de mi plan y por los gritos dementes de Zila, la viuda de Rehú, me alejé de la casa, indeciso qué camino tomar. Las cartas de mi juego se mezclaban como si las sacudiera una mano invisible. Los efectos del vino ya se habían evaporado de mi cabeza, dejando una desagradable sensación de malestar.

Caminé indeciso, incapaz de fijar sus pensamientos. ¿Para donde? No lo sabía... El día, a media tarde, preludió la noche.

El olor a pescado frito me recordó que aun no había comido nada. Al levantar la vista, vi a un Cainita gordo asando unos filetes en una estufa frente a la puerta de su cabaña. Le propuse comprarle algunos y él aceptó. Una vez satisfecha mi hambre, seguí vagando sin rumbo...

Caminé hasta que el fino arco de la luz de la luna creciente, como una ceja rubia adornando la frente del cielo, apareció en la extensión.

Al verlo, un pensamiento surgió en mi mente, haciéndome detenerme frente al crepúsculo.

– Cuando llegara la Luna llena, Javán moriría...

Sí... ¿Por qué no había pensado en eso ya? No necesitaría utilizar la contraseña pontificia... No correría ningún riesgo.

Y todo fue tan fácil... claro... Sí, más que fácil... Y se trazó un nuevo plan, y parte de este era, como personaje principal, Matusael, a través de quien llegaría a Dinah, la dueña del otro anillo.

Tuve que hacer lo que dijo Javán. Sí... Era un juego, pero ¿qué era la vida sino un juego peligroso? Ganó quien mejor supo utilizar sus cartas de triunfo. Y en este caso, las cartas de triunfo estaban en mi poder. Seguiría las instrucciones de mi hermano, luego... entraría con el último movimiento.

* * *

Ya era tarde en la noche cuando llegué a la residencia del patriarca.

El criado que me atendió se mostró reacio a recibirme. Con evidente miedo en sus ojos, me miró dubitativo. La lámpara que sostenía temblaba en sus manos... Insistí; sin embargo, en hablar con Matusael; y, para convencer mejor al criado, le entregué el anillo de Ruta, diciéndole:

– Dile a tu amo que vengo del señor de este anillo.

El sirviente, llevando el talismán, se alejó y cerró la puerta. Ciertamente sospechaba de mí. Entonces siempre inspiré miedo y desconfianza en las criaturas.

Sin embargo, no esperé mucho. El mismo sirviente me abrió la puerta y esta vez me invitó a pasar. Él me condujo a una habitación donde me esperaba el patriarca de Enoch. Sosteniendo entre tus dedos vi el anillo de Ruta. Sin saludarme, preguntó ansioso:

– ¿Qué tienes que decir sobre el dueño de este anillo?

Cómo se parecía a Matusala... – pensé, mientras le respondía:

– Ha estado atrapado en el templo de Baal durante más de dos ciclos lunares.

– ¡Qué dices! – Él exclamó –. ¡Habla rápido! ¿Quién te dijo eso?

— Soy el hermano de Javán...

Le conté detalladamente todo lo que tenía que ver con su arresto. Esta vez no hubo necesidad de mentir. Solo omití la parte sobre el próximo sacrificio de mi hermano, una omisión que concernía a mi plan.

El patriarca, sin interrumpirme, escuchó todo hasta el final. Solo entonces dijo:

— Sé que el valiente Javán no fue culpable de la muerte de Mehujael... — y después de una breve pausa, siempre con sus ojos fijos en los míos, provocándome una extraña sensación, continuó:

— ¿Tú también eres hijo de Jafet...? No entiendo cómo penetraste en la prisión del templo... — y sus ojos profundos, fijos en mí, desnudaron mi alma... Algo se apoderó de mi mente. Me sentí ante él como un ratón en las garras de un felino... Dominado por la fuerza magnética que irradiaban sus ojos, le hablé de la contraseña pontificia. Un poder extraño me hacía malabarismos. No debía mentirle... Como un sonámbulo conté todo, todo.

— ¡Dame la contraseña pontificia! — Me ordenó Matusael.

Hablaba en voz baja, pero había tal autoridad y poder en su voz que, como un autómata, le obedecí.

Cuando desperté, libre de la extraña magia que se había apoderado de mi cerebro, estaba solo en la habitación. Corrí hacia la puerta... cerrada. Grité hasta quedarme ronco. Nadie respondió. Toqué la puerta con los puños cerrados... silencio, solo silencio. ¡Atascado! Quedé atrapado... Caí al suelo, indefenso, rugiendo como una bestia enjaulada. ¡Maldito patriarca! ¡Maldito mago! ¡Maldito seas!

¡Tumbado en el suelo, un ataque de furia epiléptica me dominaba, sacudiendo mi cuerpo en terribles convulsiones! Así que me quedé allí, inconsciente, luchando, echando espuma como un anfibio en el barro.

- Créeme, poderoso hijo de Baal... el patriarca de Enoch me hechizó... y en posesión del anillo que me diste, fue a la prisión del templo y liberó a Javán...! Mientras tanto, me dejó atrapado en esa habitación durante dos días - le expliqué al sumo sacerdote arrastrándome a sus pies.

¡El pontífice estaba furioso! Incluso los guardias presentes temblaron ante su ira. Caminó de un lado a otro de la habitación, pareciendo un tigre que una vez había visto en una jaula, cazado por uno de nuestros valientes hombres. Mi vida, en ese momento, valía tanto como la del corderito que arrojaron a esa jaula, para alimentar a la bestia hambrienta.

Temblando, me disculpé:

- Descubrí que Matusael conspiraba contra ti, oh dios viviente... - mentí -. También supe que Javán estaba aliado con él... Estuve en la prisión del templo y, engañando a mi hermano, obtuve información valiosa.

Mentí tanto que ya no sabía qué era verdad. Continué:

- Luego fui a la casa de Matusael y allí me presenté como hermano de Javán. Me hice pasar por un conspirador para seguir mejor todo lo que tramaban contra tu divina persona... ¡Oh! pero yo estaba aprisionado y encantado... Entonces se llevaron tu anillo... ¡Dame crédito, oh poderoso hijo de Baal! Puedo testificar contra el patriarca, si lo deseas, oh tú que todo lo ves y todo lo sabes...

Deteniéndose un momento, mirándome con desprecio, rugió entre dientes, helándome:

- Te mereces la peor muerte, perro setita... - y volviéndose hacia uno de los guardias, ordenó con dureza:

- Que Ezequiel venga ante mí, con urgencia. Ve a buscarlo.

El guardia se alejó.

- Hijo de Baal - gemí -, ya ves que he venido a ti, prefiriendo sufrir tu ira antes que dejarte en la ignorancia de hechos tan importantes... Mátame si quieres, pero cree en mí. Odio a Javán. ¡No lo liberaría por nada del mundo! Dame una nueva oportunidad de servir a Baal, enviándome con un grupo de guerreros a buscarlo. No debería llegar muy lejos. La hija de Rehú lo acompaña...

– ¡Maldición! – Gritó el sumo sacerdote –. ¡La hermana de Tidal! ¿Cómo lo supiste, maldito perro?

– Por Matusael – y añadí –. Javán debió haber ido al encuentro de los arqueros setitas. Él volverá con ellos para luchar contra ti, uniéndose a tus enemigos, ¡oh Dios viviente!

El sumo sacerdote palideció... Había dado en el blanco. Sin darle tiempo a hablar, seguí destilando mi veneno:

– Hay que arrestar a Javán antes que llegue a nuestra tribu. Ordéname y lo perseguiré. Conozco la llanura y todos los escondites... ¡Ah! ¡Si supieras cuánto añoro la muerte de Javán!

– Lo sé... ¡so miserable! Odias a Javán porque lo envidias, siempre lo has envidiado. Solo por este odio, creo en ti. ¡Cállate ahora! Necesito pensar...

Respiré un poco aliviado. Él no haría que me mataran... solo si no encontraba a Javán. ¡Pero lo encontraría! – Pensé con odio.

De hecho, los acontecimientos que siguieron a mi viaje a la casa del patriarca fueron exactamente como le informé al pontífice.

Por la mañana, después de aquella noche en que me había encarcelado, llegó Matusael al cuarto donde me había dejado, acompañado de tres hombres jóvenes y fuertes. Uno de ellos llevaba, en una cesta, diversos alimentos y una botella de agua. En silencio, colocó todo a mi lado.

El patriarca, con aspecto cansado y triste, me entregó el anillo de Baal y dijo:

– Toma... lamento haberte encarcelado, era necesario. No confío en nadie que sirva a Baal... Permanecerás en esta habitación un día más, para mayor seguridad de los fugitivos. Javán y Dinah tendrán mucho tiempo para distanciarse de esta ciudad maldita. Entonces podrás ir al sumo sacerdote y denunciarme. Debes hacerlo si te preocupas por tu vida. De lo contrario serás considerado mi cómplice. El carcelero no dará la alarma, porque yo lo arresté a él en lugar de a tu valiente hermano. Solo mañana notarán el cambio, cuando llegue el momento de renovar los alimentos. Hay daño, eso viene para bien... por ejemplo: la costumbre de alimentar a los prisioneros cada dos días ahora nos ha beneficiado... ¡Ah! Olvidé darte un mensaje de Javán:

– Preferiría faltar a su palabra de guerrero antes que casarse con Débora... te lo dijo.

– ¿Y el anillo de Ruta? – Pregunté aniquilado.

– Se lo devolví a Javán.

Maldito patriarca... ¡maldita sea! Gracias a ti, mi plan se deshizo. Nunca pensó que se atrevería a liberar a Javán de la prisión del templo. Pensé que esperaría el momento del sacrificio, cuando ya sería demasiado tarde, porque yo advertiría al pontífice. Antes esperaba estar ya en posesión del otro anillo, engañando a Dinah. Y ésta, ni siquiera lo había visto... ¡Maldito patriarca! ¡Había subestimado su valor y poder! Desconocía su ciencia y sabiduría... ¡Maldito seas...!

La llegada de Ezequiel interrumpió mis pensamientos.

– ¡El asesino de Tidal ha escapado! – Exclamó el sumo sacerdote. Este terrible servidor tuvo la culpa de todo.
¡Se dejó encantar por el patriarca de Enoch...!

– ¡Siempre el patriarca...! – Murmuró Ezequiel, hablando en voz baja –. ¿Qué debemos hacer ahora?

Era un hombre gordo, de carne flácida, lento para moverse, como si estuviera permanentemente cansado.

–¿Qué debemos hacer? – Repitió el pontífice –. ¡Perseguirlo! La hermana de Tidal se escapó con el asesino de su hermano. Merece morir por eso. Debes enviar a tus mejores arqueros, a tus más fieles, en busca de ambos. Este hombre – me indicó –, conoce Javán y toda la llanura, y servirá de guía a nuestros valientes. Si no encuentra a los fugitivos, deberá ser descuartizado vivo, este es el deseo de Baal... En cuanto al patriarca, hablaremos más tarde...

– ¿Qué pasa con los fugitivos? ¿Deberían ser encarcelados o asesinados? – Preguntó Ezequiel.

Cerrando sus ojos de tigre, el pontífice respondió:

– El águila muerta ya no puede atacar...

Inclinándose, Ezequiel se retiró.

Dirigiéndose a dos guardias, el sumo sacerdote ordenó señalándome:

– ¡Responderán con sus vidas si dejan escapar a este hombre! Ellos dos, a partir de este momento, serán tus guardianes.

Temblando, pregunté:

– Y si encuentro a Javán, magnánimo representante de Baal, ¿me darás la libertad?

– Sí... Eres un gusano pusilánime... podrás, una vez cumplida tu misión, regresar al barro del que viniste. Llévenlo, guardias, a la casa de los arqueros.

Me alejé, acompañado por los dos hombres. Los conocía a ambos. Eran compañeros de vicios. Fuera del templo, le pregunté a uno de ellos, cuyo nombre era Esaú:

– Oíste las palabras del sumo sacerdote: Debo ser liberado si encuentro a Javán...

– Sí. Somos tus amigos. Danos el oro que traes y prometemos ayudarte...

Tuve que obedecerlos. Eran similares a mí. Vertí todo el contenido de mis bolsillos en sus manos.

Riendo, cínicamente, se embolsaron mi oro.

– ¡Vamos! – Ellos dijeron –. Fuimos...

Me quedo en el pasado...

La vida humana es como un reloj de agua: gota a gota divide el tiempo; la vida, a través de las acciones de la criatura, determina el futuro...

Es una verdad profunda que solo podemos verificar cuando vemos desaparecer en la nada, como un espejismo, todos nuestros sueños más queridos... Cuando nos inclinamos ante el peso de la cruz, en una existencia llena de ejemplificación evangélica, de virtudes y de fraternidad... ¿Por qué - nos preguntamos -. tanto sufrimiento e ingratitud, respondiendo a gestos de amor y de piedad? ¿Por qué no vemos florecer las rosas de nuestro ideal? - Preguntamos, mirando con tristeza nuestros rosales que murieron antes de florecer.

Transpuestos a la eternidad, entonces, lo entendemos... En la sucesión de vidas lloramos las lágrimas que nos esperaron en los caminos de la Tierra, cuando las hicimos caer de los ojos de nuestros hermanos en la Humanidad.

El pasado es el reloj que determina con precisión los acontecimientos futuros. Todo lo demás es engaño e ilusión.

Todo lo demás es tan irreal como la luz de la luna sobre las aguas de un lago, y el azul del cielo, que no es ni cielo ni azul.

Siento que mi inspiración se desvanece... mi memoria se confunde... mis recuerdos se vuelven borrosos mientras transcribo lo que sigue. Es el miedo al asesino, la "huida" de todo Caín, después de bañar la tierra en sangre. Me falta coraje.

- ¡Ánimo, Josepho! Mi conciencia me grita. Tienes que hacer penitencia por tus innumerables crímenes, dejando al descubierto tu oscuro pasado, símbolo de una época fratricida. Así que continúa.

* * *

Al otro lado de la llanura seguimos, paso a paso, los pasos de Naván y Dinah. Seguramente los dos iban en corceles ligeros, porque hasta entonces nuestra búsqueda había sido improductiva. Los días siguieron a las noches y nunca encontramos a los fugitivos. Y nuestras monturas eran las mejores de Enoch.

Desanimados, los guerreros amenazaron con ejecutarme, culpándome de todas las dificultades que surgieron durante el viaje. Sentí que la muerte me rodeaba... Casi no dormí, atormentado por el miedo. ¡Mis momentos comparados con el infierno! ¿Y si no encontraba a Javán? Ante este pensamiento casi constante, un temblor se apoderó de todo mi ser, y me vi desmembrado, con la carne desgarrada, ¡los huesos rotos...! ¡Necesitaba encontrarlo! ¡Era necesario!

Y alenté la búsqueda con afán desesperado. Parecía un perro olfateando la tierra. Se podría decir que los dos guardias, constantemente a mi lado, eran sombras macabras. Me habían robado todas mis posesiones, siempre riéndose mal.

Una noche, después de un largo viaje, todos nos quedamos dormidos, exhaustos, refugiados en lo alto de las palmeras, entre el follaje, por temor a los ataques de las fieras. Antes habíamos atado nuestros caballos, ya cansados, a la madera de las palmeras, que abundaban en ese tramo. ¡Temprano en la mañana, nos despertamos con los relinchos asustados de los pobres animales mezclados con rugidos espantosos! Aterrados, vimos que nuestras monturas estaban siendo atacadas por una manada de leones hambrientos. Las fieras devoraron todos nuestros caballos... No pudimos hacer nada. A pie continuamos la búsqueda.

Y como si un genio del mal obrara a nuestro favor, a pesar de las dificultades sufridas, la tarde de ese mismo día encontramos dos caballos muertos y, junto a los cadáveres, reconocimos las huellas de Javán en paralelo con otras más pequeñas, que nos ciertamente será de Dinah.

Este encuentro nos dio un nuevo coraje, después del desánimo de perder a nuestros animales. Animados, caminamos casi sin descanso, disfrutándolo lo justo para reponer las energías gastadas.

Quienes nos vieron pasar pensaron que éramos cazadores en excursión por la llanura. Había más de ocho soles que abarcaban las tierras setitas. Con cautela, avanzamos sigilosamente oteando el horizonte. ¡Nada de fugitivos...!

Sentí las miradas furiosas de mis compañeros, fijadas en mí, ya desanimados de la búsqueda. Los dos guardias no me dejaron...

¿Cómo escapar? ¡Era el fin, la muerte en cualquier momento...! ¡Maldito patriarca!

Estaba un poco loco de cansancio y miedo. ¡Tuve visiones terribles! Tenía miedo de descansar... solo quería seguir adelante, siempre caminando...

Cuando ya se había esfumado toda esperanza de encontrar a Javán, una madrugada, cerca de los pastos de Matusala, vimos a los dos fugitivos caminando a lo lejos... Un grito de victoria escapó de mi pecho que más bien parecía el rugido de una hiena.

Corrimos hacia los dos, rodeándolos.

Javán, sorprendido, comprendió el peligro y, protegiendo a su amada que lo abrazaba con su cuerpo, se quitó el arco, tomando posición de combate. Una ráfaga de flechas cayó a su alrededor, una de las cuales le rozó la cara y le hizo sangrar. En respuesta, estiró la cuerda de su arco y sus flechas mortales cobraron la vida de muchos Cainitas, haciéndolos retroceder ante su certera puntería. Javán no falló ni uno solo de sus movimientos. ¡Fue terrible!

Sin embargo, estaba rodeado casi por todos lados. Una flecha lo alcanzó en el hombro donde colgaba su carcasa y otra se clavó en su pierna. Sin embargo, él siempre luchó, ¡pareciendo invencible!

Dinah era la imagen de la desesperación: llorando, dijo, abrazándolo:

- ¡Estamos perdidos, mi Javán...! ¡Los dioses nos han abandonado! ¡Fuimos derrotados...!

- ¡Aun no! cálmate, mi amor... protégete... juntos viviremos... juntos moriremos, si Jehová quiere. No temas; estoy a tu lado...

¡Su coraje fue sobrehumano! Con el rostro cubierto de sangre, todo el cuerpo herido, resistió los golpes, luchando sin retroceder. Disparó con la velocidad del rayo, golpeándonos uno por uno...

– ¡No parece un hombre! – Gritó un Cainita angustiado, a mi lado. ¡Él es un dios! ¡Huyamos...!

– ¡Cobarde! ¡Es un hombre! ¿no lo ves? Está en sus últimas etapas... ¡Ataquen! – Pedí. Javán, en ese momento, al verme, gritó:

– ¡Acuéstate, Josepho! No quiero hacerte daño. Ahórrame el dolor de matarte...

Me sentí débil... Sí... él era un dios... ¿Qué había hecho? ¡No! ¡No! era un hombre; tenía que morir para poder vivir, ser feliz...

– ¡Ataquen! – Grité aun más fuerte. ¡Es un hombre…! Un hombre... es mi hermano... – Caí al suelo, escondiendo mi rostro entre mis manos apretadas. Sollocé.

Las flechas silbaron sobre mí. El combate, desigual, continuó sin fin... Los gritos de dolor continuaron. Levanté la cabeza. Javán parecía estar vestido de sangre... Ya no disparaba con la misma confianza. Sacudió la frente, como queriendo protegerse de la sangre que lo cegaba... Pero aun así luchó...

A mi lado, mis dos guardianes yacían muertos.

Las flechas silbaban sobre Javán como víboras. De repente, agachándose para recoger una flecha, la última en su carcasa, descubrió a Dinah por un instante, suficiente para que una flecha la alcanzara y le atravesara el corazón.

Al oír el grito de su amada, Javán se volvió angustiado y, arrojando su arco, la sostuvo en sus brazos heridos, indiferente al enemigo.

–¡Oh! ¡Dinah! ¡Dinah! – Gritó con el alma destrozada –. Dinah, mi dulce estrella... ¡Te mueres, cuando pensábamos que la felicidad estaba tan cerca...! ¡Oh! mi amada, mi vida... mi... de...

No puede continuar: más de treinta flechas silenciaron su voz. Cayó, abrazando el cuerpo de su amada, como si todavía quisiera protegerla. Una de las flechas que atravesó su cuerpo golpeó el de ella, uniéndolos en la muerte.

* * *

Una vez consumada la venganza, los Cainitas se alejaron, temerosos: estaban cerca de los pastos de Matusala; no sería prudente que siguieran allí.

Yo, como un buitre, me acerqué a los cadáveres, apoderándome de los anillos de Ruta. Sin embargo, para arrancarlas de esas manos muertas, tuve que cortar los dedos que adornaban. Luego me alejé, siguiendo a los Cainitas.

Dos pastores encontraron los cuerpos y reconocieron el de Javán. Uno de ellos corrió hacia la tribu para dar la alarma, el otro se quedó cerca de los restos, defendiéndolos de los buitres que volaban sobre ellos.

Tristes y desolados, los setitas llevaron los dos cadáveres a la presencia de Matusala. Todos notaron la mutilación que sufrieron en sus manos. Y quienes conocían el misterio de los anillos concluyeron que el asesino fue el autor del robo. Debía haber estado en posesión de los talismanes de Ruta.

El patriarca, levantando los brazos al cielo, con desesperación y dolor, maldijo al culpable de tan gran crimen. ¡Su voz resonó terriblemente por toda la llanura!

Ante el cuerpo de su amado hijo, Milcah murió abrazándolo. Sus labios, antes de cerrarse para siempre, murmuraron, mirándola a la cara con tristeza. Javán: estas extrañas palabras:

– ¡Jehová! Perdona al desgraciado... no sabe lo que hizo...

Débora, cubriéndola con su manto, era la imagen misma del dolor silencioso.

Los tres cuerpos fueron enterrados juntos en la misma tumba. Grandes piedras superpuestas en forma de dolmen marcaban su tumba. Sobre estas piedras, las vírgenes colocaban ofrendas de flores y los valientes de la tribu colocaban sus arcos. Matusala quemó hojas de sándalo sobre la tumba, como era costumbre entre nuestro pueblo, que así lo hacía, recordando a los vivos que el alma era como el humo: después de la muerte se eleva a los cielos como esencia divina y eterna, dejando en la tierra, justa, gris y nada más.

Lamec, tomando a su padre del brazo, lo llevó a su tienda. En el camino le dije:

– Un nuevo Caín empapó la tierra en sangre...

Matusala lo miró y no dijo nada. Inclinado por un inmenso dolor, entró a la casa.

Lamec se quedó solo, mirando, un poco más allá, la tienda que había albergado a Milcah y a Javán... Entonces, sus ojos oscuros se fijaron en el Este.

Ligeramente, alguien puso una mano sobre su hombro. Era Débora. Los ojos de los dos hermanos se encontraron con comprensión. Y como respondiendo al pensamiento de Lamec, la virgen murmuró sombríamente:

– La sangre de Javán clama venganza... Tú y yo...

Sin embargo, sorprendida por lo inesperado, no pudo continuar. Estaba extasiada mirando a su hermano. Éste fue detenido, con los ojos vidriosos fijos en ella. De repente empezó a hablar de forma extraña... La voz no era la de Lamec, más bien habría sonado como la de Javán. Decía:

– Solo el Creador es juez. Solo Él puede juzgar y condenar. El perdón es el perfume del alma... Perdona, Débora, y vivirás por toda la eternidad. No te dejes vencer por el odio... No permitas que tu espíritu construya una cadena de venganza que se extenderá a lo largo de tu futuro, en eslabones de sangre... Perdona... ¡Y me encontrarás resucitado en Elohim! La muerte no existe, Débora... El pecado es lo que mata, porque entierra el alma en la tumba de las pasiones, atándola a la Tierra por milenios, hasta resurgir a través del amor y el perdón. Sin embargo, hasta entonces, Débora, el alma sufrirá en comunión con los monstruos que despertó con la putrefacción de los errores y pecados. Ten cuidado, Débora... El odio y la venganza son pulpos terribles, cuyos tentáculos penetran los corazones destruyendo las preciosas virtudes... Perdona... perdona... perdona...

Temblando, como quien despierta de un sueño, Lamec volvió en sí. Miró a su hermana, sorprendido...

– ¿Que pasó? – Preguntó –. Sentí que me estaba desmayando... Me invadió un sentimiento extraño[44], nunca antes sentido. No entiendo... ¿Qué me pasó, Débora?

---

[44] La manifestación de los espíritus viene ocurriendo desde el despertar de la Humanidad. La mediumnidad es un sentido del alma; fue y siempre será un puente que conecta el cielo con la tierra. Los apoyos, como todos los sentidos, pueden sufrir distorsiones cuando se utilizan para el mal. No confundas invocación con manifestación. La primera es peligrosa, porque puede generalizarse hasta convertirse en abuso; el segundo es santo y puro, porque es procesado según la guía de los espíritus sabios, encargados de misionar la Tierra.

Hubo varias manifestaciones registradas en la Biblia. Citamos aquí solo el de Endor, del que nos habla el I Libro de Samuel, en el capítulo 28, versos 8 al 19. Nos permitimos llamarlo manifestación, porque apareció el espíritu de un profeta, justo y santo – Samuel. Esta manifestación fue, creemos, la primera sesión espírita de la que nos habla la historia, realizada, según la Biblia, muchos siglos antes que Allan Kardec codificara el Espiritismo. Un rey, Saúl, dos de sus vasallos y la mujer médium, considerada en ese momento hechicera y adivina, fueron testigos de ello. Aquí está: "Y Saúl se disfrazó y se puso otras ropas, y fue, y dos hombres con él, y vinieron a la mujer de noche; y dijo: Te pido que me adivines por espíritu de bruja (médium) y me hagas acercar (venir) a quien yo te diga.
Entonces la mujer le dijo: (no sabía que él era el rey). – Aquí ya sabes lo que ha hecho Saúl, cómo ha destruido de la tierra a los adivinos y encantadores: ¿por qué pones una trampa sobre mi vida para hacerme matar?
Entonces Saúl le juró por el Señor, diciendo: Vive el Señor, que no te sucederá ningún daño por esto.
Entonces la mujer le dijo: – ¿A quién te llevaré? – Y él dijo: Llévame donde Samuel.
Cuando la mujer vio a Samuel, gritó a gran voz, y la mujer habló a Saúl, diciendo:
– ¿Por qué me has engañado? porque tú mismo eres Saúl.
Y el rey le dijo: No temas; pero ¿qué es lo que ves?
Entonces la mujer dijo a Saúl: Veo dioses que suben (descienden) de la tierra.
Le dijo: ¿Cómo es su figura? Y ella dijo: Se acerca un anciano envuelto en un manto. Cuando Saúl entendió que era Samuel, se inclinó rostro en tierra y se postró.

Después de un breve silencio, la hermana respondió:

– Nada... Solo sufriste un mareo. Ve y descansa... yo también iré. Y nada, escucha, Lamec, hará que me sea imposible vengar a Javán... El día de la venganza llegará, espero... ¡Y ay, entonces, del maldito que lo mató!

Lamec se estremeció. La voz de la hermana, siempre tan suave y gentil, ahora sonaba ronca y abrupta, como si viniera de la garganta de un animal enfurecido... ¡Sonaba como el rugido de una bestia salvaje! Él la miró y casi no reconoció aquel rostro, que era el de Débora.

– ¿Qué tienes? – Preguntó asustado.

– ¡Cualquier cosa! – respondió ella entrando a la tienda.

La primavera ya había florecido durante toda una estación, cuando la noticia de la muerte de Dinah y Javán se difundió por todo Enoch, a instancias de los sacerdotes de Baal y Moloch.

Samuel dijo a Saúl: – ¿Por qué me inquietaste llamándome? Entonces Saúl dijo:
– Estoy muy angustiado, porque los filisteos están en guerra contra mí, y Dios se ha apartado de mí (el que se apartó de Dios) y ya no me responde, ni por el ministerio de los profetas ni por sueños; por eso te llamé para decirme qué debo hacer.
Entonces Samuel dijo: ¿Por qué me preguntas a mí, si el Señor te ha abandonado y se ha vuelto tu enemigo? (Saúl era quien se había hecho enemigo de Dios, mediante crímenes y pecados...)
Porque Jehová (continúa Samuel) ha hecho contigo como te dije por mi boca, y ha arrebatado el reino de tus manos y se lo ha dado a tu compañero David.
Porque no escuchasteis la voz del Señor ni manifestasteis su ardor de ira contra Amalec, por eso el Señor ha hecho esto con vosotros hoy.
Y el Señor también entregará a Israel contigo en manos de los filisteos, y tú y tus hijos estaréis conmigo por la mañana; y el Señor entregará el campamento de Israel en manos de los filisteos.
Y todo sucedió como lo anunció el Espíritu de Samuel. – Notas y citas de Alfredo

La noticia no tardó mucho en llegar a oídos de Matusael. Y Dinah y Javán, en el viejo corazón del patriarca, fueron llorados tan sinceramente como el propio Mehujael... Se retiró a su casa, ajeno a todo lo que sucedía en Enoch. Casi siempre rechazaba la comida que los sirvientes le preparaban, inmerso en un dolor silencioso. Se diría que había olvidado su propia existencia.

Fui a verlo para vengarme. Quería alegrarme con sus lágrimas y lamentos... Le hablé de las muertes de Dinah y Javán. Escuchó todo en silencio hasta el final, mirándome con tristeza.

- Josepho - dijo - escuchándome, pero estaba convencido que los hombres no se diferencian por la raza, sino por las almas -. Eres Cainita, a pesar de haber nacido a orillas del Éufrates... No pudiste entender a Javán... ¿Qué puede entender el cuervo del canto de la alondra? Sin embargo, ambos son pájaros... ¿Crees que te probaré el crimen? No... tú tampoco me entenderías. No soy una alondra, pero me gusta cantar al amanecer... No te lo puedo explicar… Hablé en vano con esta generación corrupta. Solo puedo perdonar… Te perdono por Dinah y Javán y por mí...

- No vine a pedirte perdón - respondí -. Guárdalo, por tanto, para quien lo solicite.

- Cuando se solicita no tiene el mismo valor que cuando lo ofrecemos de forma espontánea. Te guste o no, llevarás nuestro perdón en tu alma, Josepho...

- No te agradezco...

- ¿Agradecer? ¿Tú? ¿A mí? ¡Oh! ¡No! Soy yo quien debo hacerlo por esta alegría que me das de poder perdonar. Cada vez que ofrecemos algo debemos agradecer al destinatario la buena fortuna que nos brindó al darlo.

Realmente no lo entendí. Pensé que el dolor lo había vuelto loco. Me alejé de tu presencia sin el placer de sus lágrimas y lamentos. Una vez más me ganó...

* * *

Una tarde, Matusael salió de la casa y se dirigió a la Piedra de Enoch. Quería orar bajo el Santo Olivo.

Se apoyó en un bastón, se sentía muy débil. El camino le pareció interminable a sus fuerzas perdidas.

Con esfuerzo llegó a la Piedra.

La brisa hacía crujir ligeramente las diminutas hojas del Olivo. El Sol, en la puesta, parecía una mirada inmensa y roja, mirando la tierra detrás de sus pestañas de fuego.

Matusael, frente a la Piedra, de espaldas al Oeste, levantó los brazos y oró al Altísimo:

– ¡Señor de todos los pueblos! ¡Señor de la Tierra y de los cielos, quita de Tu rostro tanto crimen y maldad! ¡Purifica nuestro pecado llevándonos al altar del holocausto! ¡Señor! ¡Señor! Las generaciones se suceden, pero el amor al error perdura. La Tierra entera está corrupta... El mal se multiplica, arruinando las almas. No permitas que las tinieblas opaquen Tu luz... ¡Misericordia, Señor! Piedad...

Una flecha le cortó la voz y le atravesó el corazón. Sin un gemido, el patriarca de Enoch cayó sobre la Piedra, todavía con los brazos abiertos como una cruz. Estaba muerto. A lo lejos, un sacerdote llevando un arco, se alejaba... Era el sumo sacerdote de Baal, silenciando la única voz que podía suplantar la suya.

✷ ✷ ✷

Aturdido y debilitado, como una crisálida liberada del capullo que la aprisionaba, el espíritu de Matusael vio acercarse a Javán que le tendía las manos.

– ¡Él viene! – Le dijo éste. Dinah, a su lado, le sonrió feliz.

– Hijos míos... – murmuró en voz muy baja –. ¿Fue una dulce realidad o un sueño? – Matusael temía despertar...

De repente, todo parecía claro y real.

– ¡Mis hijos! – Exclamó exultante, recuperando la memoria del espíritu que, estando en la Tierra, sufre amnesia natural.

– ¡Sí, mi amado padre! Los hijos de tu alma, Javán y Dinah... ¡Ven!

Entrelazados, emprendieron el vuelo hacia las infinitas alturas siderales.

El anciano confió en los hermosos espíritus de Dinah y Javán. Parecían tres golondrinas de luz en busca de lugares más amplios y vibrantes.

* * *

En la Tierra, sobre la Piedra de Enoch, un cuerpo y nada más...

El Sol, cerrando su mirada de fuego, sumergió esa parte en la oscuridad. Reinaba la noche.

Yo, señor de los anillos de Ruta, los talismanes que me darían el amor de Débora, regresé a la tribu. La luz del triunfo brilló en mis ojos. La sangre ardía en mis arterias, acelerando mi pulso. Un deseo implacable me dominaba. Fascinado por la embriagadora voluptuosidad, sentí los brazos flexibles de Débora rodeándome... El sándalo perfumó su cabello... y me vi tocando sus labios, que me susurraban con cariño: Te amo, Josepho...

Envuelto en voluptuosidades y deseos, llegué a la tribu, cuando las amorosas "kokilas" construían sus nidos... Cuando el Éufrates se cubría de lotos y nenúfares de color dorado, contrastando con los nenúfares azules y, en sus orillas, las cigüeñas miraban fijamente las aguas. Por los campos pastaban las gacelas... En los corrales los corderos balaban... Llegué un día similar en todos los aspectos al de Javán. En medio de nuestro viaje, me habló de la vida y eternidad.

Fui, sin siquiera buscar a mi madre, que pensé que todavía vivía, en busca de Débora, en la tienda de Matusala.

Era la hora de la siesta, cuando todos descansaban escapando del calor. Había elegido deliberadamente este momento, seguro que no encontraría a nadie fuera de las tiendas, excepto a los sirvientes. Y así sucedió...

Al acercarme a la casa de nuestro patriarca, le pedí a una de las mujeres de turno, ciertamente nueva en la tribu, ya que no me había reconocido, que fuera a llamar a Débora.

– Ella camina por la orilla del Éufrates, como todos los días...

Y la sirvienta me mostró el camino que llevaría a su señora.

Encontré a Débora sentada en el mismo lugar donde solía quedarse Javán.

El sésamo y el mijo se estaban volviendo amarillos y las palmeras datileras colgaban en racimos sazonados.

Me acerqué a la mujer que esclavizaba mis sentidos. Algo en su rostro, que no sabía qué decir, había cambiado. Cuando me vio, una expresión indefinible se reflejó en sus ojos negros.

Extendiéndole el anillo de ruta, le dije a modo de saludo:

– Te traigo un recuerdo de Javán...

Débora me miró extrañada, sosteniendo el anillo sin hablar. Y, todavía en silencio, se alejó.

Vendrá, quemándome, una llama brilla en tus ojos... La llama del amor – pensé.

Fui al lado del Éufrates donde los hombres solían bañarse. Por primera vez quise, con mucho gusto, lavarme, preparar mi cuerpo para las caricias de las manos de Débora.

El agua no me enfrió la sangre, pero me sentí fuerte y rejuvenecido después del baño. Nada me preocupaba... Solo existíamos Débora y yo. Acaricié el anillo de ruta... ¿Qué sentía Débora ante el toque del otro? Ciertamente la misma locura que me quemaba... Ella vendría corriendo a mis brazos... Entonces la magia del anillo la obligaría...

Fui a la tienda, donde creí encontrar a mi madre. Tan pronto como caminé unos pasos, me sorprendió una escolta de guerreros. Detenido, me llevaron al Consejo de Ancianos. Matusala estaba presente y también Lamec. Me miraron como si no me reconocieran... Lo sabían todo. No encontré piedad en sus almas. Me condenaron a lapidación por traición y fratricidio. Después de la muerte, mi cuerpo sería arrojado al Éufrates. En vano grité inocencia... Cuando me dirigía hacia el suplicio vi a Débora. Su mirada tenía una expresión de venganza salvaje.

El hechizo del anillo era mentira... la mentira del comerciante de Ruta, ¡todo era mentira!

* * *

En un silencio rencoroso, toda la tribu observó mi tortura. Los ojos, como una sola mirada, mostraban desprecio y disgusto. Las piedras en mi carne parecían dardos de fuego... Me aturdieron. ¿Vinieron del cielo o de la tierra? Volaron sobre mí... picaban... ¿Eran águilas? ¿Buitres...? ¿Por qué me miraron con asco? Mi cuerpo estaba limpio... ¡lo había lavado para las caricias de Débora! "El agua lava todas las impurezas, hijo mío... simplemente no lava las impurezas del alma." ¿Quién me dijo eso? Oh... Era Milcah, mi madre... Su rostro no estaba en la multitud que me rodeaba... Ese era Matusala... ¿Qué había dicho en el Consejo de Ancianos? Sí... ¿Estabas hablando conmigo o con todos? ¿Por qué tus palabras resonaron ahora en mi memoria? - "Escuché un profundo secreto que proviene de Seth: Solo alcanzamos la perfección a través de la Ciencia de la unidad que yace más allá de la sabiduría. Necesitamos llegar a ser divino, que está por encima del alma y la inteligencia. Sin embargo, ¿cómo llegamos a Él...? ¿En qué mundo desconocido te encuentras? - En nosotros mismos... Éste es el misterio que te encomiendo. Adonay, Elelion, Elohim, Sebaoth, el Dios único, el eterno, el Señor de los mundos, el Creador todopoderoso, está dentro de cada uno de nosotros. Sin embargo, pocos saben sentirlo, por eso se desvían del camino de la salvación...

Este infortunado Josepho nunca comprendió esta verdad, por eso se dejó vencer por las pasiones y el deseo. Esclavo de los sentidos, ebrio de goce, cayó en la trampa del crimen y los vicios, fuentes de toda angustia y sufrimiento, en el presente y en el futuro."

Las piedras me derribaron... Y la voz de Matusala siempre resonaba... ¿Por qué no estaba en silencio? Las piedras y esa voz me dejaron atónito... "No basta con operar bien, hay que ser bueno. La razón del bien está en las acciones y no en sus frutos. ¡Renunciemos al fruto de nuestras obras, pero que nuestras acciones sean siempre ofrendas al Ser Supremo! Todo aquel que renuncia a sus deseos por amor al Señor y le ofrece sus obras, obtiene la característica. Esta es la Ciencia de la unidad."

Con un esfuerzo supremo, me levanté. ¡Más intensamente que los apedreamientos, sentí el odio! ¡Superaría todo, incluso la voz de Matusala! No quería oírlo, ¿por qué persistía en aturdirme?

- "Unido con Dios en espíritu, el ser alcanza la sabiduría que está más allá de todo culto y ofrenda, alcanzando la felicidad pura. "Porque quien encuentra en sí mismo su felicidad, su alegría y también su luz, es uno con Dios. Ahora bien, entiende esto: el alma que encuentra a Dios, está exenta del renacimiento y de la muerte, de la decrepitud y del dolor, y bebe el agua de la inmortalidad."[45]

- ¡Maldición! - Grité. La voz se quedó en silencio... No: dejé de escucharla... Los rostros del cerco humano que me atrapaba me confundieron... ¿Quién era esa mujer que se apoyaba con abandono de esposa en el brazo de Togarma? ¡Oh...! Era Sara, hija de Nathan. ¿Es eso? ¡Oh maldición! Esa era Leah... Tú también odiabas a Javán... ¿Por qué no te apedrean? ¿Por qué? ¡Aléjate, oh! Caras llenas de odio, aléjense... ¡No moriré! ¡Ay de todos ustedes! ¡Te mataré, Lamec...! ¿Y mi madre? ¿Dónde está mi madre? ¡Oh! Ahora te veo... ¿Por qué lloras, Milcah? No moriré... Tu mirada me reprocha... ¡Ah! ¿No lo sabes? ¡Maté a tu Javán! ¿Estás huyendo? ¿Qué me importa si te escapas...? No te necesito... ¡a nadie! Siempre fuiste tonta... ¡Las mujercitas son hermosas! Me encantaron... ¡No! Me gustó. solo Débora... ¡La magia del anillo era mentira! Y esa llama que vi brillar en sus ojos, no era amor... era odio, solo odio... ¿Qué es este rostro que parece crecer ante mí? ¡Oh! ¡Es de Débora! ¡No! Ésta ya no es la cara de Débora: ¡es de furia...!

Las piedras me golpearon, lastimando mi cuerpo, pero no las sentí, inmunizado por la desesperación y la ira. El odio suplantó

---

[45] Bhagavad-Gîtâ, libro I. - Cita de Josepho.

al dolor. Atado, no podía defenderme. Temblaba como un tigre en una trampa... aullaba de odio e impotencia. La ira incluso me había hecho olvidar el miedo a la muerte que siempre me había acompañado en la vida. No podría morir... ¡No debería morir! La venganza me protegió... Por ella sobreviviría, resistiría las piedras... No moriría, no moriría...

¿Por qué mis pensamientos me confunden? ¿Y ya no veo a los que me rodean? No... no es la muerte lo que se acerca... Lo he superado, porque el terrible trauma ya no me desgarra... Es un desmayo... Creen que estoy muerto... ¡Pero estoy vivo! A mis pies me atan la piedra que me llevará al fondo del río... Me arrojan al Éufrates... Y un silencio inmenso cayó sobre mí.

No había muerto... En el lecho del río, me sentí vivo en ese mundo líquido. Los peces continuamente mordían mi carne, pero no destrozaban mi cuerpo... Sufrí el dolor de la putrefacción, pero mi carne siempre permaneció intacta, no se desmoronó... El odio que guardaba en mi alma alimentó mi extraña vida. Luché por liberarme de la piedra que me atrapaba en el lecho del Éufrates. Tendría que liberarme algún día... ¡Ay de los hombres entonces! ¡Ay de Débora... ay del mundo!

Otras veces escuché voces en la superficie. Grité, pero nadie me respondió... Sobre las aguas, la brisa cantaba en el follaje de sésamo y mijo.

Los sonidos externos me llegaron nítidos y claros. En el momento del derretimiento del hielo, sentí el río desbordarse en crecidas; después, cuando las aguas volvieron a sus cauces, oí cantar a las mujeres mientras sembraban los campos de trigo...

¡Y yo estaba atrapado allí, mientras que afuera la vida era exuberante!

Los éxitos de la tribu me llegaron a través de palabras sueltas que me trajeron las aguas. Una vez escuché el lamento de una mujer... era la voz de Leah llorando por la muerte de Matusala. Me regocijé en su dolor.

Otro, fue un grito de alegría que llegó a mis oídos: le había nacido otro hijo a Lamec, Noé. ¡Maldito sea...!.

A orillas del Éufrates, entre los juncos, los amantes acudían, acompañados de la cálida noche, a cantar sus romances de amor. Y estoy estancado, estancado... ¡Malditas aguas! ¡Malditos hombres...!

✱ ✱ ✱

Un día se me ocurrió una idea: si Javán viviera, me sacaría de ese abismo líquido, de esa profundidad...

Y como si me hubiera escuchado, sentí la presencia de mi hermano. Javán me extendió los brazos y su voz sonó tierna:

– ¡Paz en Dios, Josepho! Eres libre, pobre hermano... Simplemente encadenas el alma en las redes vibratorias de los malos pensamientos. Reconcíliate con Dios y sus criaturas, y saldrás de este abismo de oscuridad en el que te encarcelas.

– ¡¿No moriste?! ¿Cómo puedes hablar?

Cuando morimos sin ofender al Altísimo, resucitamos en el espíritu, Josepho.

– ¿Estás resucitado?

– Bueno, ya ves, sí.

– Entonces, libérame... libérame de esta maldita piedra. Quiero volver a la tierra. Necesito venganza...

– Pobre hermano... Solo tú puedes liberarte de este estado. ¿No entiendes, Josepho, que dejaste la Tierra hace años?

– ¿Años? ¡Imposible! No morí... Me siento vivo...

– Sí, estás vivo en la ilusión de la materia a la que te has apegado. Intenta sentirte... Ya no tienes sustancia material, eres esencia, alma, espíritu. Inténtalo hermano, en el nombre de Dios...

- ¡No me hables de tu Dios! Bien sabes que no creo en Él... No es más que un invento de los viejos para asustar a los jóvenes. Vete... No eres más que un sueño. Si fueras Javán, me liberarías... ¡Desvanécete! No quiero verte...

- Me repeles, Josepho, pero te perdono... Algún día me comprenderás. Te amo... Salimos juntos, hace milenios, del paraíso que perdimos... ¿recuerdas, hermano? Salimos en el punto sur del infinito, brillando en la gloria divina de un nuevo impulso evolutivo, nuestro mundo, Capela. Te desesperaste, descontento con la deliberación impuesta por los líderes del Cosmos; lloré lamentando no haber escuchado la voz del amor, privándome así de compartir en la divina hostia las realizaciones espirituales que disfrutaron nuestros hermanos, tan llenos de piedad y virtudes. La Tierra acogió con amor a los exiliados de Capela, los exiliados de la Felicidad... - hizo una breve pausa y continuó:

- En el infinito lejano dejamos nuestro Alfa, el principio de nuestra vida. La Tierra no se nos presentó como la Omega, el fin, no; sí, como un modo de regresar al paraíso, a nuestra Capela perdida que, en el azul claro del hemisferio boreal, a cuarenta años luz de esta Tierra que nos había cobijado, nos llamaba con fulgores de Sol inmenso. Al llegar aquí, llevábamos, en el fondo de nuestras almas, un extraño anhelo por un bien perdido, un anhelo que nos daría valor y fuerza para luchar por las realizaciones de las altas virtudes, y nos hacía soñar con el paraíso...

- Me cansas... Si puedes deshacerte de esta maldita piedra, vamos, hazlo rápido... Si no, ¡vete! El peso que me sostiene me basta, no me agotes con las palabras.

- El peso que te aflige, Josepho, es el de tu alma. Lucha por liberarte de ello, perdonando. ¡El perdón es el más sublime de los logros! Lucha, por Dios, por el perfeccionamiento de tu espíritu ávido de perfección. Lucha hermano y en la eternidad tendrás espacio para todo el infinito. Un nuevo ácido se acerca a este planeta y la Humanidad que lo puebla sufrirá otra purga reparadora. ¿No sientes que el ambiente se vuelve más cálido día a día? Este calentamiento está motivado por las alternativas del evolucionismo físico en este mundo. Y cuando la presión atmosférica aumente cada vez más, provocará una repentina liberación de agua de lluvia, sumergiendo todo el globo en agua durante muchos días... Josepho, libérate de esta piedra del odio y de la venganza en la que estás aprisionado y no sufrirás la purga que se avecina. Recuerda Capela, nuestro paraíso... Acuérdate de Dios, Josepho...

– ¡Vaya! ¡Maldito seas tú y tu Dios!

Javán desapareció...

Me sumergí aun más en el abismo líquido... El silencio creció en mi alma. Solo desde muy lejos me llegaron algunos sonidos. El silencio creció... Los sonidos son siempre más lejanos. Ya no podía oír la brisa en los paneles... Las orillas del Éufrates parecían despobladas.

¿Dónde estaban las "kokilas" que ya no escuchaban su dulce canto? ¿Habían emigrado a las altas montañas heladas? ¿Y mi gente? Sí... ¿Qué pasó con mi tribu, con los hijos de Dios? Merecían estar muertos...

El silencio creció con mi soledad. Solo. Estaba solo, tal vez en la Tierra... Entonces, ¿cómo puedo vengarme de los hombres? El silencio asfixió toda mi mente... Me hundí en una completa inconsciencia. Parecía haber caído en el vacío... Me desperté del asombro en el que me había encontrado escuchando sonidos vagos. Llegaron confundidos. Se estaban acercando cada vez más... ya podía distinguirlos. Sí... ¡Eran voces humanas! Y yo conocía esas voces... eran los de los hijos de los hombres.

Y ahora, sonidos bárbaros, como tantanes salvajes, sonidos de orgías sacudían mi carne...

¡El aire, impregnado de lujuria, ardía! Los cánticos lúbricos me alcanzaron invitándome al placer.

Toda la Humanidad tembló en la voluptuosidad de los pecados. ¡Incluso los animales, reptiles y pájaros estaban corruptos! "Toda carne había corrompido su camino sobre la tierra..."[46]

Siempre atrapado en el limo filamentoso de las aguas del Éufrates, llegaban a mis oídos rumores de degradación general.

Una vez escuché una voz clara y poderosa, que me recordó a Matusael. Invitó a los hombres al arrepentimiento y la penitencia... Sin embargo, un loco grito de burla ahogó sus palabras.

Gritaron entre risas estridentes:

– ¡Es Noé! ¡No le hagas caso, está loco! Pasa sus días construyendo un barco de gofer.[47] Dice que fue orden de Dios y que se salvará de las aguas... ¿De qué Dios, viejo loco? ¡Hay tantos dioses en esta Tierra! ¡Oh! ¡Oh! ¡Oh! ¡Ven a ahogarte en vino! ¿No bebes, viejo tonto? Haces daño... ¡El vino alegra la vida! Canaán, tu hijo menor, conoce su valor... No es como los hermanos Sem y Jafet... ¡Ven con nosotros, viejo senil, a brindar por el presente! Que este mundo perezca... Es muy triste a pesar del vino...

Y las burlas y las risas se perdieron en la distancia...

Me sumergí en una nueva crisis. El tiempo para mí se había detenido. Regresé de esta demacración sintiendo que las aguas empezaban a subir. Y se elevaron tan alto que parecían tocar los cielos...

Un deseo inmenso de ver la tierra me dio fuerzas, desprendiéndome finalmente de la piedra... subí a la superficie. ¡Con avaricia busqué la tierra! Todo había desaparecido... Solo vi cielo y agua, agua y cielo. Y sobre el agua, flotando, cadáveres y escombros... Cadáveres de hombres, pájaros y animales. Todos confundidos en la misma furia líquida, en la misma putrefacción.

---

[46] Génesis, 6: 12

[47] *Y el Señor dijo a Noé: "Hazte un arca de madera de gofer."* Génesis, 7: 14. – Cita de Josepho.

Quería escapar de ese mundo muerto, de esa Humanidad sin vida... ¡Me abracé, desesperado! Sentí que me hundía de nuevo... Me aferré a algo viscoso, pero se desmoronó en mis manos... era un cadáver. ¡Grité pidiendo ayuda! Apelé a Dios... clamé a Él... oré, rogando misericordia. Lloré...

El lamento de un niño respondió a mis llamamientos. Miré y vi solo a un niño pequeño luchando en el agua.

Me miró suplicando ayuda... ¡Pobrecito...! ¿Qué podía hacer yo para ayudarlo, si estaba tan necesitado? Sin embargo, una singular lástima invadió mi alma... Me acerqué al niño, venciendo la furia de las aguas. Lo tomé en mis brazos... Él me sonrió y su sonrisa me dio vida.

Una fuerza extraña me levantó de esa Humanidad en destrucción. Separándose de mis brazos, sonriendo divinamente, el niño me señaló el infinito y desapareció como el Sol, ¡en luz!

Miré a la Tierra. El agua que lo había cubierto bajó de nivel... A lo lejos deambulaba un barco gofer. ¡Desde su inmenso bulto se elevaron al cielo cantos de esperanza!¿Qué civilización florecería en ese desierto líquido?

*** * * ***

Un cuervo revoloteó sobre el último cadáver.

Las aguas retrocedieron lentamente. A lo lejos, el barco tuza aterrizó dulcemente en Ararat.

Fin del primer libro.

Grandes Éxitos de Zibia Gasparetto

Con más de 20 millones de títulos vendidos, la autora ha contribuido para el fortalecimiento de la literatura espiritualista en el mercado editorial y para la popularización de la espiritualidad. Conozca más éxitos de la escritora.

Romances Dictados por el Espíritu Lucius

La Fuerza de la Vida

La Verdad de cada uno

La vida sabe lo que hace

Ella confió en la vida

Entre el Amor y la Guerra

Esmeralda

Espinas del Tiempo

Lazos Eternos

Nada es por Casualidad

Nadie es de Nadie

El Abogado de Dios

El Mañana a Dios pertenece

El Amor Venció

Encuentro Inesperado

Al borde del destino

El Astuto

El Morro de las Ilusiones

¿Dónde está Teresa?

Por las puertas del Corazón

Cuando la Vida escoge

Cuando llega la Hora

Cuando es necesario volver

Abriéndose para la Vida

Sin miedo de vivir

Solo el amor lo consigue

Todos Somos Inocentes

Todo tiene su precio

Todo valió la pena

Un amor de verdad

Venciendo el pasado

Otros éxitos de Andrés Luiz Ruiz y Lucius

Trilogía El Amor Jamás te Olvida

La Fuerza de la Bondad

Bajo las Manos de la Misericordia

Despidiéndose de la Tierra

Al Final de la Última Hora

Esculpiendo su Destino

Hay Flores sobre las Piedras

Los Peñascos son de Arena

Otros éxitos de Gilvanize Balbino Pereira

Linternas del Tiempo

Los Ángeles de Jade

El Horizonte de las Alondras

Cetros Partidos

Lágrimas del Sol

Salmos de Redención

El Hombre que había vivido demasiado

Libros de Eliana Machado Coelho y Schellida

Corazones sin Destino

El Brillo de la Verdad

El Derecho de Ser Feliz

El Retorno

En el Silencio de las Pasiones

Fuerza para Recomenzar

La Certeza de la Victoria

La Conquista de la Paz

Lecciones que la Vida Ofrece

Más Fuerte que Nunca

Sin Reglas para Amar

Un Diario en el Tiempo

Un Motivo para Vivir

¡Eliana Machado Coelho y Schellida, Romances que cautivan, enseñan, conmueven y pueden cambiar tu vida!

Romances de Arandi Gomes Texeira y el Conde J.W. Rochester

El Condado de Lancaster

El Poder del Amor

El Proceso

La Pulsera de Cleopatra

La Reencarnación de una Reina

Ustedes son dioses

Libros de Marcelo Cezar y Marco Aurelio

El Amor es para los Fuertes

La Última Oportunidad

Nada es como Parece

Para Siempre Conmigo

Solo Dios lo Sabe

Tú haces el Mañana

Un Soplo de Ternura

Libros de Vera Kryzhanovskaia y JW Rochester

La Venganza del Judío

La Monja de los Casamientos

La Hija del Hechicero

La Flor del Pantano

La Ira Divina

La Leyenda del Castillo de Montignoso

La Muerte del Planeta

La Noche de San Bartolomé

La Venganza del Judío

Bienaventurados los pobres de espíritu

Cobra Capela

Dolores

Trilogía del Reino de las Sombras

De los Cielos a la Tierra

Episodios de la Vida de Tiberius

Hechizo Infernal

Herculanum

En la Frontera

Naema, la Bruja

En el Castillo de Escocia (Trilogía 2)

Nueva Era

El Elixir de la larga vida

El Faraón Mernephtah

Los Legisladores

Los Magos

El Terrible Fantasma

El Paraíso sin Adán
Romance de una Reina
Luminarias Checas
Narraciones Ocultas
La Monja de los Casamientos

Libros de Elisa Masselli
Siempre existe una razón
Nada queda sin respuesta
La vida está hecha de decisiones
La Misión de cada uno
Es necesario algo más
El Pasado no importa
El Destino en sus manos
Dios estaba con él
Cuando el pasado no pasa
Apenas comenzando

Libros de Mônica de Castro y Leonel

A Pesar de Todo

Con el Amor no se Juega

De Frente con la Verdad

De Todo mi Ser

Deseo

El Precio de Ser Diferente

Gemelas

Giselle, La Amante del Inquisidor

Greta

Hasta que la Vida los Separe

Impulsos del Corazón

Jurema de la Selva

La Actriz

La Fuerza del Destino

Recuerdos que el Viento Trae

Secretos del Alma

Sintiendo en la Propia Piel

World Spiritist Institute

**Libros de Vera Lúcia Marinzeck de Carvalho
y Patricia**

Violetas en la Ventana

Viviendo en el Mundo de los Espíritus

La Casa del Escritor

El Vuelo de la Gaviota

**Vera Lúcia Marinzeck de Carvalho
y Antonio Carlos**

Amad a los Enemigos

Esclavo Bernardino

la Roca de los Amantes

Rosa, la tercera víctima fatal

Cautivos y Libertos

Deficiente Mental

Aquellos que Aman

Cabocla

El Ateo

El Difícil camino de las drogas

En Misión de Socorro

La Casa del Acantilado

La Gruta de las Orquídeas

La Última Cena

Morí, ¿y ahora?

Las Flores de María

Nuevamente Juntos

www.ingramcontent.com/pod-product-compliance
Lightning Source LLC
LaVergne TN
LVHW041759060526
838201LV00046B/1057